Bohdana Lommatzsch

Grammatikübungsbuch
TSCHECHISCH

BUSKE

Dr. Bohdana Lommatzsch: Studium der Slawistik und Orientalistik an der Karls-Universität Prag, Promotion und Habilitation an der Humboldt-Universität zu Berlin, langjährige Lehr- und Forschungstätigkeit. Forschungsschwerpunkte und Publikationen: allgemeine Sprachwissenschaft, Bohemistik u.a., Lehrbücher der tschechischen Sprache.

Bibliografische Information der Deutschen Nationalbibliothek
Die Deutsche Nationalbibliothek verzeichnet diese Publikation in der Deutschen Nationalbibliografie; detaillierte bibliografische Daten sind im Internet über ‹http://portal.dnb.de› abrufbar.

ISBN 978-3-87548-690-2

 Umschlaggestaltung: QART – Büro für Gestaltung, Hamburg. Druck und Bindung: printingsolutions.pl. Gedruckt auf alterungsbeständigem Papier; hergestellt aus 100% chlorfrei gebleichtem Zellstoff. Printed in Poland.

Inhalt

Unbeugbare Wortarten

Der Satz

Anhang

Vorwort

Das »Grammatikübungsbuch Tschechisch« richtet sich an Anfänger mit ersten Grundkenntnissen sowie an fortgeschrittene Lernende, die ihr Wissen vertiefen oder wieder auffrischen möchten.

Getreu dem Motto »Bez cvičení není umění« (Übung macht den Meister) lassen sich mit diesem Buch die wesentlichen Aspekte der tschechischen Grammatik schnell und gezielt üben. Dabei werden vor allem jene grammatischen Themen behandelt, welche deutschsprachigen Lernenden wiederholt Probleme bereiten. Themen, die für diese Zielgruppe nicht relevant sind, werden hier nicht berücksichtigt. Ebenso entfällt die Darstellung von nicht mehr aktiv gebräuchlichen Wortformen. Bei Formenvarianten u.ä. werden die aktuell häufigeren bzw. produktiven empfohlen. Der Akzent des Buches liegt auf den kommunikativ wichtigen Besonderheiten des Tschechischen, um dem Lernenden die Möglichkeit zu geben, die tschechische Sprache möglichst schnell erfolgreich zu gebrauchen. Das Buch ist lehrwerkunabhängig und eignet sich als kursbegleitende Übungsgrammatik ebenso wie zum selbstständigen Lernen.

In 27 Kapiteln werden die ausgewählten grammatischen Themen prägnant, verständlich und vorwiegend mithilfe von Wörtern des Grundwortschatzes erklärt. Jedes Kapitel schließt mit einer Vielzahl abwechslungsreicher Übungen zur direkten Anwendung des gelernten Stoffes. Mithilfe des Lösungsschlüssels können Übungen und Kenntnisse des jeweiligen Grammatikthemas direkt überprüft werden. Da Grundkenntnisse vorausgesetzt werden, enthält das Übungsbuch keine trivialen Tabellen (Deklinations-/Konjugationsparadigmen o.ä.).

In der Grammatik der tschechischen Sprache gibt es sowohl Erscheinungen und Regeln, die generell unter bestimmten Voraussetzungen gelten, als auch Ausnahmen, die nur für ein, zwei Wörter gelten. Die generell geltenden Regeln werden in diesem Buch vor den Übungen erklärt, die Ausnahmen (die man sprachgeschichtlich erklären könnte) werden in den Übungen angeboten (evtl. auch mit Hinweisen darauf, wo es zu diesen Formen Näheres gibt). Auf die Ausnahmen soll hier nicht verzichtet werden, da diese sehr oft zu den häufig gebrauchten sprachlichen Mitteln gehören.

Der Anhang enthält eine Wortliste, die solche im Buch auftretenden Wörter aufführt, die grammatische Besonderheiten aufweisen. Zudem finden sich hier Sonderfälle mit Unregelmäßigkeiten in der Beugung, Wörter mit mehrfachen grammatischen Funktionen sowie häufige grammatisch relevante Wörter mit stilistischen Besonderheiten. Anhand des Stichwortregisters, das alle wichtigen Grammatikthemen aus dem Buch zusammenfasst, kann gezielt nach bestimmten Grammatikaspekten gesucht werden.

Ziel des Buches ist es, den Lernenden viel Raum zum selbstständigen Üben zu lassen und somit die kommunikative Kompetenz zu erhöhen. Verlag und Autorin wünschen viel Freude und Erfolg!

Berlin, im Juni 2015

Abkürzungsverzeichnis

A.	Akkusativ
bel.	belebt
bzw.	beziehungsweise
d.h.	das heißt
D.	Dativ
etc.	et cetera
Fem.	Femininum
G.	Genitiv
ggf.	gegebenenfalls
I.	Instrumental
Mask.	Maskulinum
MF	Mittelfeld
N.	Nominativ
Neut.	Neutrum
NF	Nachfeld
o.ä.	oder ähnliche
P.	Präpositiv
Pers.	Person
Pl.	Plural

Pl.tantum	Pluraletantum
regelm.	regelmäßig
Sg.	Singular
Sg.tantum	Singularetantum
sog.	sogenannte
Subst.	Substantiv
u.a.m.	und andere mehr
u.ä.	und ähnliche
u.a.	und andere
unbel.	unbelebt
unregelm.	unregelmäßig
usw.	und so weiter
uv.	unvollendeter Aspekt
v.	vollendeter Aspekt
V.	Vokativ
VF	Vorfeld
z.B.	zum Beispiel
z.T.	zum Teil

1 Das tschechische Lautsystem

Dieses Kapitel enthält eine kurze Charakteristik der tschechischen Laute. Dabei interessieren vor allem jene Besonderheiten des tschechischen Lautsystems, die Konsequenzen für die Bildung von Wortformen und ihren Verbindungen haben.

Konsonanten

Im Tschechischen gibt es 25 Konsonanten, die nach der historisch bedingten Tradition in harte, hartweiche (auch mittlere oder neutrale) und weiche unterteilt werden.

Aus der Lautentwicklung des Tschechischen folgt, dass die Konsonanten g und f bis auf Ausnahmen (*doufat, fuj*) in den ursprünglich tschechischen Wörtern nicht vorkommen; zusammen mit den Konsonanten q und x finden sie sich nur in Wörtern fremden Ursprungs. g, q und x werden den harten, f den hartweichen Konsonanten zugeordnet.

harte Konsonanten	h, ch, g, k, r, d, t, n
hartweiche Konsonanten	b, f, l, m, p, s, v, z
weiche Konsonanten	ž, š, č, ř, c, j, ď, ť, ň

Diese historisch bedingten Konsonantengruppen erfahren in der Wort- und Formenbildung in bestimmten Lautumgebungen die für sie typischen Lautveränderungen (Konsonantenwechsel). In der Regel wechseln harte Konsonanten mit weichen oder auch hartweichen, hartweiche mit weichen, mitunter auch weiche mit weichen:

Wechsel	Beispiele
h/g → z/ž	noha – na noze | Praha – v Praze – pražský | Olga – Olze – Olžin
ch → š	plocha – o, na ploše – plošná míra | břicho – na břiše – břišní
k → c/č	kočka – kočce – kočičí | pohádka – v pohádce | řeka – v řece – říční
s → š	česat – češu | hlásit – hlášení | sestra – sestře – sestřin
z → ž	ukázat – ukážu | nízký – níž
c → č	otec – otče | obec – občan
k → ť	taška – taštička | miska – mistička
sk → šť	francouzský – francouzští | český – čeští
ck → čť	německý – němečtí | anglický – angličtí
ť → c	ztratit – ztracený
r → ř	Věra – Věře – Věřin | hora – na hoře | sestra – sestře – sestřin

In der Beugung des Substantivs bestimmen diese Konsonanten im Auslaut des Wortes größtenteils den Deklinationstyp. (→ Das Substantiv)

Vokale

Das Tschechische hat 5 Vokale: a, e, i , o, u, die kurz oder lang sind; der Unterschied zwischen den kurzen und langen Vokalen ist deutlich (die langen sind etwa doppelt so lang wie die kurzen). Die Quantität der tschechischen Vokale (kurz oder lang) ist bedeutungs- und formenunterscheidend.

Tschechisch hat einen eigenen Diphthong ou, in Fremdwörtern kommen zudem die Diphthonge au und eu vor.

Historisch bedingt gibt es im Tschechischen folgende (durch Buchstaben und evtl. diakritische Zeichen festgehaltene) Vokalunterscheidungen:

kurze Vokale	a, e/ě, i/y, o, u
lange Vokale	á, é, í, ý, ó, ú/ů
Diphthong	ou

Die historisch bedingten Besonderheiten der tschechischen Vokale sind:

ě

früher ein »ije«, wurde durch die Lautentwicklung entweder zu »ě« oder »í« (in einigen Fällen in einem Wort alternierend, z.B. *vítr* – *větru* (→ Das Substantiv). »ě«, das heute lautlich dem »e« entspricht, steht im heutigen Tschechisch ausschließlich nach den Konsonanten d, t, n, b, p, v, f, m und bewirkt bei ihnen folgende Veränderungen: dě – ďe, tě – ťe, ně – ňe, bě – bje, pě – pje, vě – vje, fě – fje, mě oder mně – mňe.

Diese Besonderheiten kommen in den Lexemen, bei vielen Wörtern des Grundwortschatzes (*běžet, věc, město, pět, věřit, děti, tělo, něco, dělat*) sowie in der Beugung (*káva – v kávě, zima – v zimě, mapa – na mapě, vláda – ve vládě, město – ve městě, Brno – v Brně*) zum Tragen.

i und y

ebenfalls eine historische Unterscheidung, gegenwärtig kein Unterschied in der Aussprache, jedoch Konsequenzen bei der Verbindung mit d, t, n, allerdings nur in tschechischen Wörtern (nicht in Fremdwörtern wie *diskuse, diktát*, hier bleiben d, t, n unverändert, gelesen: *dyskuse, dyktát*).

Das »i/í« bewirkt den Lautwechsel d – ď, t – ť, n – ň: di – ďi, ti – ťi, ni – ňi, dí – ďí, tí – ťí, ní – ňí. Beispiele: geschrieben *děti* – gelesen *ďeťi*, ähnlich: *nikdo – ňikdo, divadlo – ďivadlo, dílo – ďílo, chtít – chťít, hodní – hodňí*

In Verbindung mit y kommt es zu keinem Lautwechsel: dy, ty, ny. Beispiele: *tady, boty, ženy, hrady, týkat se, dýmka, hodný*

Bei der Deklination dient die Unterscheidung -di, -ti, -ni, -dí, -tí, -ní bzw. -dy, -ty, -ny, -dý, -tý, -ný z.B. der Formenunterscheidung der belebten und unbelebten Maskulina (→ Das Substantiv).

ú und ů

lautlich identisch, ist ebenfalls eine historische Unterscheidung; »ů« – entstand aus dem langen ó (deshalb auch ein Kringel), in den Wörtern tschechischen Ursprungs gibt es aus diesem Grunde auch kein langes ó. Das »ů« steht nie am Anfang des Wortes. In der Deklination der Substantive (→ Das Substantiv) wechselt manchmal »ů« mit »o« (*dům – domu*) – früher wechselte lediglich ein langes »ó« mit einem kurzen »o«.[1] Gleiche Erscheinung können wir in der Lexik (*vůbec* – aus: *v óbec* abgeleitet von: *obecný*), bei der Bildung des Diminutivs (*most – můstek, stůl – stolek*) und bei den Varianten einiger Präfixe (*půjdu – pojď, projíždět – průjezd, procházet – průchod*) (→ Das Substantiv) beobachten.

ou – u

Der Lautwechsel ou – u (*soudit – suď!, kouřit – kuř!, houba – hub*) (→ Das Verb, → Das Substantiv) oder u – ou (Diminutiva: *sud – soudek, kluk – klouček*) ist ebenfalls historisch bedingt. Der Diphthong »ou« war ursprünglich ein langes »ú« – es handelte sich also früher, ähnlich wie bei dem oben angeführten Beispiel (»ů« mit »o«) um einen Quantitätswechsel.

Bei der Wort- und Formenbildung kommt es manchmal zur Veränderung der Quantität, also der Vokallänge, z.B. *vyrobit – výroba, navrhnout – návrh, zapsat – zápis; ptát se – zeptat se, dát – rozdat – vydat, udělat – udělán, vydat – vydání.*

Die Präpositionen *v, s, z, k* sowie mehrere Präpositionen mit einem Konsonantenauslaut (*pod, nad, bez* ...) werden manchmal vokalisiert (*ve, se, ze, ke, nade, beze*). Beispiele: *ve všem, ve středu, se zájmem, se mnou, ke Karlovi, ke stolu, ze zlata, beze všeho, nade mnou.* (→ Präpositionen)

Die Vokalisierung der Präpositionen

a) ursprüngliche Präpositionen, die nur aus einem Konsonanten bestehen:

k, s, z, v werden in folgenden Fällen vor Konsonanten zu *ke, ve, se, ze* vokalisiert:

- vor allen Formen von *mne* ... sowie *všechno*: *se mnou, ve všem*
- vor dem gleichen Konsonant: *ke Karlovi, se slávou*
- vor Konsonantengruppen (zwei und mehr Konsonanten): *ze dvora, ve dvoře, ve středu, ve čtvrtek, ze zpráv*

[1] Der Wechsel ů – o in der Deklination der Substantive hat folgende Besonderheit: das ů steht im N., bei unbelebten Maskulina auch im A. Singular, aber in allen übrigen Kasus Singular und Plural steht das kurze o (z.B. *dům – domu, hůl – hole – holí, vůl – vola*). Bei einigen Substantiven ist das ů (das ursprüngliche lange ó) allerdings Bestandteil des Stammes und wechselt nicht: *kůl – kůlu*.

- nicht jedoch vor Konsonant + r, ř, l: *v trávě, s přehledem, z plátna*. Ausnahme sind einige einsilbige Wörter, wie z.B. *ze hry, ve hře, ve tři hodiny*
- Bei mehrsilbigen Wörtern ist nur die Konsonantengruppe der ersten Silbe ausschlaggebend: *v Br-ně, v Pl-zni, k sr-dci*
- Vokalisierung ist außerdem dann möglich, wenn die Aussprache ohne den Vokal sehr unbequem ist: *v chvíli – ve chvíli, v hvězdách – ve hvězdách*, aber: *k hvězdám, z hvězdy*
- Oft hat sich die Vokalisierung lediglich usuell gefestigt, z.B. *ve škole, ke škole, ze školy; ve městě*, aber: *k městu, z města, s městem; má se k světu / co se děje ve světě; ve prospěch* + G. / *v prospěchu, s prospěchem* u.a.m.

b) ursprüngliche Präpositionen mit einem Konsonantenauslaut:

- *bez, nad, pod, před, přes* werden vor *mne* … und in der Regel auch vor *všechno* vokalisiert: *přede mnou, ke mně, beze všeho, se vším všudy, přes to přese všecko, především*, aber: *pod vší kritiku, přes všechny zákazy*

Außer den genannten Erscheinungen kommt es in der Beugung häufig zum Einschub- oder zum flüchtigen -e- (→ Das Substantiv), z.B.

Einschub-e-

Ein -e- wird »eingeschoben«, wenn bei der Deklination mehrsilbiger Substantive eine Konsonantengruppe im Auslaut entstehen würde: *dívka – dívek, centrum – center, hledisko – hledisek, městečko – městeček*.

Das flüchtige -e-

Zum flüchtigen -e- kommt es bei der Deklination des Substantivs mit bestimmten Suffixen oder mit einem -e- als Stammvokal sowie beim Wortartwechsel. Bei der Deklination ist das -e- in allen Kasus außer dem N., bei unbelebten Maskulina auch A. Singular flüchtig; es ist regelhaft bei den Stammvokalen oder Suffixen -ek und -ec und häufig bei -el und -en: *Pavel – Pavla, lev – lva – lví, zeď – zdi, zájem – zájmu, tatínek – tatínka, červenec – července, pytel – pytle, blázen – blázna – bláznit*.

Bei mehreren Suffixen mit -e- ist jedoch das -e- nicht flüchtig, so vor allem bei dem Suffix -tel (z.B. *skladatel – skladatele*), weiterhin -eč und -ež (z.B. *uchazeč – uchazeče, mládež – mládeže*). Das Gleiche gilt auch für mehrere Substantive mit dem Stammvokal -e- (z.B. *pec – pece, účel – účelu, postel – postele, kostel – kostela, řeč – řeči, led – ledu*). Beim Wortartwechsel ist die Form des neu entstandenen Wortes konstant (z.B. *zájem – zájmový, blázen – bláznit, otec – otcovský*).

Übungen

1. Was ist richtig, was ist falsch? – Korrigieren Sie gegebenenfalls!

jaro – na jare | léto – v létě | zima – v zime | brána – v bráne | Praha – v Praze | Berlín – v Berlíne | Eva – k Eve | káva – v káve | pohádka – jako v pohádke | střecha – na střeche | věta – ve větě | tma – ve tme | kapsa – v kapse | ruka – v ruke | noha – na nohe | skála – ve skálě | včela – včele | doba – v této době | synagoga – v synagoge | liga – hrají v první lize | úcta – mají ho ve velké úcte | planeta – na naší planete

2. Ergänzen Sie die richtigen Formen!

1. Pracuje na ________________ (dráha).
2. Má to v ________________ (povaha).
3. Po dlouhé ________________ (doba) jsem ho zase viděl.
4. Noviny psaly o naší ________________ (firma).
5. Najdu ti to na ________________ (mapa).
6. Peníze jsou v ________________ (pokladna).
7. Hory se nám ukázaly v plné ________________ (krása).
8. Bydlím raději ve ________________ (město) než na ________________ (venkov).
9. Už to není v ________________ (móda).
10. Peču zásadně na ________________ (máslo).
11. V té ________________ (kniha) o tom není nic.
12. Na knižní veletrh přijeli ________________ (francouzský) a ________________ (anglický) spisovatelé.
13. K tomu ________________ (dům) patří zahrada.
14. Budeme potřebovat dva ________________ (stůl).
15. Hana jezdí na ________________ (kůň).
16. Zeptej se ________________ (Pavel).
17. V ________________ (červenec) pojedeme k moři.
18. Dávám si do čaje vždycky několik ________________ (kostky) cukru.
19. Musím si koupit slovník ________________ (zkratky).
20. Kontrola ________________ (jízdenky)!

3. Ergänzen Sie – wenn nötig – den Vokal e!

pod__ mnou, bez__ nich, vzhledem k__ počasí, v__ škole, s__ stejnými názory, v__ nevýhodné situaci, s__ mnou, k__ mně, s__ tebou, v__ mnoha případech, ještě k__ všemu, v__ městě, z__ všech, s__ vším, s__ Slávkem, z__ zlata, v__ vědě, v__ výrobě, s__ stejnými, z__ zásob, v__ vládě, v__ krku, je v__ právu, v__ prádle, k__ vládním záležitostem, k__ vlastnímu problému, s__ bratrem, v__ blátě, v__ plánu, s__ přítelem, s__ přáním, s__ přehledem, v__ Brně, v__ Plzni, v__ prstech, z__ Příbrami, v__ hlavní části, v__ hlavě, z__ skříně, v__ skříni, v__ čtvrtém poschodí, v__ zprávě, z__ školy, s__ stromu, s__ panem Novákem, k__ Aleně, z__ hrubé mouky, s__ lvem, z__ Hradce Králové, z__ Dvora Králové, v__ hvězdách, v__ květech, k__ zvířatům, k__ chvále, v__ chvíli, v__ hnědých šatech, k__ vám, k__ nim, bez__ mne, pod__ vší kritiku

Das Substantiv

Die Deklination des Substantivs

Tschechisch hat sieben Kasus, die als einfache Kasus oder in Verbindung mit Präpositionen (→ Präpositionen) verschiedene syntaktische Funktionen (als Subjekt, Objekt, nominales Prädikat, adverbiale Bestimmungen → Besonderheiten des tschechischen Satzes) erfüllen. Der Präpositiv kommt nur mit einer Präposition vor. Der Vokativ (Ruffall, Anrede) wird fast ausschließlich bei Namen (evtl. auch Spitz-, Kose- und Schimpfnamen) von Personen oder Tieren sowie bei Dienstgraden, Funktionen und Verwandtschaftsbeziehungen verwendet.

Es gibt eine substantivische und eine adjektivische Deklination des tschechischen Substantivs. Die im Tschechischen zahlreichen substantivierten Adjektive werden adjektivisch dekliniert (→ Das Adjektiv). Einige Substantive bleiben undekliniert; dies sind vor allem Entlehnungen, die sich nach ihrem Auslaut keinem Deklinationstyp zuordnen lassen (*apartmá, ragú, alibi*), fast immer Neutra (bis auf Ausnahmen, z.B. *madam, whisky* Femininum; bei den Vornamen richtet sich das Genus nach dem natürlichen Geschlecht – *náš René, naše Miriam*), aber auch einige tschechische Nachnamen, die nicht im N. stehen (*Pavlů, Martinů, Nechoďdomu*) – *pan Pavlů, paní Pavlů, o skladateli Martinů.*

Einige Substantive, wie z.B. *lidstvo*, gibt es nur im Singular (Sg.tantum), einige, wie z.B. *housle*, haben nur die Pluralformen (Pl.tantum). Diese werden in dem jeweiligen Numerus regelmäßig nach den entsprechenden Musterwörtern dekliniert. Pl.tantum weisen als »gezählter Gegenstand« in Verbindung mit den Numeralien Besonderheiten auf (→ Numeralien, Gattungszahlwörter). Bei einigen Substantiven, wie z.B. *ruce, oči* sind Reste der Zweizahl, des Duals (→ Dual) zu beobachten.

In den folgenden vier Kapiteln werden die drei Genera »Maskulina«, »Feminina« und »Neutra« sowie der »Dual« einzeln behandelt.

2 Maskulina

Bei den Maskulina spielt die »Belebtheit« als besondere grammatische Kategorie eine Rolle. Belebt und unbelebt wird hier auch beim Adjektiv und Pronomen unterschieden sowie bei den Partizipien in den zusammengesetzten Verbformen.

Endungen, die ausschließlich bei belebten Maskulina (oder scherzhaft, wenn etwas Unbelebtes als belebt erscheinen soll; oder bei Schimpfwörtern: *tomu buchtovi*) vorkommen: D. Singular: -ovi / N. Plural: -ové. -ovi kommt generell bei männlichen Vornamen (außer den undeklinierbaren und dem Vornamen *Jiří* (→ Das Adjektiv)) sowie bei substantivischen männlichen Nachnamen unabhängig vom Auslaut, evtl. auch vom Genus des zugrundeliegenden Substantivs vor: *Novák – Novákovi, Bareš – Barešovi, Janda – Jandovi, Panenka – Panenkovi, Sádlo – panu Sádlovi*. -ové ist die Regel bei Vor- und Nachnamen im evtl. Plural: *bratří Čapkové; bratří Grimmové; ne vždycky se rodí Einsteinové a Mozartové; nevěřící Tomášové; oba Jirkové.*

Typische Lautveränderungen (→ Das tschechische Lautsystem) bei einigen Maskulina in allen Kasus des Singulars und Plurals außer N. (und A., wenn mit N. identisch):

Das flüchtige -e-

Musterwort *pán*	Pavel, předek, lev
Musterwort *muž*	poslanec, vědec
Musterwort *hrad*	den, týden
	die Monate: leden, březen, duben …

Vokalwechsel im Stamm: ů – o

Musterwort *pán*	vůl – vola, volovi, vola, … volem, voli, volů …
Musterwort *muž*	kůň – koně, koni, koně, … s koněm, koně, … koních
Musterwort *hrad*	dům – domu, domu, o domu, s domem, domy, domů, domům …
	stůl – stolu, stolům | vůz – vozu, vozy, vozů …

Vokalwechsel im Stamm: í – ě

Musterwort *hrad*	sníh – sněhu, sněhu, sněhem, sněhy …
	vítr – větru, větru, … větry, větrů, větrům …

Verlust der Suffixe bei Wörtern griechischen und lateinischen Ursprungs

Musterwort *pán*	-us, -es, -os (Celsius, Julius, Archimedes, Diskobolos)
	génius – génia, géniovi, géniové; Kristus – Krista; Achilles – Achilla; Sisyfos – Sisyfa
Musterwort *hrad*	-us, -os, -ismus
	cyklus – cyklu, rytmus – rytmu, mýtus – mýtu, diletantismus – diletantismu, modernismus – modernismu, idealismus – idealismu, kosmos – kosmu

Einige solcher Wörter werden hingegen mit dem Suffix dekliniert: *cirkus – cirkusu, cirkusy; atlas – atlasu, atlasy; globus – globusu; kaktus – kaktusu, kaktusy; luxus – luxusu; patos – patosu*

Kürzung des Stammvokals

Musterwort *hrad*	mráz – mrazu, mrazy, v mrazech …
	chléb – chleba, chlebu, chleby, chlebů …
	kámen – kamene, kameny, kamenech …

Die Deklination im Singular

Als Vorübung sind in der folgenden Tabelle die fehlenden Formen der angegebenen Wörter zu ergänzen. Die problematischen Kasus werden anschließend erklärt und an Beispielen demonstriert. Es gibt Musterwörter mit einem Konsonanten- und einem Vokalauslaut.

Maskulina im Singular						
Genus	belebt				unbelebt	
N.	pán Pavel člověk	muž Tomáš poslanec	předseda	soudce	hrad les zámek	stroj den
G.	______ ______ ______	______ ______ ______	______	______	______ ______ ______	______ ______
D.	______ ______ ______	______ ______ ______	______	______	______ ______ ______	______ ______
A.	______ ______ ______	______ ______ ______	______	______	______ ______ ______	______ ______

V.						
P.						
I.						

Musterwort *pán*

- Dativ und Präpositiv -ovi/-u

  -ovi ist die regelmäßige und produktive Endung bei Personen: *pánovi, reportérovi, Italovi, Juliovi*, -u ist die Regel bei *člověk – člověku, bůh – bohu, pan – panu.*

  Beim Wort *pan* (kurzer Stammvokal), das ausschließlich zusammen mit männlichen Nachnamen (veraltet auch Vornamen) oder Funktionsbezeichnungen, Titeln, (veraltet auch) Verwandtschaftsbezeichnungen u.ä. und nur im Singular gebraucht wird: *pan Kovanda, pan ředitel, pan profesor, váš pan otec – panu Kovandovi, panu řediteli …* [im Plural, wenn mehrere Nachnamen genannt werden, wird die Pluralform von *pán* verwendet – *oba pánové, pánové Hladík a Neumann*].

  Bei Vornamen, die zusammen mit Nachnamen bzw. Funktionsbezeichnungen etc. genannt werden, hat erst das letztgenannte Wort die Endung -ovi: *o Karlu Čapkovi, Bohumilu Hrabalovi, pocta spisovateli Milanu Kunderovi, panu profesoru Janu Slavíkovi, panu Václavu Fialovi.*

- Vokativ -e/-u

  -e ist die regelmäßige Endung: *pane! Václave! Pane profesore! Viktore!* Mit Konsonantenwechsel bei der Lautgruppe »Konsonant + r«: *Petr – Petře! mistr – mistře! bratr – bratře!* / mit Konsonantenwechsel bei *člověk – člověče!* und *bůh – bože!*

  -u ist die Regel beim Auslaut -k, -g, -h, -ch: *kluku! hochu!* Sonderfall: *synu!* Ausnahme: Die Wörter *anděl* und *manžel* (sowie Namen wie: Gabriel, Daniel) bilden den Vokativ nach dem weichen Musterwort *muž*: *anděli! manželi!*

Musterwort *muž*

- Dativ und Präpositiv -i/-ovi

  -i ist die regelmäßige Endung: *muži, poslanci, lékaři, otci, spisovateli*, -ovi ist die Regel bei Vornamen: *Leošovi, Tomášovi.* Bei Vornamen, die zusammen mit Nachnamen bzw. Funktionsbezeichnungen etc. genannt werden, hat erst das letztgenannte Wort die Endung -ovi: *Leoši Janáčkovi, Miloši Formanovi, učiteli Tomáši Brožovi* (→ *pán*).

- Vokativ -i/-e

  -i ist die regelmäßige Endung: *muži! lékaři! spisovateli!*, -e ist die Regel beim Suffix -ec: [Lautwechsel -ec – -če] *sobec – sobče!, umělec – umělče!*

Musterwort *hrad*

- Genitiv -u/-a

  -u ist die regelmäßige und produktive Endung: *hrad, dům, zámek, strom, park, kabát, salám, listopad, jih, sever, východ, západ, pátek, podzim, rok, most, chléb, stolek, stromek, obraz*. Regelmäßig bei Ableitungen von Verben, wie: *lov, výlov* (*lovit*); *chov* (*chovat*); *běh* (*běhat*); *let, odlet* (*létat*); *chod, pochod* (*chodit*), bei Entlehnungen: *fotbalu, mobilu, computeru, programu, systému* sowie bei Entlehnungen lateinischen und griechischen Ursprungs: [mit Suffixverlust] *kosmu, rytmu, organismu, realismu*; [ohne Suffixverlust] *cirkusu, globusu, kaktusu, patosu*

  -a ist nicht mehr produktiv, jedoch die Regel bei mehreren häufigen Substantiven, wie z.B. *dvůr, les, sýr, chléb, rybník, kostel, večer, čtvrtek, klášter, potok, pondělek, úterek, zítřek, dnešek, svět, život*; bei allen auf einen harten Konsonant auslautenden Monatsnamen außer *listopad*: *leden, únor … říjen*; bei den Suffixen -ýn/-ín und -ov, auch bei geographischen Namen (Städte, Flüsse): *ostrova, mlýna, kravína, Kolína, Berlína, Rýna, Týna, Mnichova*

- Präpositiv -u/-e/-ě

  -u ist die regelmäßige und produktive Endung: *park, zámek, salám, sever, jih, sýr, chléb, večer, zítřek, čtvrtek, pátek, dnešek, východ* (›Ausgang‹; *východ slunce* ›Sonnenaufgang‹), *západ* (*západ slunce* ›Sonnenuntergang‹), *stolek, stromek*. Bei Ableitungen von Verben, bei Entlehnungen (→ Genitiv) und bei allen Monatsnamen mit dem harten Konsonant im Auslaut: *v lednu … v listopadu*

  -e/-ě (→ Das tschechische Lautsystem) ist die Regel z.B. bei: *les, stůl, most, plot, dvůr, rybník, potok, hrad, rok, strom, západ* (Himmelsrichtung), *východ* (Himmelsrichtung), *kabát, byt, vůz, zápas, strop, sklep, kostel, klášter, obraz, svět, život, dům* sowie bei den Suffixen -ín, -ýn, -ov: *v Kolíně, na ostrově, v Berlíně, ve mlýně*

Die Deklination im Plural

Als Vorübung ergänzen Sie in der folgenden Tabelle wieder die fehlenden Formen. Die problematischen Kasus werden anschließend erklärt und an Beispielen demonstriert.

Maskulina im Plural						
Genus	belebt				unbelebt	
N.	páni synové občané	muži učitelé otcové	předsedové dové turisté	soudci	hrady lesy zámky	stroje peníze
G.	______ ______ ______	______ ______ ______	______ ______	______	______ ______ ______	______ ______
D.	______ ______ ______	______ ______ ______	______ ______	______	______ ______ ______	______ ______
A.	______ ______ ______	______ ______ ______	______ ______	______	______ ______ ______	______ ______
V.	______ ______ ______	______ ______ ______	______ ______	______	______ ______ ______	______ ______
P.	______ ______ ______	______ ______ ______	______ ______	______	______ ______ ______	______ ______
I.	______ ______ ______	______ ______ ______	______ ______	______	______ ______ ______	______ ______

Musterwort *pán*

- Nominativ und Vokativ -ové/-i/-é

  -ové ist die (bis auf die unten angeführten Einschränkungen) regelmäßige Endung bei Bezeichnungen von Personen: *pánové, synové, tatínkové, dědečkové, biskupové, ekonomové, detektivové, trampové, lumpové, oslové*. Häufig auch bei einsilbigen Völkernamen: *Indové, Irové, Norové, Skotové, Sasové*

  Auch bei Fremdwörtern mit den Morphemteilen -ál, -graf, -zof, -log: *profesionálové, filozofové, fotografové*, bei Fremdwörtern griechischen und lateinischen Ursprungs auf -us, -os: *géniové, nunciové, ordináriové, biskupové*, bei vom Verb abgeleiteten Wörtern mit dem Auslaut -l: *lidumilové, kutilové, poslové, slídilové, střádalové*

  -i (bis auf Einschränkungen) alternativ zu -ové: *páni, chlapi, snobi*

Die Regel bei Tierbezeichnungen: *psi, lvi, krabi, osli, voli, medvědi*, die Regel bei Wörtern auf -k, -h, -ch, -r (mit Konsonantenwechsel): *řemeslníci, rodáci, vrazi, dobrodruzi, hoši, Češi, doktoři, ministři*. Bei Fremdwörtern auf -ent, -át, -ot, -ant, -t (außer -at): *studenti, pacienti, kandidáti, delegáti, adepti, piloti, maturanti*

-é bei Substantiven auf -an: *občané, Slované, Angličané*. Bei Fremdwörtern auf -at: *diplomaté, demokraté* sowie bei *manželé, Španělé, andělé*, Sonderfall: *hosté*

- Präpositiv -ech/-ích

  -ech ist die regelmäßige Endung: *pánech, studentech*, -ích ist die Regel beim Auslaut -k, -g, -h, -ch: *chlapečcích, dělnících, dobrodruzích, hoších*

Musterwort *muž*

- Nominativ -i/-ové/-é

  -i ist die regelmäßige Endung: *muži, poslanci, sportovci, lékaři, prodavači, zloději*

  -ové ist die Regel beim Wort (*otec*) *otcové* sowie bei Wörtern (auch Fremdwörtern) mit dem Auslaut -j (bei Anglizismen auch -y) außer *zloděj*: *zpravodajové, farizejové, čarodějové, liftboyové, kovbojové*, -é ist die Regel beim Suffix -tel: *učitelé* sowie bei (*přítel*) *přátelé*

Musterwort *předseda*

- Nominativ -ové/-é

  -ové ist die regelmäßige Endung: *starostové, přednostové, kolegové, nezbedové*

  -é ist die Regel bei Fremdwörtern auf -ista, -ita, -asta: *turisté, husité, bandité, gymnasté*

Musterwort *hrad*

- Präpositiv -ech/-ích

  -ech ist die regelmäßige Endung: *hradech, stolech, domech, bytech, hřebenech*, -ích ist die Regel beim Auslaut -k, -g, -h, -ch: *výsledcích, vztazích, březích, rozích, úspěších, stolcích, domcích* sowie: *lesích, kostelích*

Ausnahmen

- Der Vorname *Jiří* wird adjektivisch dekliniert (→ Adjektiv, Musterwort *jarní*).
- Die Mehrzahl von *člověk* ist nur *lidé*, dekliniert als Maskulinum (*mladí lidé*) nach dem Musterwort *kost* (→ Femininum → Adjektiv).
- *Čechové* wird nur im historischen Sinne als Stammesname verwendet, aktuell ist nur *Češi* gebräuchlich.
- Das Wort *přítel*, dekliniert wie *muž/učitel*, wechselt im Plural den Stammvokal zu -á – *přátelé*, G. Plural *přátel*
- *rodiče* ist ein Pl.tantum, N. und A. Plural Endung -e; sonst regelmäßige Deklination nach Musterwort *muž*. Beispiele: *Jeho rodiče bydlí v Kolíně. Byl právě na návštěvě u svých rodičů. Jel s rodiči na výlet.*

- *kůň* – im Singular dekliniert nach *muž*, im Plural als Maskulinum nach *píseň*, N. *koně*, G. *koní*, I. nach *kost* (→ Femininum) *koňmi*. Beispiel: *Vůz tažený koňmi.*
- *peníze* ist ein Pl.tantum, Deklination nach *stroj*, G. Plural *peněz*, D. *penězům* … Beispiele: *Vezmu si s sebou peníze. Má kapsy plné peněz. Bez peněz do hospody nelez!* (Volksspruch)
- Die Wörter *den*, *kámen* und *pramen* werden im Singular nach *stroj*, im Plural nach *hrad* dekliniert. Beispiele: *Pracuje ve dne v noci. Byli jsme u pramene Vltavy. Loni jsme šli k prameni Labe. Po zemětřesení nezůstal na tomto místě kámen na kameni.*

Übungen

1. Bilden Sie die Formen des Dativs Singular!

1. Rozumím (Tomáš, Miloš, Karel, Milan, Aleš, Petr, Franta, Honza, Pavel).
2. Důvěřuji (stavitel Emil Janda, ředitel Milan Dvořák, soudce Karel Zvěřina, předseda Josef Mráz, pan Daniel Kostka, Franta Jonák).
3. Pocta (Antonín Dvořák, Bedřich Smetana, Jan Neruda, Leoš Janáček).

2. Übersetzen Sie!

1. Mensch, ärgere dich nicht!
2. Gott, ist es schön!
3. Guten Tag, … (Herr Neumann, Herr Direktor, Herr Abgeordneter Brázda, Herr Professor Mráz).
4. Komm her … (Petr, Franta, hoch, Pavel, chlapec, Aleš, Milan, kluk, Viktor)!

3. Bilden Sie die Formen des Genitivs Singular!

les, stůl, most, plot, dvůr, rybník, potok, hrad, rok, strom, západ (*Himmelsrichtung*), východ (*Himmelsrichtung*), západ slunce (*Sonnenuntergang*), východ slunce (*Sonnenaufgang*), východ (*Ausgang*), kabát, byt, vůz, zápas, strop, sklep, kostel, klášter, sýr, chléb, večer, čtvrtek, pátek, pondělek, úterek, zítřek, dnešek, listopad, leden, únor, březen, duben, květen, červen, srpen, říjen, ostrov, mlýn, Kolín, Berlín, Rýn, Týn, Mnichov, obraz, svět, život, dům, komín

4. Bilden Sie die Formen des Präpositivs Singular! Zum Teil mit der angegebenen Präposition.

les, stůl, (na) most, (na) plot, (na) dvůr, (v) rybník, (v) potok, (na) hrad, (v) rok, (na) strom, východ (*Ausgang*), (na) západ (*Himmelsrichtung*), (na) východ (*Himmelsrichtung*), západ slunce (*Sonnenuntergang*), východ slunce (*Sonnenaufgang*), (v) kabát, (v) byt, (na) vůz, (v) zápas, (na) strop, (v) sklep, (v) kostel, (v) klášter, sýr, chléb, večer, čtvrtek, pátek, pondělek, úterek, zítřek, dnešek, listopad, leden, únor, březen, duben, květen, červen, srpen, říjen, ostrov, mlýn, Kolín, Berlín, Rýn, Týn, (v) Mnichov, (na) obraz, svět, život, dům, komín, kosmos, modernismus

5. Bilden Sie den Nominativ Plural!

1. Vážení (občan, turista, host, přítel, pán, student, diplomat)!
2. To jsou (host, přítel, učitel, student, kandidát, architekt, pedagog, fotograf, profesionál, génius).
3. V Evropě žijí například (Dán, Nor, Fin, Švéd, Španěl, Ital, Francouz, Portugalec, Řek, Ir, Bulhar, Němec, Čech, Slovák, Polák, Rakušan, Angličan, Maďar, Švýcar, Estonec, Slovinec).
4. V naší zoologické zahradě jsou například (lev, tygr, medvěd, osel, orel, tučňák).

6. Bilden Sie den Präpositiv Plural!

Mluvíme o (hrad a zámek, výsledek, úspěch, autobus a vlak, park a les, cirkus, kaktus, cyklus, kosmos, modernismus, občan, turista, host, přítel, pán, student, diplomat, učitel, kandidát, architekt, pedagog, fotograf, profesionál, génius, Dán, Nor, Fin, Švéd, Španěl, Ital, Francouz, Portugalec, Řek, Bulhar, Němec, Čech a Slovák, Polák, Rakušan, Angličan, Ir, Maďar, Estonec, Slovinec, lev a tygr, medvěd, osel, orel, tučňák).

7. Ergänzen Sie die Kasusformen!

1. Vlaky odtud nejezdí už od ________________ (únor).
2. Slibovali, že začnou jezdit od ________________ (pátek).
3. Budou jezdit až od ________________ (podzim), od ________________ (listopad).
4. Mlýn je ve vesnici u ________________ (Kolín), u ________________ (most), u ________________ (les).
5. U ________________ (mlýn) bydlí strýček Pavel, u ________________ (kostel) strýček Jirka.
6. Byli jsme na návštěvě u ________________ (strýček Pavel) a u ________________ (strýček Jirka).
7. Byli jsme na výletě u ________________ (pramen Labe).
8. Bez ________________ (peníze) do hospody nelez!
9. Nedovedu si představit Karlův most bez ________________ (turista).
10. Ta ulice vypadá bez ________________ (strom) smutně.
11. Musíš ty úkoly zvládnout i bez ________________ (rodiče).
12. Žáci nemohou jít do muzea bez ________________ (učitel).
13. Po povodni tady nezůstal kámen na ________________ (kámen).
14. Letos budeme na dovolené u našich ________________ (přátelé).
15. Ten obraz bez ________________ (dům), ________________ (vůz) a ________________ (kůň) se mi tak nelíbí, ani ta krajina bez ________________ (les) a horských ________________ (pramen).
16. Tu panenku nemůžeš nechat bez ________________ (šaty), musíš ji obléci.
17. Vyrábí klenoty z ________________ (drahé kameny).

3 Feminina

mit Vokalauslaut

Musterwort *žena*	Vokalauslaut -a z.B. hlava, louka, dráha; weibliche Vornamen auf -a wie Jana, Dáša, Máňa
Musterwort *růže*	Vokalauslaut -e z.B. ulice, kůže, žákyně, země; weibliche Vornamen auf -e wie Libuše, Miluše

mit Konsonantenauslaut

Musterwort *píseň*	mit einem weichen oder hartweichen Konsonantenauslaut z.B. tvář, věž, skříň, mládež, hůl, postel
Musterwort *kost*	mit -t-Auslaut z.B. bolest, vlast; oft ist es das Suffix -ost (das sind Substantive, die, von Adjektiven abgeleitet, Eigenschaften bezeichnen) z.B. hloupost, spokojenost, pohodlnost, lenost
	mit einem hartweichen oder weichen Auslaut z.B. sůl, směs, lež, zeď, věc, řeč, oběť, paměť (→ Das tschechische Lautsystem)

Typische Lautveränderungen bei den Feminina in allen Kasus außer N. und A. Singular (→ Das tschechische Lautsystem):

Das flüchtige -e- bei mehreren Wörtern

Musterwort *píseň*	píseň – písně, láhev – láhve, obec – obce, *nicht bei* postel, mez, klec, pec
Musterwort *kost*	lež – lži, zeď – zdi, ves – vsi, *nicht bei* řeč

Lautwechsel ů – o

Musterwort *píseň*	hůl – hole
Musterwort *kost*	sůl – soli

Die Deklination im Singular

Als Vorübung ergänzen Sie in der folgenden Tabelle die fehlenden Formen. Die problematischen Kasus werden anschließend erklärt und an Beispielen demonstriert.

Feminina im Singular				
N.	žena dráha síla	růže	píseň	kost loď noc
G.	______ ______ ______	______	______	______ ______ ______
D.	______ ______ ______	______	______	______ ______ ______
A.	______ ______ ______	______	______	______ ______ ______
V.	______ ______ ______	______	______	______ ______ ______
P.	______ ______ ______	______	______	______ ______ ______
I.	______ ______ ______	______	______	______ ______ ______

Musterwort *žena*

- Dativ und Präpositiv -e/-ě

  -e Lautwechsel h – z, ch – š, k – č, g – z, r – ř: *dráha – dráze, socha – soše, babička – babičce, Olga – Olze, sestra – sestře*, Sonderfall: *dcera – dceři*

  -ě – bě, pě, vě, fě, mě, dě, tě, ně: *žába – žábě, stopa – stopě, káva – kávě, žirafa žirafě, dáma – dámě, pravda – pravdě, pata – patě, brána – bráně*

- Instrumental

  Kürzung des Stammvokals bei einigen Wörtern: *rána – ranou, síla – silou, práce – prací* [Die Kürzung des Stammvokals im Singular wird nicht mehr strikt verlangt; sie ist jedoch in einigen sehr häufigen Wendungen »konserviert«: *jednou ranou, vší silou*].

Ausnahme

Das Wort *čest* (Sg.tantum, Musterwort *kost*) erfährt eine Veränderung des Stammes, es wird wie folgt dekliniert: *čest, cti, cti, čest, o cti, se ctí.*

Die Deklination im Plural

Als Vorübung ergänzen Sie in der folgenden Tabelle wieder die fehlenden Formen. Die problematischen Kasus werden anschließend erklärt und an Beispielen demonstriert.

Feminina im Plural				
N.	ženy síly dívky	růže lavice chvíle	písně noci lodě	kosti děti lidé
G.	______ ______ ______	______ ______ ______	______ ______ ______	______ ______ ______
D.	______ ______ ______	______ ______ ______	______ ______ ______	______ ______ ______
A.	______ ______ ______	______ ______ ______	______ ______ ______	______ ______ ______
V.	______ ______ ______	______ ______ ______	______ ______ ______	______ ______ ______
P.	______ ______ ______	______ ______ ______	______ ______ ______	______ ______ ______
I.	______ ______ ______	______ ______ ______	______ ______ ______	______ ______ ______

Musterwort *žena*

- Genitiv
  Einschub-e- bei Konsonantengruppe + a: *dívka – dívek, sestra – sester, známka – známek, kostka – kostek, stránka – stránek, dýmka – dýmek*. Vokalkürzung bei einigen Wörtern, z.B. *lípa – lip, dráha – drah, síla – sil, žába – žab, rána – ran*. Vokalwechsel ou – u, z.B. *louka – luk, houba – hub, moucha – much, smlouva – smluv*

- Instrumental
  Vokalkürzung bei *síla, rána, lípa* in »konservierten« Wendungen (→ I. Singular): *spojenými silami, pod ranami, třída Pod lipami*

Musterwort *růže*

- Genitiv -í / Stammauslaut (→ Genitiv Plural *žena*)
  -í ist die regelmäßige Endung, Stammauslaut bei Wörtern mit dem Endmorphem -ice: *lavice – lavic*; -íle: *chvíle – chvil*; -ile: *košile – košil*

  Vokalkürzung des langen Stammvokals bei dieser Gruppe: *chvíle – chvil, lžíce – lžic, míle – mil, plíce – plic* (Pl.tantum).

Ausnahmen

- Deklination des Wortes *idea* (im Singular Kombination von *žena* und *růže*: N. *idea*, G. *ideje*, D. u. P. *ideji*, A. *ideu*, I. *ideou*; im Plural Deklination nach *růže*: N. *ideje*, G. *idejí*, D. *idejím*, P. *idejích*, I. *idejemi*).
- Das Substantiv *noc* wird im G. Singular sowie im N. und A. Plural nach *kost*, ab G. aber nach *píseň* dekliniert: G. *nocí*, D. *nocím*, P. *nocích*, I. *nocemi*.
- Das Substantiv *loď* bildet den G. Singular *lodi* nach *kost*, im Plural wird es jedoch nach *píseň* dekliniert: N. *lodě*, D. *lodím*, P. *lodích*, I. *loděmi*.
- Das Wort *paní* (ohne oder in Verbindung mit Nachnamen, Vornamen, Funktionsnamen oder Verwandtschaftsbeziehungen) wird adjektivisch dekliniert (→ Adjektiv, Musterwort *jarní*): *paní Nováková, paní Pospíšilová, paní Veselá, paní průvodčí, paní pokladní, paní doktorka, vaše paní matka, mladá paní*! (→ Maskulinum, *pan*).
- Die Pluralform von *člověk* ist *lidé*, es bleibt Maskulinum, wird aber ab G. dekliniert nach *kost*: (*mladí, spokojení*) *lidé, lidí, lidem … lidmi*.
- Die Pluralform von *dítě* (Neutrum) ist *děti*, dekliniert als Femininum nach *kost*: (*malé, spokojené*) *děti, dětí, o dětech, s dětmi*.
- Pl.tantum werden regelmäßig dekliniert (*kalhoty, varhany, hodiny, noviny, nůžky, plavky* nach *žena*; *housle, dveře, kleště, hrábě* nach *růže*). Pl.tantum als gezählter Gegenstand (→ Numeralia).

Übungen

1. Bilden Sie den Dativ bzw. Präpositiv Singular!

dráha, socha, střecha, Věra, důvěra, kočka, babička, Olga, maminka, sestra, řeka, dáma, žába, káva, žirafa, lípa, stopa, rána, Jana, pravda, voda, zahrada, brána, pata, vata, ztráta, vláda, dcera, houba, smlouva, moucha

2. Bilden Sie den Genitiv Plural!

dívka, sestra, dýmka, známka, stránka, teta, matka, dcera, louka, moucha, houba, lípa, žába, rána, košile, lavice, síla, idea, plíce, chvíle, míle, lžíce, smlouva, ulice, lidé, děti, kalhoty, varhany, hodiny, noviny, nůžky, plavky, housle, dveře, kleště, hrábě

3. Bilden Sie den Nominativ Plural!

noc, loď, věc, zeď, píseň, větev, tvář, věž, skříň, idea, hůl, postel, bolest, hloupost, sůl, směs, lež, řeč, oběť, paměť

4. Ergänzen Sie die Kasusformen!

1. Po ______________ (pravda) řečeno, těm ______________ (věci) nerozumím.
2. Přijeli vozem, taženým ______________ (koně).
3. Zboží naložili do ______________ (lodě).
4. Musíš se o tom radit s ______________ (lidé) s ______________ (děti), ti takové ______________ (píseň) znají.
5. Náš dědeček má sice dost špatnou ______________ (paměť), ale chce psát ______________ (paměť).
6. Potřebovalo by to trochu víc ______________ (sůl), to tomu přidá ______________ (chuť).
7. Chytré ______________ (řeč) nám tady nepomůžou, potřebujeme ______________ (síla), abychom sem mohli ty ______________ (skříň), ______________ (stůl), ______________ (židle) a ______________ (postel) přenést.
8. Vojsko stálo před ______________ (brány) města.
9. Tu zprávu mám z ______________ (noviny), je to hned na první ______________ (stránka).
10. Před ______________ (chvíle) jsem s ním mluvil, silné ______________ (bolest) už nemá.

4 Neutra

Die Musterwörter der Neutra sind *město, moře, kuře, stavení*. Zu den Neutra gehören auch Wörter griechischen und lateinischen Ursprungs.

Besondere Lautveränderungen bei den Neutra in allen Kasus außer N. und A. Singular:

Musterwort *kuře*	z.B. kuře, zvíře, kotě, děvče Stammerweiterung Singular: kuřete, kuřeti … Plural: kuřata, kuřat …
Wörter griechischen und lateinischen Ursprungs	mit Vokal + -um z.B. muzeum, gymnázium, jubileum, individuum Verlust des Suffixes -um: muzea, individua … Deklination im Singular nach město, im Plural nach moře
	mit Konsonant + -um z.B. datum, centrum, vízum, substantivum Verlust des Suffixes -um: data, centra, víza … Deklination nach město
	Wörter auf -ma, z.B. téma, drama, dogma, schéma Stammerweiterung Singular: tématu … Plural: témata … Singular eigene Deklination, Plural nach kuře

Die Deklination im Singular

Als Vorübung ergänzen Sie in der folgenden Tabelle wieder die fehlenden Formen. Die problematischen Kasus werden anschließend erklärt und an Beispielen demonstriert.

Neutra im Singular					
N.	město oko muzeum datum	moře	kuře dítě	stavení	téma
G.	______ ______ ______ ______	______	______ ______	______	______

D.	____ ____ ____ ____	____	____ ____	____	____
A.	____ ____ ____ ____	____	____ ____	____	____
V.	____ ____ ____ ____	____	____ ____	____	____
P.	____ ____ ____ ____	____	____ ____	____	____
I.	____ ____ ____ ____	____	____ ____	____	____

Musterwort *město*

- Präpositiv -u/-e, -ě

  -u ist die regelmäßige und produktive Endung: *jméno, ráno, žebro, pyžamo, právo.*

  Bei allen Neutra auf -ko, -sko: *středisko, víko, oko, kolečko, razítko, kladivo* sowie auf -stvo, -ctvo: *družstvo, mužstvo, obyvatelstvo, předsednictvo, ptactvo, žactvo.* Bei den Ableitungen vom Adjektiv: *horko, sucho, mokro, dobro, zlo, chladno.* Bei geographischen Namen: *Kongo, Oslo, Toronto, Tokio, Hradisko, Lipsko, Maroko.*

  In der Regel bei Entlehnungen: *metro, kakao, rádio, studio, molo, sólo*, bei allen Entlehnungen auf -um: *muzeum, gymnázium, individuum – individuu*

  -e/-ě ist nicht mehr produktiv, jedoch die Regel bei vielen häufigen Substantiven, wie z.B. *město, místo, jaro, léto, žito, hnízdo, jezero, stříbro, zlato, železo, okno, víno, pivo, Brno, patro, dřevo, seno, dno.*

  Selten bei Entlehnungen: *kino, auto.* Bei Wörtern auf -lo, bzw. -dlo: *tělo, dílo, sklo, kolo, křeslo, číslo, jídlo, teplo, máslo, sádlo, křídlo, hrdlo, čelo*, bei Ableitungen vom Verb auf -dlo: *umyvadlo, zavazadlo, sedadlo, držadlo, vozidlo, sedlo, platidlo*

Die Tendenz geht zu -u, deswegen sind einige Varianten (nicht bei geographischen Namen!) möglich: *kouzle/kouzlu, břiše/břichu, slově/slovu, kině/kinu, autě/autu, hnízdě/hnízdu, na jaře / o jaru*

Die Deklination im Plural

Als Vorübung ergänzen Sie in der folgenden Tabelle wieder die fehlenden Formen. Die problematischen Kasus werden anschließend erklärt und an Beispielen demonstriert.

Neutra im Plural				
N.	města data jablka střediska	moře muzea jeviště vejce	kuřata témata	stavení
G.	______ ______ ______ ______	______ ______ ______ ______	______ ______	______
D.	______ ______ ______ ______	______ ______ ______ ______	______ ______	______
A.	______ ______ ______ ______	______ ______ ______ ______	______ ______	______
V.	______ ______ ______ ______	______ ______ ______ ______	______ ______	______
P.	______ ______ ______ ______	______ ______ ______ ______	______ ______	______
I.	______ ______ ______ ______	______ ______ ______ ______	______ ______	______

Musterwort *město*

- Genitiv

  Einschub-e- bei Konsonantengruppen vor dem Auslautsvokal: *pater, družstev, jablek, umyvadel, koleček, center, středisek, razítek, kouzel*

- Präpositiv -ech/-ích/-ách

  -ech ist die regelmäßige Endung: *družstvech, městech, kinech, umyvadlech, kolech*

  -ích ist die Regel bei Neutra mit dem Suffix -isko: *střediscích, hlediscích, stanoviscích*

  -ách ist die Regel bei Neutra mit dem Suffix -ko: *kolečkách, razítkách, jablkách*

Musterwort *moře*

- Genitiv -í / Stammauslaut

  -í ist die regelmäßige Endung: *moří, polí*; auch bei den Entlehnungen des Typs *muzeum*: *muzeí, individuí, jubileí, studií*

  Stammauslaut gibt es beim Suffix -iště: *staveniště – stavenišť, smetiště – smetišť, stanoviště – stanovišť* (Sonderfall: *vejce – vajec*)

Ausnahmen

- Das Wort *vejce* hat im Genitiv Plural die Form *vajec*, wird aber sonst regelmäßig nach *moře* dekliniert.
- Das Substantiv *nebe* hat im Plural einen erweiterten Stamm: *nebesa, nebes, nebesům, nebesa, nebesích, nebesy* und wird nach *město* dekliniert.
- dítě im Singular regelmäßig zum Musterwort *kuře* gehörend, wechselt im Plural das Genus und wird nach dem Musterwort *kost* dekliniert: *děti* (→ Femininum, *kost*).
- Zum Musterwort *stavení* gehören viele verbale Substantive wie *cvičení, myšlení, čtení, psaní* und viele Ableitungen mit Präfixen und Suffixen, wie *nádraží, nábřeží, náměstí, předměstí, podnebí, bezpečí*. Das Suffix ist einheitlich, bis auf das Wort *úterý*. Das Wort *století* bildet die Pluralform *století* oder *staletí* (→ Numeralien, *sto*).
- Pl.tantum, wie *vrata, kamna, ústa, záda* (G. *zad*), werden im Plural regelmäßig nach *město* dekliniert. Pl.tantum als gezählter Gegenstand (→ Numeralien).

Übungen

1. Bilden Sie den Präpositiv Singular!

sucho, ticho, družstvo, mužstvo, středisko, rádio, metro, oko, ucho, město, kino, břicho, sádlo, máslo, kolo, auto, železo, umyvadlo, muzeum, datum, téma, jubileum, staveniště, kuře, místo, jaro, léto, jezero, okno, víno, pivo, Brno, patro, dřevo, dno, tělo, dílo, sklo, křeslo, číslo, jídlo, křídlo, čelo, zavazadlo, sedadlo, moře, pole, slunce, nebe, drama, schéma

2. Bilden Sie den Genitiv Plural!

stanoviště, centrum, hledisko, hnízdo, kino, vejce, muzeum, datum, téma, kuře, tele, razítko, středisko, kolečko, individuum, gymnázium, náměstí, nádraží, území, kamna, ústa, záda, vrata, moře, pole, drama, patro, mužstvo, jablko

3. Bilden Sie den Präpositiv Plural!

staveniště, centrum, hledisko, hnízdo, kino, vejce, muzeum, datum, tele, razítko, středisko, kolečko, gymnázium, náměstí, nádraží, území, kamna, ústa, záda, vrata, moře, pole, téma, patro, mužstvo, jablko

4. Ergänzen Sie die Kasusformen!

1. Na ______________ (jaro) a v ______________ (léto) jezdím do ______________ (škola) na ______________ (kolo).
2. Nová výstava je v tomto ______________ (muzeum) v prvním ______________ (patro).
3. O tomto ______________ (téma) jsem už mnoho četl.
4. Musíš to tomu ______________ (dítě) trpělivě vysvětlit.
5. Pečeme na ______________ (máslo), na ______________ (sádlo) nebo na ______________ (olej).
6. V ______________ (dílo) tohoto ______________ (spisovatel) hrála ______________ (drama) důležitou ______________ (úloha).
7. Voda v ______________ (jezero) byla velmi studená.
8. Ve ______________ (město) je několik nových nákupních ______________ (centrum).
9. Ta zpráva šla od ______________ (ústa) k ______________ (ústa).
10. Auto narazilo do ______________ (vrata) hřiště.
11. Na ______________ (strom) je mnoho ptačích ______________ (hnízdo).
12. To ______________ (dřevo) spálíme v ______________ (kamna).
13. Pan Valenta má pět ______________ (tele), deset ______________ (prase) a hodně ______________ (kuře).

5 Dual

Dual oder Zweizahl gab es historisch neben dem Singular und Plural.

Der Dual existiert nur noch in Überresten, hält sich jedoch bei einigen sehr häufigen Wörtern – den paarigen Körperteilen (sowie bei einigen → Numeralien) – im Tschechischen hartnäckig. Bei diesen Wörtern (*oči*, *uši*, *ruce*, *nohy*, *ramena*, *kolena*, *prsa*) gibt es statt des regelmäßigen Plurals z.T. nicht in allen Kasus die historische Dualdeklination. Im Singular werden diese Substantive regelmäßig dekliniert (*oko, ucho, rameno, koleno* – Neutrum nach Musterwort *město*; *noha, ruka* – Femininum nach Musterwort *žena*; das Wort *prsa* ›Brust‹ ist Pl.tantum, es gehört zu den Neutra).

Die Tendenz geht bei einigen Wörtern dieser Gruppe und einigen Kasus zu einer Angleichung der Formen an die regelmäßige Pluraldeklination. Andererseits hat sich die Dualform des I. -ma bei *oči, uši, ruce, nohy – očima, ušima, rukama, nohama* (an die auch regelhaft die Formen des Adjektivs angeglichen werden müssen – *s modrýma očima, dlouhýma ušima, pilnýma rukama*) in der Umgangssprache als die universelle Instrumentalendung des Substantivs verbreitet.

Bei einigen dieser Wörter, die auch im übetragenen Sinne verwendet werden (z.B. *oko* ›Masche, Schlinge‹; *noha* – ›Bein‹ eines Tisches u.ä.; *ucho* ›Henkel‹), kommt nur die regelmäßige Deklination vor: *s uchy* ›mit Henkeln‹, im Gegensatz zum Dual: *s ušima* ›mit den Ohren‹.

Übungen

1. Ergänzen Sie die Tabelle! Es gibt Parallelen in der Deklination bei *nohy* und *ruce*, *oči* und *uši* sowie *ramena*, *kolena* und *prsa*.

Dual			
Genus	Femininum	Neutrum	
N.*	nohy ruce	oči uši	ramena kolena prsa
G.	nohou rukou	očí __________	ramenou __________ prsou
D.	__________ rukám	__________ ušim	__________ kolenům __________
P.	nohou __________	očích __________	__________ __________ prsou
I.	__________ rukama	__________ ušima	__________ koleny __________

* auch A. und V.

2. Bilden Sie die entsprechenden Dualformen!

1. Domlouvali se ________________ (ruka noha).
2. Pozval si ho na rozhovor mezi čtyřma ________________ (oko).
3. Více ________________ (oko) více vidí.
4. Nosili ho na ________________ (ruka).
5. Je mi zima na ________________ (ruka).
6. Má za ________________ (ucho).
7. Mám kašel a také mně bolí v ________________ (ucho).
8. Táta nosil dítě celé odpoledne na ________________ (ramena).
9. Upadl na ________________ (koleno).
10. Chci tě mít pořád na ________________ (oko).
11. Ta nespravedlnost bije přímo do ________________ (oko).
12. Stěny mají ________________ (ucho).
13. Paní Nováková má nemocné plíce, bolí ji na ________________ (prsa).
14. Petříček leze pořád všude po ________________ (kolena).
15. Ten dopis se mi omylem dostal do ________________ (ruka).
16. Od rána jsem na ________________ (nohy).
17. K ________________ (ruka) pana Bělohlávka.
18. Dědeček má potíže s ____________ (koleno), loni měl potíže s ____________ (oko).

Das Adjektiv

Das Adjektiv wird dekliniert (adjektivische Deklination), viele Adjektive werden auch kompariert (gesteigert). Zu den Adjektiven gehören auch Adjektivadverbien (→ Adverbien), die kompariert, aber nicht dekliniert werden.

Das einzige erhaltene kurze Adjektiv, das aber zu den häufigsten tschechischen Wörtern gehört (Rang 294 in der Liste der absoluten Häufigkeit) und viele Funktionen erfüllt, ist *rád*. Ähnlich verhält es sich mit dem sehr häufigen Wort *sám*, das allerdings auch eine »lange« Form *samý* hat. Beiden Wörtern wird hier ein Exkurs mit Übungen gewidmet.

Eine Sondergruppe des Adjektivs bilden die possessiven Adjektive, die eine eigene Deklination haben, nicht kompariert werden können und auch keine parallelen Adjektivadverbien aufweisen; sie erfüllen außerdem lediglich attributive Funktionen (sie können evtl. auch im nominalen Prädikat auftreten).

Einige Adjektive können substantivische oder pronominale Objekte an sich binden, so z.B. *přívětivý, milý k zákazníkům, k pacientům, být všeho schopný* ›zu allem fähig‹; *být opatrný na své zdraví* (→ Präpositionen, Satzglieder, Objekt).

Einige Adjektive können sich mit dem Infinitiv verbinden, z.B. *být líný vstávat/se učit; jít nakoupit, je snadné to odmítnout; být schopný se soustředit/se přinutit* (→ Verb, Konstruktionen mit dem Infinitiv).

6 Adjektiv und Adjektivadverb

Das Tschechische hat – im Gegensatz zum Deutschen – keine adjektivische Grundform (gut, schnell). Im Deutschen wird diese Grundform jeweils differenziert eingesetzt, entweder attributiv, gebeugt, kongruierend (welche Fahrt? was für eine? eine schnelle Fahrt, guten Appetit! schönes Wetter) oder adverbial, in der Grundform (wie? schnell fahren; gut aufpassen; das Wetter ist schön; draußen ist es sehr schön; hoch in den Wolken). Sowohl in der attributiven als auch adverbialen Funktion treten entsprechende Steigerungsformen (Komparativ, Superlativ) auf.

Im Tschechischen gibt es abhängig von der jeweiligen Funktion gesonderte Formen: adjektivische Formen, die Adjektive, die attributive Funktionen sowie einige Funktionen im nominalen Prädikat erfüllen (Attribute: *jaký, jaká, jaké? rychlá jízda, dobrou chuť! krásné počasí*, und das entsprechende nominale Prädikat: *jaký, jaká, jaké? počasí je krásné*), und eine oder evtl. zwei Formen (-e/-ě, -y, und -o) der sog. Adjektivadverbien (→ Adverbien), die in adverbialen Funktionen (adverbiale Bestimmung: *jak? jet rychle, dávat dobře pozor*; nominales Prädikat, Zustand, Maße: *Jak je venku? Je krásně. Tady je veselo.*) auftreten. Beispiele:

dobrý / dobře	gut
rychlý / rychle	schnell
veselý / vesele, veselo	lustig, fröhlich

Die Adjektive haben die Formen auf -ý, -á, -é, z.B. *dobrý, dobrá, dobré* (sog. harte Adjektive) oder auf -í, z.B. *letní* (sog. weiche Adjektive).

Die Adjektivadverbien haben Formen auf -e/-ě, -o ,-y:

- -e/-ě: *příjemně, chytře, rozumně, mladě, slabě, draze* (zum Lautwechsel → Das tschechische Lautsystem)
- -o: *často, kluzko, veselo, daleko, draho*
- -y: *hezky, historicky, německy, česky, přátelsky*

Das Adverb *pomalu* ist eine Ausnahme; das Adjektiv hat aber die regelmäßige Form *pomalý*.

Die Adjektive werden attributiv und im nominalen Prädikat verwendet. Einige Adjektive und die entsprechenden Adverbien weisen Abweichungen in der Bedeutung auf:

daleký	sehr weit entfernt	daleko	weit, fern
dlouhý	lang (allgemein)	dlouho	lange (nur zeitlich)
úzký, úzce	eng (auch übertr.)	úzko	ein beklemmendes Gefühl

Zu mehreren Adjektiven gibt es zwei adverbiale Formen -e/-ě und -o. Diese weisen immer grammatische Unterschiede auf:

- Die Adverbien auf -e/-ě (*smutně, vesele, chladně, teple, draze, lehce, jasně*) sowie das Adverb *často*, das nur die Form auf -o hat, werden als adverbiale Bestimmungen verwendet. Adjektivadverbien auf -e/-ě werden auch oft im übertragenen Sinne verwendet.
- Die Adverbien auf -o (*smutno, veselo, teplo, horko, chladno, mlhavo, jasno, draho*) drücken Zustände, Gefühlslagen, Wetterbedingungen, Situationen aus (*smutno* – bedeutet also eigentlich ›traurige Stimmung‹, *draho* – ›teure Gegend‹, *mlhavo* – neblig, nebliges Wetter), sie werden im nominalen Prädikat verwendet.

Maße (Messbares), wie *daleko, dlouho, vysoko, hluboko, mělko*, kommen im nominalen Prädikat oder auch als adverbiale Bestimmung vor.

Wenn es nur eine Form des Adjektivadverbs gibt, wird diese für mehrere Funktionen verwendet.

Adjektiv	**Adjektivadverb(ien)**	
	adverbiale Bestimmung	nominales Prädikat
-ý, -á, -é; -í	-e/-ě	-o [Zustand, Gefühl, Wetterlage, Situation]
veselý	vesele	veselo
chladný	chladně	chladno
smutný	smutně	smutno
úzký	úzce	úzko
teplý	teple	teplo
příjemný	příjemně	příjemně
čistý	čistě	čisto
vlhký	vlhce	vlhko
deštivý	–	deštivo
mlhavý	mlhavě	mlhavo
		[Messbares]
vysoký	vysoce	vysoko
blízký	blízce	blízko

Vergleich der Hauptfunktionen

- Attribut

Kongruenz in Kasus, Numerus, Genus, im Dt. und Tsch. gleich, Adjektiv	Steigerung adjektivisch
čerstvý vzduch, čerstvý chléb veselá povídka, veselý film zajímavé město, zajímavý člověk projíždět zajímavým městem potkat zajímavého člověka moudrá rada	čerstvější vzduch, čerstvější chléb moudřejší ustoupí

- nominales Prädikat, Adjektiv

im Tsch. Kongruenz in Numerus und Genus, Kasus in diesem Fall immer Nominativ	Steigerung adjektivisch
Ten chléb je čerstvý.	Ten chléb je čerstvější, ten je ale nejčerstvější.
im Dt. keine Kongruenz Adjektivadverb Grundform	Steigerung adverbial
Das Brot ist frisch.	*Dieses Brot ist frischer, das aber am frischesten.*

- nominales Prädikat (Zustand, Maße usw.)

Adjektivadverb	Steigerung im Deutschen und Tschechischen adverbial
Tady je chladno. *Hier ist es kalt.*	Tady je ještě chladněji. *Hier ist es noch kälter.*

- adverbiale Funktion

Adjektivadverb	Steigerung im Deutschen und Tschechischen adverbial
jet rychle *schnell fahren*	jet rychleji *schneller fahren*

Übungen

1. Wählen Sie die richtigen Formen und bilden Sie bei den Adjektiven gegebenenfalls die korrekte Wortform (Kongruenz)!

To je ____________ (zajímavý, zajímavě) člověk. Ten člověk je ____________ (zajímavý, zajímavě). To je ____________ (veselý, vesele, veselo) dítě. To dítě je ____________ (veselý, vesele, veselo). Ten chléb je ____________ (čerstvý, čerstvě). Martina je ____________ (chytrý, chytře). Ta povídka je ____________ (veselý, vesele, veselo). To jsou ____________ (milý, mile) lidé. Ti lidé jsou ____________ (milý, mile). Ten kufr je ____________ (těžký, těžce, těžko). Přijedu i za ____________ (chladný, chladně, chladno) počasí. Venku je ____________ (teplý, teple, teplo). Je mi ____________ (smutný, smutně, smutno) a ____________ (chladný, chladně, chladno). Vymyslel to ____________ (chytrý, chytře). Napsal to ____________ (rychlý, rychle), ale ____________ (špatný, špatně). Venku je ____________ (mrazivý, mrazivě, mrazivo), musíš se ____________ (teplý, teple, teplo) obléci. To auto nejelo ____________ (rychlý, rychle), jelo ____________ (pomalý, pomalu). Je nám tu ____________ (veselý, vesele, veselo). Venku je ____________ (hezký, hezky) a ____________ (jasný, jasně, jasno). Vysvětlil mi to ____________ (jasný, jasně, jasno). Je to místo ____________ (volný, volně, volno)? Je tu ____________ (volný, volně, volno)? Je ti to ____________ (jasný, jasně, jasno)? Máš v tom ____________ (jasný, jasně, jasno)? V tramvaji bylo ____________ (plný, plně, plno). Tramvaj byla ____________ (plný, plně, plno). ____________ (plný, plně, plno) s vámi souhlasím. Na ulici je ____________ (klidný, klidně, klidno). Choval se ____________ (klidný, klidně, klidno) a ____________ (trpělivý, trpělivě). Váš pes tu nemůže ____________ (volný, volně, volno) běhat! Zajímá ho jeho ____________ (čistý, čistě, čisto) plat. To je ____________ (čistý, čistě, čisto) soukromá záležitost. Po slavnostech už je ve městě zase ____________ (čistý, čistě, čisto). Nesedej si sem, tady je ____________ (mokrý, mokře, mokro). Nemusíme tam být tak ____________ (dlouze, dlouho). Jak ____________ (dalece, daleko) to je? Bydlí ____________ (blízko, blízce) nás. ____________ (Vysoce, vysoko) nad horami svítilo slunce. Petr a Pavel jsou ____________ (blízko, blízce) příbuzní. ____________ (Krátký, krátko, krátce) se podívám do zahrady. Ta specializace je příliš ____________ (úzký, úzko, úzce), tak ____________ (úzký, úzko, úzce) specializovaného pracovníka už máme. Vyrábějí ____________ (vysoký, vysoko, vysoce) kvalitní zboží. Jezdí k nám ____________ (častý, často).

2. Ergänzen Sie die Formen der Adjektive/Adjektivadverbien!

1. Zítra pojedeme o trochu ________________ (brzy) než dnes.
2. Přes les je to ale ________________ (blízký) než kolem řeky.
3. Ta hora sice není ________________ (vysoký) než hory v Krkonoších, ale je dost ________________ (vysoký).
4. Paní Havlová je přibližně tak ________________ (starý) jako její sousedka.
5. Nesmíš jezdit tak ________________ (rychlý), jezdi trochu ________________ (pomalý).
6. Jdi, prosím tě, o kus ________________ (daleko), máš tam dost místa.
7. Tu barvu jsi koupil úplně ________________ (špatný), ten odstín je trochu ________________ (světlý) a hlavně mnohem ________________ (ošklivý).
8. Ten nový film je trochu ________________ (zajímavý), ale je mnohem ________________ (dlouhý).
9. Musíte mluvit trochu ________________ (hlasitý), slyším velmi ________________ (špatný), slyším ________________ (špatný) než loni.
10. Musím si koupit ________________ (dobrý) brýle, ty, které mám jsou sice mnohem ________________ (elegantní), než jsem měl předtím, ale nejsou dost ________________ (silný).

3. Ergänzen Sie die Formen des Adjektivs!

Chlapec je veselý. Dívka je ________________. Dítě je ________________. Lidé jsou ________________. Kolegyně jsou ________________. Děvčata jsou ________________. Dům je moderní. Tramvaj je ________________. To téma je ________________. Studenti jsou ________________. Názory jsou ________________. Šaty jsou ________________. Ta dramata jsou ________________.

4. Ergänzen Sie die korrekte Form!

1. ________________ (hezký, příjemný) se na nás usmála.
2. Uvítal nás velice ________________ (přátelský).
3. Mluvte s námi, prosím ________________ (francouzský).
4. ________________ (francouzský) neumím, umím jen ________________ (německý), ________________ (český), anebo ________________ (anglický).
5. Chceš se naučit ________________ (španělský)?
6. Musím ještě ________________ (krátký) na nákup.
7. Musíte chodit ________________ (pomalý) a ________________ (opatrný), je tady ________________ (kluzký).

5. Übersetzen Sie!

1. Es ist kalt hier.
2. Es geht hier lustig zu.
3. Es ist mir traurig zumute.
4. Ist es weit?
5. Wie lange ist es schon?
6. Das Wetter ist sehr schön.
7. Es ist schön hier.
8. Das ist ein häufiger Fehler.
9. Wie oft besuchst du ihn?

7 Deklination der Adjektive

Die frühere Unterscheidung in kurze und lange Adjektive ist nicht mehr aktuell, da die wenigen kurzen Adjektive, die es heute noch im Tschechischen gibt, zunehmend archaisch sind. Sie finden sich z.T. in einigen festen Wendungen, wie z.B. *nebezpečno – Životu nebezpečno*! ›Lebensgefahr!‹, sowie evtl. im buchsprachlichen Stil: *nebyl schopen slova, nejsem si jist, jista …, dlouho nebyl zdráv, byl dlouho nemocen* und einige andere wenige. Die frühere Deklination ist bis auf Phraseme (*z čista jasna* ›aus heiterem Himmel‹; *z plna hrdla* ›aus vollem Halse‹) aus dem Gebrauch verschwunden.

Die adjektivische Deklination ist die Deklination der sog. langen Adjektive. Zu ihnen gehören außerdem:

- Substantive, d.h. substantivierte Adjektive
  - Gattungsnamen: *průvodčí, pokladní, vrátný, vrátná*
  - adjektivische Nachnamen, männliche und weibliche: *Nový, Nová, Pokorný, Pokorná, Černý, Černá*, evtl. -í *Poslední, pan Poslední, paní Poslední*
  - weibliche Nachnamen auf -ová: *Horáková, Jedličková*
  - das Substantiv *Jiří* und *paní* (G. Plural *moderních paní*)
- einige Pronomen, wie *každý, žádný, takový, její, který* (→ Pronomen)
- einige Numeralien, wie *první, druhý, kolikátý, mnohý, četný* (→ Numeralia)

Undekliniert bleiben einige sehr häufige umgangssprachliche Adjektive fremden Ursprungs, darunter auch einige Germanismen: *prima film, fajn holka, super* – es gibt aber auch *primový, suprový, fajnový* (mit einer anderen Bedeutung als *fajn*), evtl. auch in Buchtiteln: *Škvorecký: Prima sezóna*

Das Adjektiv kongruiert mit dem Substantiv in Kasus, Numerus, Genus. In Verbindung mit den Wörtern der Dualdeklination (→ Substantiv) passt sich das Adjektiv im I. der Deklination an: *modrýma očima, rudýma ušima, dlouhýma nohama, dlouhýma rukama*

Es gibt eine harte und eine weiche Deklination. Die Steigerungsformen der Adjektive gehören immer der weichen Deklination an.

Der Vokativ, der beim Adjektiv nur eine grammatische Funktion hat (die notwendige Kongruenz), entspricht immer dem N., also z.B. *Milý Aleši! Milá Věro! Vážení turisté!*

Die Unterscheidung belebt/unbelebt gibt es auch beim Adjektiv, unterschiedliche Formen gibt es:

- bei den harten und weichen Adjektiven im A. Singular
  - belebt – A. = G.: *mladého člověka, moderního člověka*
  - unbelebt – A. = N.: *mladý strom, moderní názor*

- sowie bei den harten Adjektiven im N. Plural
  - bei belebten Maskulina, Endung -í: *známí, slabí, milí, slepí, cizí, bosí, noví*
  - Lautwechsel bei -h, -ch, -k (-sk, -ck), -r, -d, -t, -n (→ Das tschechische Lautsystem): *španělští turisté, francouzští sportovci*
  - bei unbelebten Maskulina Endung -é: *španělské pomeranče, francouzské sýry*

Übungen

1. Ergänzen Sie die folgenden Tabellen!

Genus	Singular			
	Maskulinum		Femininum	Neutrum
	belebt	unbelebt		
N.	mladý člověk	starý strom	mladá paní	mladé víno
G.				
D.				
A.				
P.				
I.				
	Maskulinum		Femininum	Neutrum
	belebt	unbelebt		
N.	cizí člověk	moderní názor	jarní květina	jarní počasí
G.				
D.				
A.				
P.				
I.				

Genus	Plural			
	Maskulinum		Femininum	Neutrum
	belebt	unbelebt		
N.	mladí lidé	staré stromy	mladé paní	mladá vína
G.				
D.				
A.				
P.				
I.				

Genus	Maskulinum		Femininum	Neutrum
	belebt	unbelebt		
N.	cizí lidé	moderní názory	jarní květiny	větší města
G.				
D.				
A.				
P.				
I.				

2. Ergänzen Sie die Form für den Nominativ Plural Maskulinum belebt!

ubohý ______________ hezký ______________ chytrý ______________
český ______________ francouzský ______________ německý ______________
anglický ______________ tichý ______________ líný ______________
chudý ______________ skromný ______________ blízký ______________

3. Bilden Sie den Nominativ Plural!

__________________ (drahý) rodiče
__________________ (chytrý) politici
__________________ (dobrý) pracovníci
__________________ (moderní) architekti
__________________ (český) skladatelé
__________________ (francouzský) sportovci
__________________ (anglický) umělci
__________________ (evropský) zástupci
__________________ (vážený) hosté
__________________ (nudný) řečníci
__________________ (ochotný) prodavači
__________________ (malý) kluci
__________________ (španělský) turisté
__________________ (německý) studenti
__________________ (slovenský) učitelé
__________________ (mladý) lidé

4. Bilden Sie den Akkusativ Plural!

anglický spisovatel __________________________
francouzský fotbalista __________________________
český režisér __________________________
slovenský zpěvák __________________________
německý houslista __________________________
ruský šachista __________________________
evropský politik __________________________

5. Bilden Sie den Instrumental Singular und Plural!

zajímavá kniha		
starší zámek		
mladý člověk		
malé dítě		
důležitá věc		
důležitější téma		
moderní dům		
stará loď		
pohodlná lavice		
pilná žákyně		
vysoká věž		
malé parkoviště		
cizí jazyk		
cizí země		
všední den		
dobrý úmysl		
lední medvěd		
minulé století		
významné jubileum		
významné datum		
známý lékař		
známý vynálezce		
nemocné ucho		
bystré oko		
historické město		
hezká fotografie		

8 Komparation

Die Komparation (produktiv, regelmäßig):

Adjektiv	Adjektivadverb
2. Stufe: -ejší, 3. Stufe: nej + 2. Stufe *veselý – veselejší – nejveselejší;* *veselejší než, nejveselejší ze všech*	2. Stufe: -eji, 3. Stufe: nej + 2. Stufe *veselý – veseleji – nejveseleji;* *veseleji než, nejveseleji ze všech*

Lautwechsel beim Auslaut -h, -ch, -k/-sk/-ck, -r, -d, -t, -n, -b, -p, -v (→ Das tschechische Lautsystem):

Adjektiv	Adjektivadverb
ubohý – ubožejší	uboze – ubožeji
levný – levnější	levně – levněji
sobecký – sobečtější	sobecky – sobečtěji
diplomatický – diplomatičtější	diplomaticky – diplomatičtěji
lidský – lidštější	lidsky – lidštěji
přátelský – přátelštější	přátelsky – přátelštěji

Mehrere sehr häufige Adjektive und Adjektivadverbien weisen eine nicht mehr produktive Bildung auf:

Adjektiv	Adjektivadverb
blízký – bližší	blízko – blíž
drahý – dražší	draze, draho – dráž
nízký – nižší	nízko – níž
vysoký – vyšší	vysoko – výš
těžký – těžší	těžce – tíž
dlouhý – delší	dlouho – déle
hluboký – hlubší	hluboko – hlouběji

Manchmal betrifft dies nur das Adjektiv:

Adjektiv	Adjektivadverb
mladý – mladší	mladě – mlaději
měkký – měkčí	měkce – měkčeji
tichý – tišší	tiše – tišeji
tlustý – tlustší	tlustě – tlustěji
slabý – slabší	slabě – slaběji
hladký – hladší	hladce – hladčeji
krátký – kratší	krátce – kratčeji
chudý – chudší	chudě – chuději
sladký – sladší	sladce – sladčeji

Unregelmäßige Steigerungsformen:

Adjektiv	Adjektivadverb
dobrý – lepší špatný / zlý – horší malý – menší velký – větší (mnozí)	dobře – lépe špatně / zle – hůř málo – méně – nejméně (velice, velmi) mnoho – více – nejvíce

Besonderheiten

- *dál, blíž, níž, výš, dráž, tíž*: Die Formen *dále, blíže, níže, výše, …* gelten, wenn nicht lexikalisiert, als veraltet, *déle* ist jedoch die Norm.
- Das Adjektiv *daleký* bildet keine Komparativstufen im direkten Sinne. *Další, prosím*! bedeutet ›Der Nächste, bitte!‹ Das Wort *další* hat die Bedeutung ›weiterer‹ (*až na další* ›bis auf Weiteres‹; *Má někdo další otázky?* ›Gibt es weitere / noch irgendwelche / andere Fragen?‹)
- *daleko – dál, nejdál*; *Dále*! bedeutet ›Treten Sie ein! Kommen Sie weiter! Treten Sie näher!‹; *a tak dále* (*atd*) ›und so weiter (usw.)‹
- Das Adjektivadverb *hezky* bildet keine Komparationsstufen.
- *brzy* ist ein Adverb mit den Komparationsstufen (*nej*)*dříve*. Das Adjektiv *brzký* ›baldig‹ (nur in festen Wendungen wie *brzké uzdravení* ›baldige Genesung‹) bildet keine Komparationsstufen.
- *málo, mnoho* + gezählter Gegenstand (→ Numeralia).

Übungen

1. Bilden Sie die Form des Komparativs!

1. Musíme jít ještě ______________ (daleko).
2. Na nádraží to je ______________ (blízko).
3. Ten regál musíš pověsit ______________ (vysoko).
4. Ten obraz ale se musí pověsit ______________ (nízko).
5. Zítra přijdu ______________ (brzy) a zůstanu ______________ (dlouho).
6. Včera mu bylo ______________ (špatně), dnes už je mu ______________ (dobře).
7. Na tomto místě je řeka ještě ______________ (hluboká).
8. ______________ (Blízký) údaje nemám.
9. Potřebuji ______________ (dlouhý) hůl.
10. Regál jsi pověsil příliš ______________ (vysoký), musíš ho pověsit ______________ (nízký).
11. Já tě neslyším, musíš přijít ______________ (blízko).
12. Měl jsi mu to říct ______________ (diplomaticky).

13. Bohužel je Karel ještě ________________ (sobecký).
14. Musíte vzít ________________ (dobrý) materiál.
15. Zítra bude ________________ (špatný) počasí.
16. Musíte mluvit ________________ (hlasitý), neslyším vás.
17. Musíte mluvit ________________ (pomalu).
18. Měl byste k nám chodit ________________ (častý).
19. Zítra přijdu ________________ (brzy), pozítří ________________ (pozdě).

2. Bilden Sie Komparationsstufen!

Ten člověk je (zajímavý). To dítě je (veselý). Ten chléb je (čerstvý). Martina je (chytrý). Ta povídka je (veselý). Ti lidé jsou (milý). Ten kufr je (těžký). Přijedu i za (chladný) počasí. Vymyslel to (chytře). Napsal to (rychle), ale (špatně). To auto nejelo (rychle), jelo (pomalu). Pojďte k nám, bude nám tu (veselo). Vysvětlil mi to (jasně). Choval se (klidně) a (trpělivě). Po slavnostech už je město zase (čistý). Pavel jel (rychle) než Petr. Petr byl (rychlý) než Pavel. Musíš si vzít (velký) kufr. Tenhle kufr je (velký). Já mám radši (malý) kufr. Pojedu tam, až bude (dobrý) počasí. To je (špatný) výsledek. Její zahrádka byla, jak říkala, (velký) květináč. Je ta kniha (zajímavý a napínavý) ? Ta kniha je naopak (nudný), ale zato (dlouhý). Dnes je (chladno), počkáme, až bude (hezký) počasí. Včera to nebylo (dobrý), dnes už je to o mnoho (dobrý).

3. Übersetzen Sie nach dem Muster: weit besser – *daleko lepší*!

Das ist weit besser. Diese Arbeit ist weit interessanter. Der Film ist weit spannender, als ich es erwartet hatte. Das Buch ist weit teurer, als ich dachte. Die Ergebnisse sind weit schlechter als im vorigen Jahr. Geht es dir schon besser? Heute ist es noch weit schlimmer. Peter ist weit kleiner als Thomas. Ist die Stadt Plzeň weit älter als Karlovy Vary?

4. Bilden Sie die Formen des Komparativs und Superlativs!

chytrý			chytře		
divoký			divoce		
snadný			snadno		
levný			levně		
slabý			slabě		
tichý			tiše		
tvrdý			tvrdě		
měkký			měkce		
těžký			těžce		

9 Die Problematik von *rád* und *sám*

Das sehr häufige, multifunktionale Wort *rád* ›gern; froh sein‹

- bildet drei Genusformen beider Numeri: *rád, ráda, rádo, rádi, rády, ráda*

Singular			
Maskulinum		Femininum	Neutrum
rád		ráda	rádo
Plural			
belebt	unbelebt	rády	ráda
rádi	rády		

- wird nicht dekliniert.
- bildet die Komparationsformen adverbial.
- wird in festen Konstruktionen verwendet.
- Komparativformen sind *radši/raději* (Komparativ), *nejradši/nejraději* (Superlativ). Die beiden Varianten der Komparationsstufen unterscheiden sich nur formal.
- Die Negation von *rád* ist *nerad*, *nerada*, *nerado*, *neradi* … (Vokalkürzung → Das tschechische Lautsystem); die negierte Form kann nicht kompariert werden.
- In festen Wendungen wird oft die positive oder negative Form erwartet.

Häufige Konstruktionen:

být rád ›froh sein‹	to jsem rád, ráda, … nerad, nerada … to jsme velmi, moc rádi … ›da bin ich / sind wir (nicht) froh‹ [rád wird nicht kompariert]
mít něco rád ›etwas mögen, eine Vorliebe haben für‹	to mám rád, radši, nejradši; to (ne)mám rád ›das mag ich (nicht)‹ Mám ráda Mozarta, nejradši ale mám Beethovena. ›Ich liebe Mozart / Mozarts Musik gefällt mir, Beethoven mag ich am meisten.‹ Nemám rád dechovou hudbu. ›Ich mag keine Blasmusik.‹ [rád wird kompariert]
mít nějaké jídlo rád, nerad (oft mit Ellipse) ›ein bestimmtes Essen mögen, nicht mögen‹	to já rád, nerad, to mám rád, já mám nejradši, já rád játra ›ich mag Lebergerichte‹; Já rád játra, ty rád játra. (*Zungenbrecher*), já nerada ryby ›ich mag keinen Fisch‹, tu zeleninu nemám ráda [rád wird kompariert]

mít někoho rád ›jemanden mögen, gern haben‹	mám ho ráda, nemám ho ráda, mají se rádi ›sie haben sich lieb‹, máme se rádi ›wir mögen uns, wir haben uns lieb‹ [rád wird kompariert] *auch ironisch*: ten mně může mít rád ›der kann mich gern(e) haben‹
dělat něco rád, nerad ›etwas gern, ungern machen‹	rád si čte, ráda plete, rádi sportují udělám to (pro tebe, vás) rád, rád ti tam dojdu Já bych se teď radši šel projít. Nejradši bych šla plavat. Já nechodím ráda plavat. Nerada plavu. [rád wird kompariert] Nerad bych rušil. ›Ich möchte ungern stören.‹ Já bych tam nerada šla. ›Ich würde sehr ungern hingehen.‹ Já bych tam radši nešla. ›Ich würde lieber nicht hingehen.‹ Já bych je nerada obtěžovala. ›Ich möchte sie ungern belästigen.‹ Já bych radši neobtěžovala. ›Ich würde lieber nicht stören.‹ Já bych se radši neptala. ›Ich würde lieber nicht fragen.‹ *Klischees*: Nerad bych se mýlil, ale … ›Ich täusche, irre mich ungern, aber …‹ Rádi vás obloužíme, rádi vám poradíme, naši odborníci vám velmi rádi poradí. ›Wir bedienen Sie gern, wir beraten Sie gern, unser Fachpersonal steht Ihnen sehr gern mit Rat zur Verfügung.‹
já nerad	Promiňte, já nerad, já nerada. ›Pardon, Verzeihung, Entschuldigen Sie, das wollte ich nicht.‹ [negiert, nicht kompariert]
ironisch	To bych teda ráda viděla, to ráda uvidím. ›Das möchte ich gerne sehen.‹ Co se škádlívá, rádo se mívá. ›Was sich liebt, das neckt sich gern.‹ (*Spruch*)

Das Wort *sám* ›allein, selbst‹

- besitzt Formen aller drei Genera beider Numeri: *sám, sama, samo, sami; samý, samá.*
- wird weder dekliniert noch kompariert: *Udělám to sama. To vím sama. Sám si to myslím. Byli jsme tam najednou sami. Přišel sám.*
- buchsprachlich, veraltet ›selbst, sogar‹: *Přišel sám starosta.* aktuell: *dokonce, dokonce i – Přišel dokonce i starosta.*
- *samý* bedeutet (veraltet, buchsprachlich) ›ganz, ganz am …‹: *Na samém začátku … u samého kraje;* aktuell: *hned na, už na, až u – hned na začátku, už na začátku, až u kraje, až ke kraji*

¬ *samý* bedeutet aktuell ›ausschließlich, nur, lauter, vor lauter‹: *Má samé výmluvy. To jsou samé nesmysly. Na vysvědčení měl samé jedničky. Vařili nám jen samé dobré věci. Dověděli jsme se samé praktické rady. Samou láskou by ho umačkala.*

Übungen

1. Übersetzen Sie!

1. Was möchtest du gerne haben?
2. Ich bin froh … / Ich freue mich, dass es so ausgegangen ist.
3. Da freue ich mich überhaupt nicht … / Es gefällt mir gar nicht, dass du nicht kommen kannst.
4. Ich werde es sehr gerne lesen.
5. Ich helfe dir gern.
6. Lieben Sie Brahms? (Buchtitel).
7. Entschuldigen Sie, das wollte ich nicht!
8. Ich mag keinen Fisch.
9. Ich störe ungern, aber ich muss etwas fragen.
10. Ich esse sehr gern Pflaumenknödel.

2. Übersetzen Sie!

1. Ich schaffe es allein.
2. Allein werde ich nicht hingehen.
3. Überzeugen Sie sich selbst.
4. Wir sind selbst darauf gekommen.
5. Er ist selbst schuld.
6. Ich saß dort eine ganze Stunde allein, bis jemand gekommen ist.
7. Er erzählt uns lauter Märchen.
8. Das sind lauter unnütze Geräte.

10 Possessivadjektive

Durch das Possessivadjektiv wird einer einzigen Person (Maskulinum oder Femininum) etwas Konkretes oder Abstraktes als eigenes, zugehöriges, von ihr stammendes u.ä. zugeordnet.

Das Zugeordnete kann allen drei Genera in beiden Numeri angehören (kniha, knihy, dům, domy, dítě, děti u.a.). Die Deklination unterteilt sich beim Maskulinum und Femininum nach Genus und Numerus des Zugeordneten.

Einschränkungen bei der Bildung der Possessivadjektive

Es dürfen keine Wortverbindungen, Erweiterungen, Vornamen, Titel usw. vorkommen:

- Karel, aber nicht císař Karel oder Karel IV.
- Smetana, aber nicht Bedřich Smetana
- syn, aber nicht náš syn
- Jungmann, aber nicht pan Jungmann oder Josef Jungmann
- Mládek, aber nicht doktor Mládek
- nicht dcera Věra, naše maminka

Ausgeschlossen sind:

- Personen im Neutrum. Das heißt, obwohl *děvče, páže* und *dítě* Personen sind (und hier als Beispiel auch nur eine Person bezeichnen), jedoch dem Neutrum angehören, können von ihnen keine besitzanzeigenden Adjektive gebildet werden.
- Substantivierte Adjektive, wie z.B. *vrátný, průvodčí, cestující*
- Alle (männlichen und weiblichen) adjektivischen Nachnamen, alle weiblichen Nachnamen: *Stránský, Stránská, Novotný, Novotná, Nová, Hladíková, Pospíšilová, Svobodová*

Wenn die Bedingungen für die Bildung des Possessivadjektivs nicht erfüllt sind, wird in der possessiven Funktion der Genitiv verwendet: *hračky toho dítěte, to je kabelka toho děvčete, uniforma pážete, pokojík vrátného, Palackého naměsti, pomník Karoliny Světlé, portrét Komenského*

Die Possessivadjektive werden gegenwärtig bei Titeln, Berufsbezeichnungen, Funktionen u.ä. gebraucht, aufgrund der unbequemen Aussprache aber immer weniger; oft verwendet man stattdessen den possessiven Genitiv: *lékařovo doporučení – doporučení lékaře, trenérovy pokyny – pokyny trenéra, sestřeničin manžel – manžel sestřenice, Haniččina hračka – hračka Haničky, Alexandřina přítelkyně – přítelkyně Alexandry.*

Produktiv sind Possessivadjektive vor allem bei Eigennamen berühmter Persönlichkeiten (durch die o.g. Einschränkungen nur bei männlichen), die als Autoren, Urheber, Entdecker , Hersteller etc. bekannt sind und in Städtenamen, Namen von Straßen, Plätzen, Seen, Felsen etc., Namen von Bauten, Anlagen, Werken, Arbeiten, Kunstwerken, in Buch-, Filmtiteln, Theaterstücken, Musikstücken etc. vorkommen. Dies sind bekannte Orte, die im Singular oder Plural stehen und immer dekliniert werden: *Karlovy Vary* Plural – *v Karlových Varech; Jindřichův Hradec* Singular – *do Jindřichova Hradce*

Im Gebrauch sind die Possessivadjektive auch bei Vornamen sowie bei Verwandtschaftsbezeichnungen: *Petrův otec, Lenčina dcera, bratrův kamarád, maminčiny buchty*

Auch von fremden Nachnamen werden Possessivadjektive gebildet, wenn diese den Bedingungen entsprechen, so z.B. Goethe, Rembrandt, Mozart, Shakespeare: *Goethův rodný dům, Shakespearovo divadlo, Rembrandtovo muzeum, Shakespearovy komedie, Goethův Faust, Mozartova Kouzelná flétna, Rembrandtův portrét Komenského* usw.

Die Deklination		
	Maskulinum (eine männliche Person)	Musterwort *otec* otcův, otcova, otcovo
	Femininum (eine weibliche Person)	Musterwort *matka* matčin, matčina, matčino

Bei den Feminina auf -k, -g, -h, -ch, -r, -d, -t, -n kommt es zum Lautwechsel (→ Das tschechische Lautsystem): *babička – Babiččino údolí, teta – tetiny narozeniny, Věra – Věřin přítel.*

Die Deklination im Singular

- substantivisch nach *pán / hrad, žena, město*; I. aber adjektivisch hart (→ adjektivische Deklination)
- Im P. stehen im Maskulinum oder Neutrum (wie beim Maskulinum → *hrad*, Neutrum → *město*) zwei Endungen zur Wahl. Die ältere, nicht mehr produktive Endung -ě wird in diesem Fall traditionell bevorzugt: *v Čapkově dramatu R.U.R., Havlíčkově Brodě, v Mnichově Hradišti, na Karlově mostě*

Als Vorübung ergänzen Sie die folgende Tabelle:

Genus	Singular			
	Maskulinum		Femininum	Neutrum
	belebt	unbelebt		
N.	Pavlův bratr, Lenčin syn	bratrův dům, sestřin nos	Pavlova žena, Lenčina sousedka	Karlovo náměstí, Babiččino údolí
G.				
D.				

A.				
P.				
I.				

Die Deklination im Plural

In Verbindung mit den Wörtern der Dualdeklination passt sich das Adjektiv im I. der Deklination an: *oči, uši, ruce, nohy; matčinýma rukama, otcovýma očima, kamarádovýma ušima* (→ Dual, Substantiv).

Die Deklination im Plural ist in allen Kasus außer N. und A. adjektivisch. Als Vorübung ergänzen Sie die folgende Tabelle:

Genus	Plural			
	Maskulinum		Femininum	Neutrum
	belebt	unbelebt		
N.	otcovi, matčini přátelé	otcovy, matčiny slovníky	otcovy, matčiny věci	otcova, matčina kola
G.				
D.				
A.				
P.				
I.				

Übungen

1. Bilden Sie den Genitiv und Instrumental Singular (bzw. wenn nicht möglich, Plural)!

1. Karlovy Vary (Pl.tantum) __________ __________
2. Máchův pomník __________ __________
3. Arbesovo náměstí __________ __________
4. Švandovo divadlo __________ __________
5. Luisina polka __________ __________
6. Libušino proroctví __________ __________
7. Babiččino údolí __________ __________
8. tetiny narozeniny (Pl.tantum) __________ __________
9. Věřin přítel __________ __________
10. známý Formanův film __________ __________
11. Kunderův román __________ __________

2. Bilden Sie den Präpositiv Singular!

na ______________________ (Karlův most)
na ______________________ (Masarykovo nádraží)
na ______________________ (Smetanovo nábřeži)
na ______________________ (Arbesovo náměstí)
na ______________________ (Máchovo jezero)
v ______________________ (Karlova ulice)
ve ______________________ (Švandovo divadlo)
v ______________________ (Jindřichův Hradec)
v ______________________ (Hrochův Týnec)
v ______________________ (Mnichovo Hradiště)
v ______________________ (Sezimovo Ústí)
v ______________________ (Havlíčkův Brod)

3. Bilden Sie den Präpositiv Plural!

v ______________________ (Karlovy lázně)
ve ______________________ (Františkovy Lázně)
v ______________________ (Karlovy Vary)
v ______________________ (Chotkovy sady)

4. Bilden Sie Possessivadjektive oder – wenn nicht möglich – den Genitiv!

Beispiel: Petr – Petrův / Petrova / Petrovo
náš malý Petr – našeho malého Petra

Pavel	______________	Tomáš	______________
Franta	______________	teta	______________
spolužák Franta	______________	Emil	______________
sportovec Emil	______________	Jiří	______________
Jirka	______________	Věra	______________
Marie	______________	Klára	______________
školačka Klára	______________	Hana	______________
Alexandra	______________	teta Máňa	______________
mladá paní	______________	paní	______________
děvčátko	______________	pan Novák	______________

5. Bilden Sie die Form des Possessivadjektivs oder verwenden Sie – wenn nötig – den Genitiv!

_______________ (Jungmann) slovník
_______________ (Čapek) spisy, knihy
_______________ pohádky (Božena Němcová)
_______________ (Forman) film Amadeus
_______________ (Dvořák) Slovanské tance
_______________ (Smetana) Vltava
_______________ hudba (Bohuslav Martinů)
_______________ hudba (Martinů)
_______________ hudba (Ježek)
_______________ hudba (Jaroslav Ježek)

6. Bilden Sie die richtige Wortform!

1. Pojedeme do _______________ (Karlovy Vary a Františkovy Lázně).
2. Ten obchod je v _______________ (Jungmannova ulice).
3. Sejdeme se u _______________ (Máchův pomník).
4. Byli jsme na výletě u _______________ (Máchovo jezero).
5. Četli jsme o _______________ (Libušino proroctví) o vzniku města Prahy.
6. Domů půjdeme _______________ (Nerudova ulice).
7. Na _______________ (Karlův most) je vždy mnoho turistů.
8. Jdeme do _______________ (Smetanovo muzeum).
9. Ve _______________ (Smetanovo muzeum) už jsme byli třikrát.
10. Jedeme na _______________ (Dvořákovy slavnosti).
11. Jezdíme často do _______________ (Karlovy Vary).
12. Bydlí na _______________ (Smetanovo nábřeží).
13. V _______________ (Riegerovy sady) je letní restaurace.
14. U _______________ (Máchovo jezero) je mnoho chat.
15. Z _______________ (Chotkovy sady) je krásný výhled na Prahu.
16. V _______________ (Karlova ulice) si vždycky kupuje dýmku.
17. Naše škola je v ulici _______________ (Božena Němcová).
18. Vyšly už zase spisy _______________ (Karla Čapka).
19. _______________ (Čapkovy spisy) už mám, ale potřebuji ještě _______________ (Jungmannův slovník).
20. Slovník _______________ (Josef Jungmann) máme v knihovně.
21. Muzeum a mauzoleum _______________ (Jan Amos Komenský) je v Naardenu u Amsterodamu.
22. Mám ráda _______________ (Formanovy a Menzelovy filmy).
23. V _______________ (Menzelův film) »Postřižiny« hrál Rudolf Hrušínský.
24. O nějakém novém _______________ (Formanův film) nic nevím.

Die Pronomen

Nach ihren Funktionen werden Pronomen klassifiziert in:

- Personal- und Reflexivpronomen (*já, ty, my, vy, on, ona …, se*)
- Possessivpronomen und Reflexivpronomen (*můj, tvůj, svůj, jeho, její, jejich; svůj*)
- Demonstrativpronomen (*ten, ta, to, tento, onen, tamten, tenhle, takový, tentýž*)
- Interrogativpronomen (*kdo, co, jaký, který, čí*)
- Relativpronomen (*kdo, co, jaký, který, čí, jenž, jehož, což*)
- Indefinit- und Definitpronomen (*někdo, kdokoli, cokoli, málokdo, kdekdo …, nikdo, nic, všechen, každý, žádný, mnohý* ›mancheiner‹, *sotvakdo, bůhvíkdo, bůhvíco, kdo chce, co chce*

Anmerkung: + ž konstant ist ein Signal einer Beziehung und ist typisch für Relativpronomen. Bei einigen ist der Gebrauch dieses Suffixes veraltet (*kdo, který*), bei »což« ist dieses Suffix bei dem sog. weiterführenden Nebensatz erhalten geblieben. Dekliniert werden: *jenž, což, jejíž* (Relativpronomen) mit dem konstanten Suffix -ž (*jehož, jemuž* …).

Bis auf Ausnahmen werden die tschechischen Pronomen dekliniert. Undekliniert bleiben die Possessivpronomen *jeho* (Singular Maskulinum und Neutrum), *jejich* (Plural aller Genera), *jehož* (Singular Maskulinum und Neutrum), *jejichž* (Plural aller Genera). Beim Maskulinum werden belebte und unbelebte Formen unterschieden.

Der Vokativ hat bei den Pronomen an sich keinen Sinn; wenn das Pronomen beim Vokativ des Substantivs verwendet wird, dann steht es im N.:

Ty chytráku!	›Du Neunmalkluger!‹
Ty, Karle, napsal jsi už ten dopis?	›Du, Karl, hast du den Brief schon geschrieben?‹
O to Vy, pane Horáku, nemáte zájem.	›Dafür interessieren Sie sich, Herr Horák, nicht.‹

11 Personal- und Reflexivpronomen

Die Personal- und Reflexivpronomen im Tschechischen sind: *já, ty, my, vy, on/ona/ono, oni/ony/ona; se*

Personalpronomen der 1. und 2. Person

já, ty, my, vy, das Reflexivpronomen *se* ist universell.

N.	já	ty	se	my	vy
G.	mne, *mě*	tebe, *tě*	sebe, *se*	nás	vás
D.	mně, *mi*	tobě, *ti*	sobě, *si*	nám	vám
A.	mne, *mě*	tebe, *tě*	sebe, *se*	nás	vás
P.	o mně	o tobě	o sobě	o nás	o vás
I.	mnou	tebou	sebou	námi	vámi

Personalpronomen der 3. Person Singular und Plural

drei Genera, Maskulinum belebt und unbelebt: *on, ona, ono, oni/ony, ony, ona*

Im N. (außer Singular Maskulinum) ist die Form des Personalpronomens der 3. Person identisch mit dem buchsprachlichen, veralteten Demonstrativpronomen *onen, ona, ono, oni/ony, ona* = ›jener‹; die Deklination unterscheidet sich ab dem Genitiv (→ Demonstrativpronomen).

	Mask.	Fem.	Neut.	Mask. bel./unbel.	Fem.	Neut.
N.	on	ona	ono	oni / ony	ony	ona
G.	jeho, *ho*	jí	jeho, *ho*	jich		
D.	jemu, *mu*	jí	jemu, *mu*	jim		
A.	jeho, *ho*	ji	jeho, *ho*	je		
P.	o něm	o ní	o něm	o nich		
I.	jím	jí	jím	jimi		

Enklitische und nicht-enklitische Formen

Bei den Personal- und Reflexivpronomen *já, ty, se, on, ono* gibt es im G., D. und A. zwei Formen: eine enklitische und eine nicht-enklitische Form. Die Enklitika, darunter auch die enklitischen Pronomen, haben eine feste Stelle im Satz, sie stehen in der enklitischen Reihe (→ Verb).

Bei der enklitischen Reihe stehen nicht nur ihre möglichen Elemente fest, auch deren Reihenfolge ist festgelegt. Die enklitische Reihe wird angeführt von den enklitischen Formen des Verbs *být* (→ Verb), das enklitische *se*, *si* als Signal des Reflexivverbs steht an zweiter Stelle, es folgen die Personalpronomen (die Reihenfolge der Kasus ist festgelegt – D., A. oder G.), Demonstrativpronomen (neutral) »to« sowie deiktische Adverbien »tu« enklitisch, »tam« neutral, »teď« neutral. Nach der enklitischen Reihe folgen dann z.B. präpositionale Verbindungen und andere freie Teile des Satzes.

Mit der enklitischen Reihe kann kein korrekter Satz anfangen (ein solcher Satz verstößt gegen die Regeln), sie folgt nach dem Vorfeld des Satzes. Der Satz kann mit der enklitischen Reihe enden, wenn der Satz kein weiteres Wort enthält, z.B. *Divím se ti.* (→ Verb)

Die nicht-enklitischen und enklitischen Formen im Vergleich am Beispiel *jeho*, *ho*:

nicht-enklitische Form (jeho)	**enklitische Form** (ho)
– nie innerhalb der enklitischen Reihe – sonst an einer beliebigen Stelle im Satz – auch in Verbindung mit einer Präposition – beim Nachdruck	– feste Stelle in der enklitischen Reihe – nie am Anfang des Satzes – nie in Verbindung mit einer Präposition – nie beim Nachdruck

Die Varianten beim Reflexivpronomen *se* sind funktional festgelegt: *se*, *si* ist immer nur das Signal des Reflexivverbs. Die nicht-enklitischen Formen *sebe* … funktionieren wie die anderen nicht-enklitischen Formenvarianten. Wenn es zwei Formen gibt, vermittelt die nicht-enklitische Variante immer Nachdruck und kann nicht in die enklitische Reihe eingeordnet werden (→ Verb).

Zudem gibt es Parallelen im Kasus bei den Pronomen *my*, *vy*, beim Pronomen *ona* sowie im Plural bei *oni* … (hier jedoch nur eine, die nicht-enklitische Form). Diese Formen sind sozusagen neutral: Sie können an einer beliebigen Stelle im Satz stehen, verbinden sich mit einer Präposition, können Nachdruck vermitteln und ordnen sich auch ohne eine Präposition und ohne Nachdruck in die enklitische Reihe ein. Beispiele:

Odevzdal jsem mu dopis. Jemu jsem ho odevzdal. Já jsem mu ho odevzdal. Odevzdal jsem mu ho.

Tebe jsem se na to neptal. Neptal jsem se tě na to. Já jsem se tě na to neptal. Na to jsem se tě neptal.

Tebe se na to ptal? ›Dich hat er gefragt?‹
Ptal se tě na to? ›Hat er dich gefragt?‹

Já se ptám tebe. ›Ich möchte eben dich fragen.‹
Mně se neptej. ›Mich sollst du nicht fragen.‹
Ptej se mne, ne jeho. ›Mich sollst du fragen, nicht ihn.‹

Verbindung mit den Präpositionen

Präpositionale Verbindungen können nur nicht-enklitische Formen der Personal- und Reflexivpronomen eingehen:

o mně, o tobě, o sobě, beze mne, bez tebe; pro mne, pro tebe, pro sebe

In Verbindung mit einer Präposition (in allen Präpositionalkasus) steht beim Personalpronomen *on, ona, ono* aus historischen Gründen statt j- ein n- (ň- vor e ně-, i-/í-, ni-/ní-) (→ Das tschechische Lautsystem) im Anlaut:

k němu, k nim, s ním, s ní, o ní, bez něho, bez nich, o nč usä.

In Verbindung mit dem Pronomen *já* (*mne, mnou*) werden Präpositionen immer vokalisiert: *se mnou, beze mne, ke mně, ode mne* (→ Das tschechische Lautsystem)

Das »Siezen«, die höfliche Anrede

- bei einer Person (2. Person Plural): *Vy už to víte? Vy jste o tom věděl / věděla?* (Singular beim Partizip in der zusammengesetzten Verbform, → Verb)
- bei mehreren Personen, unabhängig davon, ob man diese siezt oder duzt, einheitlich (2. Person Plural): *Vy už to víte? Vy jste o tom věděli / věděly?* (Plural beim Partizip in der zusammengesetzten Verbform, → Verb)

Die Besonderheiten des Reflexivpronomens

Die enklitischen Formen des Reflexivpronomens *se, si* werden ausschließlich als Signal der Reflexivverben oder Reflexivformen (→ Verb, Reflexivverben), im Unterschied zum Deutschen in allen drei Personen beider Numeri verwendet – mit einer festen Stelle in der enklitischen Reihe:

já se divím, ty se divíš … my se divíme … oni se diví
já si sednu, ty si sedneš … my si sedneme … oni si sednou

Das nicht-enklitische Reflexivpronomen vertritt das Personalpronomen, wenn sich dieses auf das Subjekt des Satzes bezieht:

Ty myslíš jen na sebe.	›Du … an dich‹
Já nemyslím jen na sebe.	›Ich … an mich‹

Präpositionale Verbindungen mit dem Reflexivpronomen werden auch in festen Verbindungen gebraucht, wie zum Beispiel:

vedle sebe	›nebeneinander‹
za sebou	›hintereinander‹
k sobě	›zueinander, zusammen‹
ti dva se k sobě nehodí,	
ty ponožky se k sobě nehodí	›passen nicht zusammen‹

Übungen

1. Bilden Sie die Kasusformen!

1. Mluvili jste o ______________________ (já, my, on, ona, oni).
2. Neznám ______________________ (on, ona, oni).
3. Hledám ______________________ (ty, vy, on, ona, ono, oni).
4. Nemluvili jsme s ______________________ (on, ona, ono, oni).
5. Nic o ______________________ (ty, vy, on, ona, ono, oni) nevím.
6. Proč se ______________________ (já, ty, my, vy, on) neptal?
7. Snad se ______________________ (já, my, on, ona, oni) nebojíš?
8. Sejdeme se u ______________________ (já, ty, my, vy, on, ona, oni).
9. Přijdu k ______________________ (ty, vy, on, ona, oni) až odpoledne.
10. Počkáme na ______________________ (ty, vy, on, ona, oni) do dvou hodin.
11. Dostal jsi od ______________________ (já, my, on, ona, oni) ten dopis?
12. Musím si pro ______________________ (on, ona, oni) připravit dárek.
13. Nemůžeš mluvit pořád jen o ______________________ (já, ty, on).
14. Nemůžu mluvit pořád jen o ______________________ (ty, vy, já).
15. Musíte myslet i na ______________________ (vy, oni, my).
16. Nedivím se ______________________ (ty, on, ona, oni, vy).

2. Setzen Sie Formen des Reflexivpronomens ein (*zueinander, nebeneinander …*)!

Ty barvy s k ______________ nehodí.
Dlouho nejela žádná tramvaj a teď jelo několik tramvají za ______________.
Nemůžete jet vedle ______________, musíte jet za ______________.
Chceme sedět vedle ______________.

3. Übersetzen Sie!

1. Oni se starají jen o sebe.
2. My se staráme jen o sebe.
3. Já myslím také na tebe.
4. Oni se starají i o mne.
5. Musíš dělat také něco pro nás.
6. Já mohu mluvit jen za sebe.
7. Můžeš to vyřídit za mne.

4. Ersetzen Sie die enklitischen Formen der Pronomen durch nicht-enklitische!

1. Nazajímá ho to.
2. Nedivím se ti.
3. Půjčím ti to.
4. Dopis mi poslal.
5. Hledali jsme tě.
6. Musíš mu pomoci.

5. Ersetzen Sie die nicht-enklitischen Formen der Pronomen durch enklitische!

1. Jemu to neřeknu.
2. Tobě se to nebude líbit.
3. Jeho nepozvali.
4. Tebe jsem neslyšel.
5. Mně to nedali.
6. Jeho jsem tu neviděl.

6. Ergänzen Sie die Formen des Reflexivpronomens *sebe, sobě* oder *sebou* in den lexikalisierten Präpositionalverbindungen!

1.	bez (G.) __________ zlostí	›außer sich vor Wut‹
2.	má to něco do (G.) __________	›das hat was‹
3.	musím si koupit něco na (A.) __________	›etwas zum Anziehen‹
4.	mít něco na (P.) __________	›etwas an haben, angezogen haben‹
5.	to samo o (A.) __________	›die Sache an sich‹
6.	to nemá ze (G.) __________	›das ist nicht auf seinem Mist gewachsen‹
7.	mluv jen za (A.) __________	›sprich nur für dich selbst‹
8.	tak, jak jdou po (P.) __________	›in der richtigen Reihenfolge‹
9.	samo od (G.) __________	›selbsttätig, automatisch‹
10.	vzít někoho, něco / mít někoho, něco s (I.) __________	›jemanden, etwas mitnehmen / mit haben‹

12 Possessivpronomen

Die Possessivpronomen im Tschechischen sind: *můj, tvůj, svůj, náš, váš, jeho, její, jejich*

Deklination

můj, tvůj, svůj

Singular und Plural, Maskulinum, Femininum, Neutrum, Deklination adjektivisch, hart, außer N.; bei unbelebten Maskulina, Feminina, Neutra auch A. = N.; (→ Adjektiv, Musterwort *mladý, mladá, mladé*)

Singular			
Maskulinum		Femininum	Neutrum
belebt	unbelebt		
můj		má / moje	mé / moje
mého		mé / mojí	mého
mému		mé / mojí	mému
mého	můj	mou / moji	mé / moje
mém		mé / mojí	mém
mým		mou / mojí	mým

Plural			
Maskulinum		Femininum	Neutrum
belebt	unbelebt		
mí / moji	mé / moje	mé / moje	má / moje
mých			
mým			
mí / moji	mé / moje	mé / moje	má / moje
mých			
mými			

Sowohl die kurzen als auch die langen Formen gelten als korrekt. Die kurzen Formen der Pronomen werden in der Schriftsprache bevorzugt.

náš, váš

wird wie *on, ona, ono* (→ Personal- und Reflexivpronomen) dekliniert: *našeho (jeho), naší (jí), naše (jeho)*

jeho, její, jejich

její wird adjektivisch weich dekliniert. (→ Adjektiv, Musterwort *jarní*)
jeho Maskulinum, Neutrum Singular
jejich (alle Genera, Plural) bleibt undekliniert.

Singular (Mask. belebt/unbelebt, Fem. Neut.)	Plural
její bratr, jejího bratra ...	její bratři, jejích bratrů ...
její sestra, její sestry ...	její sestry, jejích sester ...
její kolo, jejího kola ...	její kola, jejích kol ...

Besonderheiten des Gebrauchs

Die Possessivpronomen *můj*, *náš* (1. Person Singular und Plural) *tvůj*, *váš* (2. Person Singular und Plural) *jeho*, *její*, *jeho* (3. Person Singular Maskulinum, Femininum, Neutrum), *jejich* (3. Person Plural) signalisieren das Zugehörige zu der entsprechenden Person (›zu mir‹, ›zu dir‹, ...):

to je můj strýc, jeho byt, její zahrada
to jsou jejich přání,, tvoje noviny, naše věci, vaše zavazadla
pojedou s mými přáteli, se všemi našimi věcmi

Das reflexive Possessivpronomen *svůj* signalisiert das Zugehörige zum Subjekt des Satzes (→ Reflexivpronomen), unabhängig davon, ob es sich um die 1., 2. oder 3. Person Singular oder Plural handelt:

Petr si tady zapomněl svoje klíče.
Zítra půjdu se svou sestřenicí do kina.
Musíte to potvrdit svým podpisem.

Alle Possessivpronomen werden gelegentlich durch *vlastní* ›eigener‹ ergänzt:

Ať si každý o tom udělá svůj vlastní názor.
Měl bys tam ve svém vlastním zájmu ještě jednou dojít.

Bei einer unpersönlichen Formulierung, z.B. mit Hilfe des Infinitivs (→ Verb), wird meistens auch das Pronomen *svůj*, *svůj vlastní* verwendet:

Bylo by dobré používat svou vlastní hlavu.
Není na škodu, spoléhat se na svůj vlastní rozum.

Anmerkung: In vielen festen Wendungen mit *svůj* ist dieses Pronomen konstant, z.B. *svého času, svého druhu, o své vlastní újmě, trvat na svém, udělat něco po svém*

Die Verwendung der Possessivpronomen statt reflexiver Possessivpronomen entspricht zwar nicht dem Usus, ist jedoch bis auf das Pronomen *jeho* eindeutig. Das Pronomen *jeho* weist auf einen dritten hin, also:

on má tady jeho věci – nicht eindeutig, versteht man eher als die Sachen eines anderen
on tady má svoje věci – eindeutig, seine eigenen Sachen

Übungen

1. Bilden Sie Sätze nach dem folgenden Beispiel! Ersetzen Sie ›můj soused‹ durch *její bratr, náš přítel, jejich kolega, její učitel, moje sestra, jeho přítelkyně, naše kolegyně* (Sg.), *její učitelky*!

Beispiel: To je můj soused. (soused = Subjekt)
Já vás seznámím se svým sousedem. (já = Subjekt)

Zeptám se svého souseda. (já = Subjekt)
Pozdravujte mého souseda. (vy = Subjekt)
Znáte mého souseda? (vy = Subjekt)
Mluvili o mém sousedovi. (oni = Subjekt)

2. Übersetzen Sie!

1. To je váš soused? Mohl byste mne seznámit se svým sousedem? Rád vás seznámím se svým sousedem.
2. To je pan Novák a to je jeho soused pan Horák. Pana Nováka znám, ale jeho souseda neznám. Pan Novák k nám se svým sousedem přijde na návštěvu, takže se můžete s jeho sousedem seznámit.
3. Já mám své úkoly a ty máš také své. Každý máme svou práci. Můžu ti ale s tvou prací pomoci.
4. Všechno má svůj čas. Všechno má své výhody a nevýhody.

3. Bilden Sie Kasusformen! Ergänzen Sie die Wortformen der Possessivpronomen!

1. __________ (Můj) bratr bydlí v Brně.
2. __________ (Jeho) kolega je z Bratislavy.
3. __________ (Vaše) žádost vyřídíme co nejdříve.
4. Bez __________ (její) souhlasu to nemůžeme podepsat.
5. S __________ (tvá) pomocí to udělám rychle.
6. Podívali jsme se na __________ (jejich) zahradu.
7. Seznámili jsme se s __________ (jejich) rodiči.
8. Přečetli jsme si o tom ve __________ (vaše) knize.
9. Bude o tom jistě vyprávět __________ (svoji) spolužákům.
10. To nebyl __________ (můj) nápad, to byl __________ (tvůj) nápad.

4. Bilden Sie den Dativ bzw. Präpositiv Singular sowie den Genitiv, Präpositiv und Instrumental Plural!

můj soused	________	________	________	________	________
moje odpověď	________	________	________	________	________
tvůj zájem	________	________	________	________	________
tvoje věc	________	________	________	________	________
náš přítel	________	________	________	________	________
vaše zavazadlo	________	________	________	________	________
váš úspěch	________	________	________	________	________
náš pes	________	________	________	________	________
naše přání	________	________	________	________	________
jeho sestra	________	________	________	________	________
její otázka	________	________	________	________	________
její chyba	________	________	________	________	________

5. Verwenden Sie – wenn möglich – das Reflexivpronomen!

1. Já mám __________ (můj) názor a ty máš __________ (tvůj).
2. Má tam všude __________ (jeho) lidi.
3. Kde máš __________ (tvou) tašku?
4. Mám tu __________ (tvou) tašku.
5. Mám tu __________ (jeho) tašku.
6. To není __________ (moje) taška, já mám __________ (moje) nahoře.
7. Máte tady __________ (vaše) zavazadla.
8. My tady už __________ (naše) zavazadla nemáme.
9. Petr jel k __________ (jeho) rodičům. __________ (Jeho) rodiče bydlí v Plzni.
10. Já jsem jela k __________ (moji) známým.
11. Mám tady ještě __________ (jeho) knihy.

13 Demonstrativpronomen

Die Demonstrativpronomen sind: *ten, tento, tenhle, onen, takový, tentýž*

Zur Erinnerung:

- *ten* vertritt Substantive oder weist auf sie hin: *ten, který; ten, kdo* ›derjenige‹; häufige Zusammensetzungen *tento, tamten*
- *onen* ist buchsprachlich, geringe Häufigkeit
- *takový* ›ein solcher‹ kommt nur attributiv vor
- *tentýž* ›derselbe‹, eine Zusammensetzung mit besonderer Deklination

Deklination

Singular			
Maskulinum		Femininum	Neutrum
belebt	unbelebt		
ten; onen		ta; ona	to; ono
toho; onoho		té; oné	toho; onoho
tomu; onomu		té; oné	tomu; onomu
toho; onoho	ten; onen	tu; onu	to; ono
o tom		o té; oné	o tom
s tím		s tou; onou	s tím

Plural			
Maskulinum		Femininum	Neutrum
belebt	unbelebt		
ti; oni	ty; ony	ty; ony	ta; ona
těch; oněch			
těm; oněm			
ty; ony		ty; ony	ta; ona
o těch; oněch			
s těmi; oněmi			

Die Deklination zusammengesetzter Formen

- abgeleitet vom Pronomen *ten* – und nur dieser Teil wird dekliniert: *tento, tato, toto, tenhle, tamten, tenhleten* (*tohoto, této, tohoto, tomuto, tomuhle* ...); bei *tenhleten, tahleta, tohleto* (umgangssprachlich, aber häufig) wird am Anfang und am Ende das Pronomen *ten* (*tohohletoho, tomuhletomu, téhleté* ... *s touhletou*) dekliniert.
- Bei dem Pronomen *tentýž, tatáž, totéž* wird der zweite Teil (*týž, táž, též*) dekliniert (Maskulinum, Neutrum *téhož, témuž* ...), und zwar adjektivisch hart (→ Adjektiv, Musterwort *mladý*); das Suffix -*ž* bleibt bei allen Pronomen mit diesem Suffix konstant: *mladého – téhož, mladému – témuž* ... Beim Femininum gibt es im A. und I. Abweichungen: N. *mladá – tatáž*, G., D. *mladé – téže*, A. *mladou – tutéž*, I. *mladou – toutéž*.
- Das Pronomen *takový* wird adjektivisch hart (→ Adjektiv, Musterwort *mladý*) dekliniert.

Besonderheiten des Gebrauchs

Alle Demonstrativpronomen werden mit oder ohne Präposition attributiv verwendet, z.B. *ten den, taková událost, tentýž problém, o tomto dni, kvůli takové události, s tímže problémem*

Das Pronomen *to* mit oder ohne Präposition vertritt sehr häufig einen Sachverhalt; auch in diesem Fall wird im Tschechischen die präpositionale Verbindung verwendet, z.B. *O tom nic nevím.* ›Davon weiß ich nichts.‹ *S tím se nechci zabývat.* ›Damit möchte ich mich nicht beschäftigen.‹

Allerdings stimmen manchmal präpositionale und einfache Kasus im Tschechischen und Deutschen nicht überein (→ Präpositionen, → Verb), z.B. ›Was meinst du damit?‹ *Co tím myslíš?*

Übungen

1. Bilden Sie die Kasusformen!

V (ten, tento, tenhle) filmu hrál Hrušínský. V (tentýž) filmu hrála také Šafránková. Já jsem nechtěl (ta, tato, tahle) knihu, já jsem chtěl (tamta, tamhleta). Na to nemáme (tentýž) názor, v (ten, tento, tenhle) ohledu si nerozumíme. O něčem (takový) jsem ještě neslyšel. (Tento) tvoji přátelé jsou velmi zábavní. (Toto) muzea ještě neznám. Asi půjde o (tatáž) osoba. Chtěli vždy číst (tatáž) kniha. Přijedu až ve čtvrtek, v (tatáž) doba. Asi mluvíme oba o (tatáž) osoba, o (tentýž) člověk. Vezmi si raději (ten, tuto, tuhle) teplejší šálu. To asi nebude (to) nejlepší řešení, ale určitě (to) nejjednodušší. S (takový) výmluvami na mne nechoď. (Ten, tento, tenhle) způsobem to nedokončíme nikdy. Když dva dělají (totéž), není to (totéž) [Spruch]. Prosím tě, podej mi (ta, tamta, tamhleta) větší krabici.

2. Übersetzen Sie!

1. Darüber möchte ich mit dir sprechen.
2. Darauf freue ich mich sehr.
3. Er hat zu spät davon erfahren.
4. Denke nicht mehr daran!
5. Was denkst du darüber?
6. Wir haben viel darüber gelesen.
7. Was wirst du damit tun?
8. Wir interessieren uns dafür.
9. Darauf warte ich schon lange.
10. Ich kann mich nicht daran erinnern.

3. Ersetzen Sie bei den Verbindungen mit *ten* den Singular durch den Plural!

Beispiel: S tím chlapcem se seznámil na dovolené. S těmi chlapci se seznámil na dovolené.

1. O tom člověku nic nevím.
2. Tu dívku znám.
3. Tu knihu jsem ještě nečetl.
4. Na té židlí se špatně sedí.
5. S tím názorem nesouhlasím.
6. Kvůli té chybě to musím psát znovu.
7. Tím problémem mne neobtěžuj.
8. Na tu otázku jsem už dlouho čekal.
9. V tom časopise není nic zajímavého.
10. V tom muzeu jsme ještě nebyli.

14 Frage- und Relativpronomen

Die tschechischen Fragepronomen sind: *kdo, co, jaký, který, čí*
Die Relativpronomen lauten: *kdo, co, jaký, který, čí, jenž, jehož, což*

Zum Unterschied zwischen *jaký* und *který*:

- Gegenwärtig wird meistens das Pronomen *který* generell gebraucht.
- Das Pronomen *jaký* wird in der Regel dann gebraucht, wenn es sich um die Wahl hinsichtlich einer Qualität oder einer Eigenschaft allgemein handelt, z.B. *Jaká jablka máš ráda? Ne moc sladká, šťavnatá.* oder *Jaké barvy máš ráda? Veselé, pestré barvy.*
- Das Pronomen *který* wird vor allem bei einer Wahl aus einer aktuell vorhandenen begrenzten Menge von Möglichkeiten verwendet: *Které jablko chceš?* (von denen, die wir aktuell haben): *To větší, to červené. Kterou z nich* (z.B. *z těch sportovkyň*) *znáš?*

Deklination

- *kdo, co*

N.	kdo	co
G.	koho	čeho
D.	komu	čemu
A.	koho	co
P.	o kom	o čem
I.	s kým	s čím

- *jaký, který, čí* haben eine adjektivische Deklination (→ Adjektiv).
- *čím – tím* ›je – desto‹ steht immer in Verbindung mit dem Komparativ des Adjektivs oder Adjektivadverbs, z.B. *Čím více to předělává, tím je to horší*, und wird in den proportionalen Nebensätzen verwendet.
- Das Pronomen *což* wird wie *co* dekliniert: *čehož, čemuž …*
- Das buchsprachliche Relativpronomen *jenž* wird in allen drei Genera und im Singular und Plural wie *on, ona, ono* (→ Personalpronomen) dekliniert; in Verbindung mit Präpositionen kommt es ebenfalls zum Lautwechsel j > n; *jenž, jehož, jemuž …, o němž, s nímž … s nimiž, o nichž …*, z.B. *To je ten spisovatel, s nímž se pan Málek seznámil už za studií.*
- Das buchsprachliche Possessivrelativpronomen *jehož, jejíž, jehož, jejichž* ›dessen, deren, deren‹ bleibt bis auf das Femininum *jejíž* undekliniert. *jejíž* wird wie das Possessivpronomen *její* (+ das konstante -ž) dekliniert. In Verbindung mit einer Präposition kommt es zu keinem Lautwechsel, z.B. *Ten kraj, o jehož krásách bylo napsáno mnoho knih, dobře znám.*

Besonderheiten des Gebrauchs

- Die Fragepronomen ohne oder mit Präposition werden in Fragesätzen verwendet (→ Satzarten), z.B. *Kdo přišel? S kým přišel? Co říkal? O čem jste se bavili? Jakou barvu máš ráda? V kterém roce jste se narodil? Čí je to pes?*
- Die präpositionalen Verbindungen mit den Pronomen *kdo* und *co* werden wie folgt gebildet, z.B. *O kom mluvíš?* ›Über wen sprichst du?‹ *O čem mluvíš?* ›Worüber sprichst du?‹
- Die Relativpronomen mit oder ohne Präposition werden zum Beispiel in Subjekt-, Objekt- und Attributsätzen verwendet, z.B. *Kdo mu napsal, dostal odpověď. Čemu ještě nerozumíš, to ti vysvětlím později.*
- Das buchsprachliche Relativpronomen *jenž* entspricht dem stilistisch neutralen *který* (evtl. *jaký*), z.B. *To je ten spisovatel, s nímž se pan Málek seznámil už za studií. To je ten spisovatel, se kterým se pan Málek seznámil už za studií. Je to odborník, jichž je málo. Je to odborník, jakých je málo.*
- Das buchsprachliche Possessivrelativpronomen *jehož, jejíž, jehož, jejichž* wird in possessiven Relativsätzen verwendet, z.B. *Ten kraj, o jehož krásách bylo napsáno mnoho knih, dobře znám. To je naše sousedka, s jejíž sestrou jsem chodila do stejné školy.* Eine stilistisch neutrale Variante gibt es nicht. Die gebräuchlichen Varianten *co, jak* sind umgangssprachlich, z.B. *To je naše sousedka, co/jak jsem s její sestrou chodila do stejné školy.*
- Das Pronomen *což* mit oder ohne Präposition wird in den sog. weiterführenden Nebensätzen verwendet, z.B. *Naši známí se z toho bytu budou stěhovat, čemuž se nedivíme.*

Übungen

1. Ergänzen Sie die Wortformen der Pronomen!

__________ (Kdo) chceš poslat pozdrav? S __________ (kdo) pojedeš na dovolenou? O __________ (co) přemýšlíš? __________ (Jaké) počasí máš nejradši? S __________ (co) ti mohu pomoci? Od __________ (který) kolegyně máš tu knihu? __________ (Který) z účastníků se na to ptal? K __________ (co) to potřebuješ? Ke __________ (kdo) jedete na návštěvu? __________ (Čí) taška to je? Z __________ (který) den jsou ty noviny? __________ (Kdo) to říkáš?

To jsou názory, se __________ (který, jenž) nesouhlasím. To jsou lidé, se __________ (který, jenž) už se známe dlouho. To jsou kraje, o __________ (který, jenž) nic nevím.

Venku byl takový vítr, __________ (jaký) jsem tady už dlouho nezažil. To jsou jeho záležitosti, do __________ (který) mu nechceme mluvit. Vůbec nevím, o __________ (kdo) je řeč. Nevím, k __________ (co) se to používá.

Už tam nechtějí jezdit na dovolenou, __________ (což) se divím. Ta spisovatelka, __________ (jejíž) kniha právě vyšla, má úspěch i v cizině. To je herec, __________ (jehož) rodiče byli také herci. To je můj kolega, __________ (jehož) otec je známý ilustrátor dětských knih. Odjeli na rok do Austrálie, o __________ (což) jsme se dověděli až teď. To je skokan do vody Novotný, o __________ (jehož) výborných výkonech jsme četli v novinách.

2. Übersetzen Sie!

1. Jakou barvu máš ráda?
2. Ve kterém roce jste se narodil?
3. Čí je to pes?
4. Kdo se moc ptá, moc se doví. [Sprichwort]
5. Chtěli jsem se dovědět to, co je teď důležité.
6. Venku byl takový vítr, jaký jsem tady už dlouho nezažil.
7. Přišel i pan Novák, který před léty bydlel vedle nás.
8. Přišel i pan Novák, jehož sestru dobře znáš.
9. Přišel i pan Novák, což nikdo neočekával.
10. O co se Vaše maminka zajímá, čím bychom jí mohli udělat radost?
11. Od koho je kniha Válka s mloky?
12. S kým jste se seznámili na dovolené na Slovensku?

3. Übersetzen Sie!

1. Worüber sprichst du?
2. In welcher Stadt hast du studiert?
3. Mit wem gehst du ins Theater?
4. Gegen wen spielt heute diese Mannschaft?
5. Das ist das Wetter, welches ich mir wünsche.
6. Welche Musik magst du?
7. Was liest du jetzt?
8. Wessen Bücher sind das?
9. Woran erkennst du das?
10. Über wen sprechen Sie?
11. Aus welchem Material wurde es hergestellt?
12. Das ist meine Kollegin, deren Schwester du auch kennst.
13. Das ist der Schriftsteller, dessen Bücher du ganz bestimmt bereits gelesen hast.

15 Definit- und Indefinitpronomen

Die tschechischen Indefinitpronomen sind: *někdo, něco; kterýkoli … máloco … leccos*
Die Definitpronomen lauten: *nikdo, nic, žádný, každý, všechen*

Die Indefinitpronomen sowie die Definitpronomen *nikdo, nic, ničí* sind aus den Fragepronomen und den Morphemen ně-, ni-, -koli, lec-, -si u.a. zusammengesetzt. Nicht alle denkbaren Zusammensetzungen entsprechen dem Usus, universell jedoch sind: ně-, -koli, -si und lec-.

Die Indefinitpronomen *někdo, něco; kterýkoli … máloco … leccos* drücken verschiedene Seiten der Beliebigkeit, Wahl, Unbestimmtheit aus. Sie erfüllen auch syntaktische Funktionen, so z.B. die Pronomen mit -koli. Anmerkung: Gleiche Zusammensetzungen bilden und gleiche Funktionen erfüllen auch einige Adverbien (→ Adverbien, Pronominaladverbien).

Die Definitpronomen *nikdo, nic, žádný, každý, všechen* drücken etwas Absolutes, ganz Bestimmtes aus.

Deklination

- Bei den zusammengesetzten Pronomen werden nur die zugrundeliegenden Pronomen *kdo, co, který, jaký, čí* dekliniert: *někdo, někoho, někomu …; kdokoli, kohokoli … s kýmkoli; leckdo, leckoho …; nikdo, nikomu … o nikom* u.a.
- Einen Sonderfall bilden die Zusammensetzungen mit *chce*: *kdo chce, co chce, který chce, jaký chce, čí chce* (*koho chceš*). Das Pronomen wird dekliniert, das Verb konjugiert: *vyber si co chceš; řekni to komu chceš; zeptej se koho chceš, vyber si jaké chceš, ať je to čí chce* usw.
- Das Definitpronomen *všechen* wird wie folgt dekliniert:

	Mask. Sg.	Fem. Sg.	Neut. Sg.	Pl. alle Genera
N.	všechen	všechna	všechno	všichni, všechny, všechna
G.	všeho	vší	všeho	všech
D.	všemu	vší	všemu	všem
A.	všechen	všechnu	všechno	všechny, všechna
P.	o všem	o vší	o všem	o všech
I.	vším	vší	vším	všemi

- *žádný*, *každý* werden adjektivisch dekliniert. (→ Das Adjektiv)

Besonderheiten des Gebrauchs

- In den Verbindungen des Pronomens *co* (*něco, cokoli, nic, leccos ...*) mit einem Adjektiv steht das Adjektiv im Genitiv, z.B. *Co je nového? Co je na tom divného?*
- Bei allen anderen Pronomen steht das Adjektiv im Nominativ.
- Bei *všechen, všechna, všechno ...* sind in präpositionalen Verbindungen die Präpositionen immer vokalisiert: *ve všem, přede vším, ze všeho ...* (→ Vokalisierung der Präpositionen)
- *žádný* wird – mit Ausnahme von festen Wendungen wie *Přítel každého, přítel žádného* – immer attributiv verwendet, z.B. *žádný člověk, žádné námitky, žádné nové slovo, žádný strach; Žádný učený z nebe nespadl.* ›Es ist noch kein Meister vom Himmel gefallen.‹
- In den Sätzen mit *nikdo, nic* und *žádný* kommt es zur doppelten (mehrfachen) Verneinung: *Nemám tu nic. Nevím nic. Nemám žádné námitky. Nikdo o tom nic neví.* Das gleiche trifft auch für die Pronominaladverbien zu. (→ Verb, → Adverb)
- Die Pronomen *každý* und *všechen* können mit dem Negativpartikel *ne* verbunden werden: *ne každý, ne všichni*. Dabei wird kein negatives Verb verlangt: *Ne každému, ne všem se to líbí. Ne všichni s tím souhlasili, ne každý s tím souhlasil.*

Übungen

1. Bilden Sie die geforderten Kasusformen der Pronomen!

__________ (Někdo) by ses měl zeptat. __________ (Někdo) přece věřit musím. Vezmi si s sebou __________ (něco) ke čtení. Zeptám se __________ (nějaký) odborníka. O __________ (některý) událostech z těch let už jsem četl. __________ (Některý) moji známí už v tom muzeu byli, __________ (některý) obrazy se jim ale vůbec nelíbily. V __________ (něco) se vyzná, ale __________ (něco) nerozumí vůbec. Nevím, __________ (čí) to je, ale __________ (něčí) to určitě bude. Ať je to __________ (čí chce). Tu práci může dělat __________ (kdokoli), pro __________ (někdo) ale není dost zajímavá. Můžeš se poradit s __________ (kdokoli), __________ (někdo) o tom __________ (něco) bude vědět. Když jde nakoupit, často koupí __________ (kdeco), __________ (kdejaký) nesmysl. Od něj se člověk může __________ (leccos) dovědět. Povídali jsme si o __________ (leccos). To ví __________ (málokdo), to je __________ (málokdo) jasné. Můžeš si objednat hotel __________ (jaký chce). Myslí si, že už o tom __________ (bůhvíco) ví, __________ (něco) ví, ale ještě by se mohl __________ (kdeco, leccos) přiučit, o __________ (leccos) se __________ (něco) dovědět.

2. Bilden Sie die geforderten Kasusformen der Adjektive!

Dověděl jsem se něco __________ (zajímavý). Dej mu ke čtení něco __________ (poučný). To je něco __________ (jiný)! Udělal pro nás leccos __________ (dobrý). Nic __________ (nový) pod sluncem. Na tom není nic __________ (špatný). Musí tam jít někdo __________ (starší). Musí to opravit někdo __________ (šikovný) a __________ (zkušený). Musí tam přece být někdo __________ (ochotnější). Co __________ (dobré – Komparativ) si můžeme přát? Musíš si přečíst něco __________ (veselé – Komparativ).

3. Übersetzen Sie!

1. Niemand wollte dazu etwas sagen.
2. Ich habe keine Idee / keinen Vorschlag.
3. Keiner/Niemand hat hier gewartet.
4. Ich habe keinem/niemandem etwas gesagt.
5. Es ist niemand hier.
6. Ich weiß davon nichts.
7. Ich habe keine neuen Pläne.
8. Ich kenne hier niemanden.
9. Keiner/Niemand hat mich etwas gefragt.
10. Es gibt keinen neuen Film von diesem Regisseur.
11. Erzähle mir keine Märchen!
12. Wir wollen ihnen nichts verbieten, aber rauchen darf hier niemand.

4. Bilden Sie die Kasusformen der Pronomen!

To říká __________ (každý), když je pozdě. To se líbí __________ (každý). __________ (Každý) ho zná. __________ (Každá) koruna dobrá. [Spruch] Čekám ho __________ (každý) chvíli. S __________ (každý) se hádá. Vezmi si __________ (všechno). __________ (Všichni) se mne ptali. Mám tady __________ (všechen) svoje dokumenty. Spotřebovali jsme __________ (všechen) mléko, __________ (všechen) cukr a __________ (všechen) mouku. Vyplýtval na to (všechen) peníze. Byli tam __________ (všechen). Na __________ (každý) kroku se ohlížel. __________ (Každý) den si na tebe vzpomene. Zastaví se v __________ (každý) obchodě. Kupuje __________ (každý) pitomost. Chtěl se o to za __________ (každý) cenu pokusit.

5. Ergänzen Sie die Pronomen!

Může tam jít ________ (wer auch immer). ________ (Etwas) říkal, já jsem mu ale nerozuměl. To by mohl říct ________ (jeder). Nechce ________ (keine) rady, důvěřuje ________ (selten irgendjemand). ________ (Mancheiner) by si myslel, že je odborník. Věří ________ (jedem alles), ________ (nichts) nepochybuje. Nevěří ________ (keinem etwas), ________ (alles) pochybuje. Můžeš si přát ________ (was auch immer), ________ (etwas) dostaneš. Přát si můžeš ________ (so manches), ________ (alles) se ti nemůže splnit. ________ (In allem) se vyzná. Tenhle člověk si o sobě myslí, že je moc chytrý, takovým se říká: ________ (alles) ví, ________ (alles) zná, všude byl. Přišel k nám ________ (mit allen) kamarády. ________ (Über alles) se musíme ještě poradit. Ještě ________ (zu allem [Unglück]) začalo pršet. Výsledek byl ________ (unter alle) kritiku.

16 Numeralia

Grundzahlwörter

Grundzahlwörter dienen der Nummerierung, dem Zählen und Rechnen; die Deklination wird zur allgemeinen Ermittlung von einer Anzahl, von Maßen und Gewichten von Gegenständen im weitesten Sinne sowie zu bestimmten festen Angaben, so den Altersangaben (→), den Uhrzeit- (→) und Zeitangaben (→) benötigt.

Deklination

- *jeden* (→ Pronomen *ten*)

  jeden evtl. *jedni* wird manchmal in der Bedeutung des deutschen unbestimmten Artikels verwendet: *jeden můj známý pracuje v …* ›ein Bekannter von mir arbeitet in …‹, im Tschechischen auch im Plural: *jedni moji známí …* ›meine Bekannten‹; *byl jsem u jedněch známých …* ›ich war bei Bekannten …‹

- *dva* und *oba* bzw. *oba dva* ›alle beide‹ bilden Formen nach der historischen Dualdeklination:

Dual			
	Maskulinum	Femininum	Neutrum
N.	dva	dvě	dvě
G.		dvou	
D.		dvěma	
A.	dva	dvě	dvě
P.		o dvou	
I.		dvěma	

- *tři, čtyři* (→ Substantiv, Femininum, Musterwort *kost*, Plural); Abweichung G. *čtyř*
- *pět … devadesát devět*: N., A. *pět … devadesát devět/devětadevadesát*, G., D., P., I. *pěti … devadesáti devíti/devětadevadesáti.*
- *sto* (→ Substantiv, Neutrum *město*), *tisíc* (→ Substantiv, Maskulinum *stroj*), *milion* (→ Substantiv Maskulinum *hrad*), *miliarda* (→ Substantiv Femininum *žena*)
- Das Zahlwort *sto* behält im N. und A. die historische Dualform *dvě stě*. Alle Substantive sowie das eventuell hinzugefügte Adjektiv passen sich der Dualendung im I. nicht an (→ Substantiv, Dualdeklination): *dvě města, dvě dívky, dva domy.*

Der »gezählte Gegenstand«

Zahlwort	Kasus des gezählten Gegenstandes
jeden	Singular; Kasus entsprechend der Position im Satz, regelmäßige Deklination jeden sportovec, jednoho sportovce …
dva (oba), tři, čtyři	Plural; dva žáci, dvou žáků, regelmäßige Deklination
pět bis 99; sto … tisíc sowie alle unbestimmten Zahlwörter: kolik, tolik, málo, mnoho; víc(e), méně	G. Plural im N., G., A.: pět žáků regelmäßige Kasus im D., P., I.: pěti žákům … s pěti žáky kolik, mnoho žáků … s kolika, s mnoha žáky G. Singular (bei Sg.tantum (Stoffnamen, Abstrakta)): dost cukru, málo času
Bruchzahlen půl, čtvrt, tři čtvrtě	sowie bei den Maßeinheiten nach půl, čtvrt, tři čtvrtě: půl litru, čtvrt metru, tři čtvrtě roku, půl, čtvrt, tři čtvrtě hodiny

Die Kasusformen des gezählten Gegenstandes unterscheiden sich vom konstanten Mengengenitiv, der nach Wörtern, die Mengen, Gruppen (z.B. auch das Wort *pár*), Maßeinheiten bezeichnen, sowie nach substantivischen Bruchzahlen u.a. folgt, z.B. *skupina turistů, pár ponožek, litr vody, polovina obyvatelstva*

Die komparierten Formen von *málo* und *mnoho* sind: *málo – méně/míň – nejméně/nejmíň // mnoho* (*moc*) *– více/víc – nejvíce/nejvíc*

Beim gezählten Gegenstand als Subjekt richtet sich die Form des Verbs (des Prädikats) nach der Zahl, z.B. *Tady je jeden žák. Tady jsou dva, (oba), tři, čtyři žáci. Tady je pět, sedm, několik, málo, ještě méně žáků. Přihlásil se jeden žák. Přihlásili se dva, oba, tři, čtyři žáci. Přihlásilo se pět, sedm, několik, málo, ještě méně žáků.*

Die Zahlwörter ab *pět* sowie die unbestimmten Zahlwörter sind grammatische Neutra Singular, das Verb (als Prädikat) hat die Singularform, die Partizipien haben die Form des Neutrums (→ Verb, Partizipien).

Zusammengesetzte Grundzahlwörter von 20 bis 99 gibt es in zwei funktional gleichwertigen Varianten, z.B. *dvacet pět*: beide Zahlen werden dekliniert: *dvaceti pěti* / *pětadvacet* – die Zusammensetzung als Ganzes wird dekliniert: *pětadvaceti*

Der gezählte Gegenstand steht bei den Zahlwörtern der ersten Variante mit *jeden, dva, tři, čtyři* im N., G., und A. (analog den Formen mit *pět* …) im G.:

jedno auto – dvacet jedna aut, jedenadvacet aut
dvě auta – dvacet dva aut, dvaadvacet aut
tři, čtyři auta – dvacet tři, dvacet čtyři aut, třiadvacet aut

Bei den Grundrechenarten richtet sich der Numerus der Verbform bei den Zahlen 1 bis 10 nach der Ergebniszahl, bei 2 bis 4 steht der Plural, bei 5 und höher der Singular: *Dvě a dvě jsou čtyři. Pět a pět je deset.*

Zum Zählen von Pl.tantum und paarigen Gegenständen werden Gattungszahlwörter (*jedny, dvoje ...*) verwendet.

Zahlwort	Kasus des gezählten Gegenstandes
jedny	regelmäßige Deklination (→ Pronomen *ten* im Plural) jedny dveře, brýle, housle ... jedny ponožky, jedny boty ...
dvoje, troje ... patery	Plural; N. oder A. Das Verb als Prädikat hat die Pluralform – Tady jsou jen jedny brýle.

Alle erweiternden Adjektive und begleitenden Pronomen des gezählten Gegenstandes passen sich dem Kasus des gezählten Gegenstandes an; im N., G. und A. – G. Plural: *Těch zavazadel je málo. Všech jednadvacet žáků se přihlásilo, přišlo. Bylo přijato dvacet nových žáků.*

Die Fragen nach dem gezählten Gegenstand

- *Kolik je ...?* – gezählter Gegenstand als Subjekt, Nominativ. Das Verb hat wegen *kolik* immer die Singularform: *Kolik je tady žáků? Kolik přišlo ...? Kolik přijde ...?*
- Der Numerus des Verbs richtet sich in der Antwort nach dem Zahlwort, z.B. *Je tu jeden žák. Tady jsou dva (oba), tři, čtyři žáci. Tady je deset žáků. Přijdou čtyři žáci. Přijde deset žáků.*
- Der gezählte Gegenstand wird bei der Frage *Kolik ...?* oft pronominal vertreten: *Kolik je vás? Kolik je jich? Kolik jich koupil? Kolik ho koupil? Kolik jich přijde?* Die Antwort richtet sich nach der Zahl; bei den Zahlen 1 bis 4 wird der pronominale Vertreter nicht verwendet: *Je tu jeden. Tady jsou dva (oba), tři, čtyři žáci. Jsou tu dva. Koupil čtyři. Jsme tu dva.*
- Bei einer Anzahl größer als *pět ...*, bei den unbestimmten Zahlwörtern und bei den Singularetantum ist jedoch der pronominalen Vertreter *jich, ho, nás, vás ...* obligatorisch: *Je nás deset. Je jich deset. Je jich málo. Je ho tu dost. Koupil jich málo. Koupil ho dost.*
- Die Pronomen *jich, ho, nás, vás ...* sind enklitisch oder stehen auf einer enklitischen Position (→ Pronomen, enklitische Formen).
- *kilo, metr* und *kilometr* werden elliptisch anstelle von *jedno kilo/jeden kilogram, jeden metr, jeden kilometr* verwendet: *Jak je to daleko? Asi kilometr.*
- Maßeinheiten wie *litr, metr, kilometr, kilogram* (*kilo*) als gezählter Gegenstand: Gezählt werden die Maßeinheiten, weshalb diese auch im Kasus des gezählten Gegenstandes stehen. Das Gemessene steht konstant im Genitiv (Mengengenitiv).

- Die Angabe eines unbestimmten Zahlwortes wie *hodně, mnoho, tolik, dost* ist manchmal elliptisch, der Genitiv des Substantivs bzw. das Pronomen *jich* beim Singular *toho* hat die Bedeutung ›sehr viele, sehr viel‹, *hodně, mnoho, moc*. Es weist immer eine expressive Stilfärbung auf: *Ty máš knih!* ›Du hast aber viele Bücher!‹ *Ty toho máš!* ›Du hast aber eine ganze Menge!‹ *Tam jich je!* ›Hier gibt es eine ganze Menge!‹ (um was es sich handelt, ergibt sich aus dem Kontext)

Bruchzahlen

- *půl, čtvrt* (→ Substantiv, Femininum *píseň, kost*) bleiben in Verbindung mit dem gezählten Gegenstand undekliniert.
- *polovina, třetina, desetina* (→ Substantiv, Femininum *žena*) werden in Verbindung mit dem gezählten Gegenstand dekliniert: *polovina obyvatelstva, desetina případů*; das Gezählte ist konstant im Genitiv (Mengengenitiv).
- unbestimmte Zahlwörter wie *kolik, tolik, několik, mnoho* – G., D., P., I. *mnoha; málo* – G. *mála*
- Substantivierte Numeralien wie *pětka, sedmička* (Nummern der Zähne, der Verkehrsmittel, Zensuren, Schuh- und Kleidergrößen o.ä.) werden substantivisch dekliniert (→ Substantiv Femininum, Musterwort *žena*).

Ordnungszahlwörter

- Sie legen eine bestimmte Stelle in einer Reihe, Skala, Rangfolge usw. fest und verbinden sich mit Substantiven (oder beziehen sich auf diese). Dabei kongruieren die Wortformen der Ordnungszahl und des Substantivs in Kasus, Genus und Numerus: *na třetím schodu; ve čtvrtém patře; první v řadě; je to druhá ulice zleva, v dvacátém století; druhý regál nalevo; obsadil třetí místo; dojel jako dvacátý* u.ä.
- Die Ordnungszahlwörter werden neben den Grundzahlwörtern in den Uhrzeit- und Zeitangaben (→) verwendet.
- Sie werden entsprechend der Endung hart oder weich adjektivisch (→ Adjektiv) dekliniert: *první, druhý … kolikátý, tolikátý, mnohý, několikátý … padesátý šestý/ šestapadesátý*. Bei den zusammengesetzten Ordnungszahlwörtern des Typs *padesátý šestý* werden beide Zahlen dekliniert: *padesátý šestý: padesátého šestého …*, bei dem Typ *šestapadesátý* das Wort als Ganzes: *šestapadesátého, šestapadesátému …*

Gattungszahlwörter

- Von den Gattungszahlwörtern werden aktuell nur die Zahlen *jedny, dvoje, troje, čtvery, patery … kolikery, několikery, tolikery* zum Zählen von Gegenständen verwendet, und zwar zum Zählen von Pl.tantum sowie von paarigen Gegenständen in der gleichen Funktion wie die Grundzahlwörter (→ Der gezählte Gegenstand).
- *jedny* Deklination (→ Pronomen *ten*, Plural) – in allen Kasus
- *dvoje, troje, čtvery, patery, šestery …* haben eine adjektivische Deklination (→ Das Adjektiv), allerdings wird aktuell nur eine Form (N. und A.) verwendet.

- Beim Zählen von paarigen Gegenständen wird häufig auch das Wort *pár* in Verbindung mit den Grundzahlwörtern *jeden pár, dva páry bot* usw. verwendet. Das Gezählte steht konstant im Genitiv (Mengengenitiv).

Altersangaben

- Die Frage lautet: *Kolik je mu / vám / Petrovi* (Dativ!) *let*?
- Nach den Zahlen *půl, čtvrt, jeden, dva, tři, čtyři* folgt das Wort *rok*, *roky*.
- Ab *pět* ... sowie bei den unbestimmten Zahlwörtern (also auch bei der Frage *Kolik*?) wird das Wort *let* (G. von *léto*) verwendet.
- Die Antwort richtet sich nach der Zahl: *Petrovi jsou dva roky. Petrovi je deset let. Je mu půl roku, čtvrt roku.*

Zeitangaben

Kolik je hodin?

ganze Stunden	halb (půl)	[drei]viertel (čtvrt, tři čtvrtě)	Minuten
Grundzahlwort	Ordnungszahlwort außer jedna	na + Grundzahlwort	za + Grundzahlwort a + Grundzahlwort po + Ordnungszahlwort
je jedna hodina jsou dvě, tři, čtyři hodiny je pět hodin	je půl jedné, páté, desáté	je čtvrt na čtyři, na deset je tři čtvrtě na šest, na osm, na jednu	je za deset minut jedna je deset (hodin) a deset minut je deset minut po jedné

Anmerkung: Das Wort *hodina* ist oft elliptisch.

- Zeitangaben werden durch die temporalen Präpositionen (→ Präpositionen) präzisiert; bei einigen Angaben verwendet man die Ordnungszahlwörter:

  přijdu před třetí, pátou, před dvanáctou
  máme lístky na osmou
  k osmé
  mezi osmou a devátou
  bei einigen die Grundzahlwörter:
  v pět hodin
  pracuje do čtyř
  od osmi do čtyř

Datumsangaben

Für die Tage und Monate werden die Ordnungszahlwörter, für das Jahr im Datum das Grundzahlwort verwendet:

Kolikátého je dnes? – Dnes je desátého srpna.
Kdy se narodila? – Narodila se desátého dubna 2008.

Tag	Monat	Jahr
Ordnungszahl im Genitiv	Monatsname im Genitiv	Grundzahlwort
prvního	ledna	2015
Ordnungszahl im Genitiv	Ordnungszahl im Nominativ	Grundzahlwort
prvního	první	2015

Bei der Angabe des Jahres ist das Wort *rok* nie elliptisch (*v roce 2000; na podzim roku* [geschrieben oft abgekürzt r.] *1998*). Es werden beide Varianten zusammengesetzter Zahlen verwendet (*v osmašedesátém roce* oder *v šedesátém osmém roce*).

Übungen

1. Verwenden Sie in den folgenden Fragen pronominale Vertreter für die Substantive! Beantworten Sie die Fragen!

Beispiel: Kolik je tu jablek? Kolik jich tu je? Je jich tu *pět*.

1. Kolik tam bylo diváků? ______________________ (200)
2. Kolik se přihlásilo studentů? ______________________ (1)
3. Kolik je tu cukru? ______________________ (1 kg)
4. Kolik knih jsi koupil? ______________________ (2)
5. Kolik je tu hrušek? ______________________ (4)
6. Kolik židlí tu máme? ______________________ (5)
7. Kolik židlí potřebujeme? ______________________ (12)
8. Kolik je tam dětí? ______________________ (3)
9. Kolik housek mám přinést? ______________________ (10)
10. Kolik přišlo hostů? ______________________ (25)

2. Ergänzen Sie die Endungen!

Kolik litr___ se do té konve vejde? Kolik kilometr___ to je? Kolik kilogram___ to váží?
Vejde se tam šest litr___. To je tolik, kolik litr___ potřebujeme.
Jsou to dva kilometr___. Je to asi deset kilometr___. Váží to asi tři kil___.
Kolik to měří? Kolik to má metr___? Má to metr___ a půl___, jeden a půl metr___, čtvrt metr___, tři metr___.
Jak je to daleko? Kolik je to kilometr___? Je to dvě stě kilometr___.

3. Ergänzen Sie die fehlenden Wortformen des Zahlwortes *jeden* im Singular und im Plural!

Genus	Singular			
	Maskulinum		Femininum	Neutrum
	belebt	unbelebt		
N.	jeden pán	jeden hrad	jedna žena	jedno dítě
G.	jednoho pána	jednoho hradu	jedné ženy	jednoho dítěte
D.				
A.				
P.				
I.				
	Plural			
N.	jedny šaty		jedny dveře	jedna kamna
G.				
D.				
A.				
P.				
I.				

4. Ergänzen Sie die Zahlwörter *dva* oder *oba* sowie gegebenenfalls die Formen des Adjektivs!

1. Tady jsou ____________ pánové, ____________ kufry a ____________ tašky.
2. Pojedu s ____________ dětmi do kina.
3. Ta ____________ města neznám.
4. Je to za ____________ (velký) městy.
5. Mluvila jsem s ____________ (nový) kolegyněmi.
6. Dověděl jsem se to ze ____________ (spolehlivý) pramenů.

5. Ergänzen Sie die Formen der Zahlwörter!

1. Mám už ________________ (3) knihy od té spisovatelky.
2. Mají ________________ (3) nebo ________________ (4) děti.
3. Pracuje do ________________ (4), v pátek jen do ________________ (3) hodin.
4. Ve ________________ (4) letech se s rodiči přestěhoval do Brna.
5. Po ________________ (3) letech se vrátil do Španělska.
6. Řekl jsem to všem ________________ (3) našim sousedům.
7. Před ________________ (3) nebo ________________ (4) léty bydlel ještě v Karlových Varech.

6. Bilden Sie Kasusformen mit beiden Varianten der Grundzahlwörter!

1. s ____________ | ____________ (25) kamarády
2. před ____________ | ____________ (68) léty
3. viděl všech ____________ | ____________ (36) zápasů
4. objednali ____________ | ____________ (49) vstupenek
5. z ____________ | ____________ (57) zaměstnanců jich zůstalo jen ____________ | ____________ (28)
6. bez ____________ | ____________ (22) aut
7. po ____________ | ____________ (33) letech
8. máme tu ____________ | ____________ (73) kuřat
9. do soutěže přišlo ____________ | ____________ (42) návrhů
10. opravil ____________ | ____________ (21) prací

7. Ergänzen Sie *rok* bzw. *let*!

Je mu jeden ______. Jsou mu dva ______, tři ______, čtyři ______. Je mu pět ______, čtyřicet ______. Nevím přesně, kolik je mu ______, ale asi hodně, určitě víc než šedesát, něco přes šedesát ______. Tomu chlapečkovi je teprve ½ ______, té holčičce je ¼ ______.

8. Übersetzen Sie!

za dvě minuty pět; za pět minut půl páté; čtvrt na tři; půl páté a pět minut; pět hodin a pět minut; půl jedné; tři čtvrtě na šest

9. Tragen Sie das Datum mit dem Monatsnamen bzw. der Monatszahl ein!

Beispiel: Je osmého září. Je osmého devátý.

1. ____________ (1. Mai) ____________ (1. 5.)
2. ____________ (6. August) ____________ (6. 8.)
3. ____________ (12. Dezember) ____________ (12. 12.)
4. ____________ (25. März) ____________ (25. 3.)
5. ____________ (8. Oktober) ____________ (8. 10.)

10. Bilden Sie die Wortformen der Ordnungszahlwörter!

1. Na ____________ (1.) pohled se zdá, že je všechno v pořádku.
2. Karel tehdy chodil teprve do ____________ (5.) třídy.
3. Novákovi bydlí ve ____________ (4.) patře bez výtahu.
4. Najdeš to ve ____________ (3.) zásuvce odzdola.
5. Až na ____________ (8.) pokus se to podařilo.
6. Vlak jede z ____________ (6.) nástupiště, ____________ (12.) koleje.
7. Loni skončil až na ____________ (27.) místě, v letošním závodě byl ____________ (2.).
8. Ten básník se narodil v ____________ (2.) polovině ____________ (19.) století.
9. Mám vstupenky do ____________ (15.) řady.

11. Bilden Sie die erforderlichen Kasusformen!

1. Kolik je (on, Petr, Alena, sestra, ta spisovatelka, ten herec, pan Janák) let?
2. (on, Petr, Alena, sestra, ta spisovatelka, ten herec, pan Janák) je/jsou (jeden, dva, tři, čtyři, dvacet, třicet pět, osmdesát dva, padesát tři) rok/léto.
3. Mám tady jen (jeden) tužku. Přivedu s sebou alespoň (jeden) pomocníka. Mně stačí (jeden) jablko. (jeden) místo ještě bylo volné. Mám s sebou (jeden) šaty a (jeden) boty. Do pokoje vedou jenom (jeden) dveře.
4. Kolik (metr) (látka) na ten závěs potřebujeme? Koupil dvacet (láhev) (pivo, voda). Musíme počítat se (2) (skupiny) (turista).

12. Bilden Sie Uhrzeit- und Zeitangaben!

1. Je 8 hodin. ________________
2. 8 a 5 minut ________________
3. za 10 minut 8 ________________
4. za 5 minut ½ 5 ________________
5. ¼ na 3 ________________
6. ½ 1 ________________
7. Pracuje do ½ 4. ________________
8. Mají otevřeno od 8 hodin. ________________
9. asi do 1 ________________
10. Ve ¾ na 9 půjdu domů. ________________
11. Budu čekat od 10 do 12 hodin. ________________

13. Ergänzen Sie!

jedna a jedna _______ dvě; dvě a tři _______ pět; tři a jedna _______ čtyři; deset bez devíti (minus devět) _______ jedna; deset bez sedmi _______ tři; deset bez dvou _______ osm; Kolik _______ deset a deset? deset a deset _______ dvacet; osmkrát osm _______ šedesát čtyři; ta jablka _______ dvě, tři, čtyři; těch jablek _______ pět

14. Ergänzen Sie, wenn notwendig, die Formen der pronominalen Vertreter des gezählten Gegenstandes!

1. Kolik ti _______ mám dát? Mám ti _______ dát deset? Tolik mi _______ nedávej, tři jablka mi stačí.
2. Kolik ti _______ mám dát? Dej mi _______ pět, nebo mi _______ dej jen čtyři.
3. Kolik by se vás přihlásilo? Asi by se _______ jindy přihlásilo hodně, ale teď se _______ přihlásilo jen několik.
4. Kolik vás tam jelo? Asi osm _______ tam jelo.
5. Tolik se _______ přihlásilo? Ano, přihlásilo se _______ víc, než jsme čekali.

15. Übersetzen Sie!

1. On má vždycky tolik řečí. On má vždycky řečí!
2. Kolik se jich do té tašky vejde? Vejdou se tam jen tři.
3. Všech jednadvacet žáků dojelo včas.
4. Včera přišli oba dva. Zítra přijdou všichni tři. Pozítří přijdou čtyři anebo jich přijde všech pět.
5. To bylo pořád spěchu a teď tu čekáme.
6. Tady je pět jablek. Tady je deset hrušek. Tady je několik banánů.
7. Tolik hrušek tady není. Je jich jen osm.
8. Tady jsou ale jenom jedny housle.
9. Nemůžu mít jenom jedny brýle.
10. Mám jen jedny ruce, nemůžu dělat všechno najednou.
11. Vezmi si raději ještě jedny boty.
12. Ty toho vždycky víš!
13. On toho vždycky nakoupí!
14. To je řečí!
15. Tam je sněhu!
16. Tam bylo lidí!

16. Schreiben Sie in den Sätzen die folgenden Jahresangaben als Wörter!

Beispiel: Karel Čapek se narodil v rove 1890 – osmnáct set devadeset – a zemřel v roce 1938 – devatenáct set třicet osm.

1. Karlovy Vary byly založeny ve 14. ______________________ století, městská práva dostaly v roce 1370 ________________________.
2. Plzeň dostala městská práva v 13. _______________________století, v roce 1272 ________________________.
3. Třicetiletá válka skončila v roce 1648 ________________________.
4. Antonín Dvořák se narodil v roce 1841 ________________________ a zemřel v roce 1904 ________________________.
5. Tento rekord byl překonán v roce 2010 ________________________.

Das Verb

Nach Bildung der Präsensformen werden vier Verbklassen unterschieden. Außerhalb dieser Klassen steht das Verb *být*. Die Futurform *budu … budou* lässt sich der IV. Klasse zuordnen.

Infinitiv	Partizip Perfekt		Präsensform	
	Aktiv	Passiv	1. Pers. Sg.	3. Pers. Pl.
I. Klasse				
Typ dělat -at Typ dát einsilbige -át	-al	-án	-ám	-ají
unregelmäßig: mít	měl			
II. Klasse				
Typ kupovat Typ mýt	-al myl	-án myt	-uji myji	-ují myjí
unregelmäßig: chtít	chtěl	chtěn	chci	chtějí
III. Klasse				
Typ prosit Typ sázet Typ rozumět	-il -el -ěl	-en -en -ěn	-ím -ím -ím	-í -ejí -ějí
unregelmäßig: vědět	věděl		vím	vědí
unregelmäßig: jíst, spát, bát se	jedl/snědl, spal, bál se	sněden	jím, spím, bojím se	jedí, spí, bojí se
unregelmäßig: stát	stál		stojím	stojí
IV. Klasse				
Typ nést	nesl	nesen	nesu	nesou
Typ brát	bral	brán	beru	berou
Typ mazat	mazal	mazán	mažu	mažou
Typ otevřít	otevřel	otevřen	otevřu	otevřou
Typ péci/péct	pekl	pečen	peču	pečou
Typ tisknout	tiskl	tištěn/tisknut	tisknu	tisknou

Typ minout, (za-, vz-) pomenout	minul, (za-, vz-) pomněl	minut, (za-, vz-) pomenut	minu, (za-, vz-) pomenu	minou, (za-, vz-) pomenou
Typ přijmout	přijal	přijat	přijmu	přijmou
unregelmäßig: moci	mohl	přemožen	mohu	mohou
unregelmäßig: stát se	stal se		stanu se	stanou se
unregelmäßig: číst	četl	čten	čtu	čtou
unregelmäßig: psát, jít, jet, vzít, růst, hnát, začít	psal, šel, jel, vzal, rostl, hnal, začal	psán, vzat, hnán, začat	píšu, jdu, jedu, vezmu, rostu, ženu, začnu	píšou, jdou, jedou, vezmou, rostou, ženou, začnou

Der Infinitiv der Klasse IV. Typ *péci/péct* auf -t setzt sich auch in der Schriftsprache durch. Kürzung des Vokals -á- bei präfigierten (auch negierten) einsilbigen Verben: I. Klasse Typ *dát*, IV. Klasse Typ *brát*, unregelmäßig: *spát, stát se, psát, hnát*

Zu jeder Klasse gehören mehrere Typen:

- Die II. verbale Klasse, Typ *kupovat*, ist aktuell die produktivste. Auch Fremdwörter bzw. neu entstandene oder übernommene Wörter werden nach diesem Typ gebildet und konjugiert: *programovat, faulovat, blamovat, dirigovat* u. v. a. m.
- Zu der IV., aktuell unproduktiven verbalen Klasse gehören viele Typen. Es handelt sich jedoch um sehr häufige Verben des Grundwortschatzes.
- Unregelmäßige Verben lassen sich nach den Präsensendungen den regulären Klassen zuordnen.

Enklitische und nicht-enklitische Verbformen, die enklitische Reihe und die Verbformen in der Struktur des Satzes

Zur Erinnerung: sprachliche Funktion von *být*

- als Vollverb – ›existieren‹ oder ›sich befinden‹
- als Kopula – satzbildende Funktionen, nominales Prädikat (→ nominales Prädikat)
- als Hilfsverb – enklitisch oder nicht-enklitisch, Bestandteil zusammengesetzter Verbformen

Die enklitischen Formen des Hilfsverbs *být*:

- die Präsensformen im Perfekt und Imperfekt Aktiv und Passiv sowie bei der Kopula: *psal jsem, byl jsem pozván, byl jsem spokojený*
- die Konditionalformen: *psal bych, byl bych pozván, byl bych spokojený* sind Bestandteil der enklitischen Reihe. Sie stehen nie am Anfang des Satzes und können nicht hervorgehoben bzw. negiert werden.

Die nicht-enklitischen Formen des Hilfsverbs *být*:

- die Präsensform *jsem, jsi, je* … im Passiv Präsens sowie bei der Kopula Präsens: *jsem pozván, jsem spokojený*
- die Futurform *budu* … im Aktiv, Passiv, bei der Kopula: *budu psát, budu pozván, budu spokojený*
- die Partizipien *byl, byla, bylo, byli, byly, byla …, býval* … in allen Funktionen sind nicht Bestandteil der enklitischen Reihe und stehen entweder im Vorfeld oder im Nachfeld des Satzes.

Präsensformen nicht-enklitisch	Präsensformen enklitisch	Futurformen nicht-enklitisch	Konditionalformen enklitisch
jsem/nejsem	jsem	budu/nebudu	bych
jsi/nejsi	jsi	budeš/nebudeš	bys
je/není	–	bude/nebude	by
jsme/nejsme	jsme	budeme/nebudeme	bychom
jste/nejste	jste	budete/nebudete	byste
jsou/nejsou	–	budou/nebudou	by

Die tschechische Wortfolge

Die tschechische Wortfolge ist klar geregelt. Der Satzrahmen besteht aus drei Feldern: dem Vorfeld, dem Mittelfeld und dem Nachfeld.

Vorfeld

Das Vorfeld des Satzes hat eine Position. Im Vorfeld werden positioniert:

- das Verb, Prädikat: nie erweitert, wenn mehrteilig, dann nur ein – nicht-enklitischer – Bestandteil der finiten zusammengesetzten oder modifizierten Verbform, z.B. *Poslal mi zprávu. Mohl by se zeptat. Byl by zůstal raději celý týden.*
- ein anderes Satzglied: jeweils nur ein Satzglied (das Subjekt, Objekt, adverbiale Bestimmung – beliebig erweitert oder mehrfach, einschließlich Infinitivsubjekt oder -objekt, immer mit der gesamten Erweiterung als Ganzes, z.B. *Karel mi poslal zprávu. Pavel by se mohl zeptat. Můj spolužák Franta by se mohl zeptat.*
- ein Verbindungsmittel (Konjunktion, konjunktionales Adverb), z.B. *Protože mi Karel poslal zprávu. Proto by se Pavel mohl zeptat. Až se tě na to doma budou ptát.*

Einige Konjunktionen, wie *a*, *ale* werden vor dem Vorfeld positioniert, z.B. *Ale doma se tě na to budou ptát.* (→ Konjunktionen)

Mittelfeld

Das Mittelfeld bildet die enklitische Reihe, d.h. alle eventuell im Satz vorhandenen Enklitika. Das Mittelfeld folgt unmittelbar nach dem Vorfeld.

Mittelfeld			
enklitische Hilfsverben finite Formen	Reflexiv-pronomen	Personalpronomen D.; A.; G.	deiktische Wörter Nachenklitika
jsem; bych	se	mu; ho; jich	to; tam/tu

Die Enklitika, festgelegte Elemente in einer festen Reihenfolge, können weder hervorgehoben noch können die enklitischen Verbformen negiert werden (→ Pronomen, → Numeralia, gezählter Gegenstand).

Die Elemente des Mittelfeldes erfüllen verschiedene grammatische Funktionen, *jsem* und *bych* sind Bestandteile bestimmter zusammengesetzter Verbformen, das Reflexivpronomen signalisiert das Reflexivverb, die enklitischen Pronomen sind Satzglieder (Objekte) und die deiktischen Nachenklitika sind Objekte oder adverbiale Bestimmungen.

Das Mittelfeld muss nicht im Satz vorhanden sein, ist es aber – oft nur durch einige Elemente der enklitischen Reihe vertreten – aus folgenden Gründen sehr häufig:

- Die enklitischen Hilfsverben sind Bestandteil der Formen der Vergangenheit sowie des Konditionals.
- Reflexive Verben, reflexives Passiv, reflexive Formen sind zahlreich.
- Die enklitischen Pronomen sind praktisch, da sprachökonomisch (viele grammatische Informationen mit sehr sparsamen Mitteln).

Nachfeld

Im Nachfeld sind die restlichen Teile des Satzes positioniert:

- das Prädikat, d.h. alle oder die restlichen Bestandteile des verbalen oder nominalen Prädikats (ohne die evtl. im Vorfeld positionierten etwaigen Enklitika). Der letzte Bestandteil des verbalen oder nominalen Prädikats kann, muss aber nicht in der letzten Position des Nachfeldes positioniert sein.
- einige Konjunktionen oder konjunktionale Adverbien
- andere Satzglieder, beliebig erweitert, z.B. *Včera mi poslal zprávu. Zítra by se mohl Pavel zeptat. Doma se tě na to budou ptát. Bratr by byl zůstal raději celý týden.*

Das Nachfeld besitzt eine markierte Position, nämlich die letzte Position des Nachfeldes zur Markierung des Rhemas. Außer der Enklitika kann jedes Satzglied oder sein Bestandteil die rhematische Position besetzen, da sie nicht für bestimmte Verbformen festgelegt ist: *Karel s námi jede do Prahy. Do Prahy s námi jede Karel. Karel s námi do Prahy jede.*

Ein Enklitikon steht nur dann am Ende des Satzes, wenn der Satz mit dem Mittelfeld endet (→ Personalpronomen): *Divím se. Divím se mu. Známe se.*

Die zusammengesetzte Verbform hat eine variable Reihenfolge der nicht-enklitischen Bestandteile im Vor- und Nachfeld (jedoch mit unterschiedlichen kommunikativen Funktionen, emotional, Nachdruck etc.):

Budou	se tě	na to ptát.
Oni	se tě	na to budou ptát.
Oni	se tě	na to ptát budou.
Ptát	se tě	na to budou.

Bei dem Konditional Aktiv (*byl by se ptal, byl by psal, on by byl psal*) ist jedoch die Reihenfolge ›Hilfsverb vor dem Vollverb‹ die Regel.

Pavel	by se tě	na to byl zeptal.
Byl	by se tě	na to Pavel zeptal.
Na to	by se tě	byl Pavel zeptal.

17 Verbformen

Finite Verbformen

Die einfachen Verbformen sind

- die Präsens-/Futurformen
- der Imperativ
- das reflexive Passiv

Alle anderen Verbformen sind zusammengesetzt. Sie enthalten finite sowie infinite Formen des Voll- bzw. Hilfsverbs. Die Partizipien weisen die Formen des nominalen Genus (Mask., Fem., Neut.) in beiden Numeri auf.

Die Erweiterung der Verbformen durch modifizierende Verben:

- die Modalverben *chtít, muset, moci, mít, smět* (alle unvollendet), z.B. *musím se mu omluvit; chtěl odjet už včera*
- die Bewegungsverben: *jdu, půjdu se na to podívat, chodí plavat*
- die Verben des Willens: *budu se snažit mu porozumět, mu pomoci* u.a.
- die Phasenverben, wie *začít/začínat, přestat/přestávat* u.a. nur unvollendeter Aspekt des Vollverbs, z.B. *začíná pršet, začneme připravovat oslavu, přestal kouřit*
- Wenn mehrere modifizierende Verben im Satz vorkommen, stehen sie in einer festen Reihenfolge.

Bei der Konjugation kommen die verbalen grammatischen Kategorien Person, Numerus, Tempus (Gegenwart, Präsens, Vergangenheit, Perfekt oder Imperfekt, Zukunft, Futur), Modus (Indikativ, Imperativ, Konditional), Genus verbi (Aktiv oder Passiv) und der verbale Aspekt zum Ausdruck.

Infinite Verbformen

- Der Infinitiv erfüllt mehrere grammatische Funktionen (→ Satzglieder).
- Die langen, adjektivierten Formen der Partizipien Perfekt Aktiv und Passiv sowie das Partizip Präsens Aktiv und in Resten auch das Partizip Präsens Passiv werden adjektivisch dekliniert (→ Das Adjektiv). Sie erfüllen attributive Funktionen, viele werden zum Substantiv.

  Das Partizip Präsens Aktiv wird von der 3. Person Präsens Plural mit Hilfe des Suffixes -cí gebildet: *jdoucí, jedoucí, protestujíci, cestujíci, pracujíci* u.ä.

  Das Partizip Präsens Passiv ist nicht mehr produktiv, es existiert nur noch in Resten: *vědomý, povědomý, známý, nevidomý* (offizielle Bezeichnung für ›blind‹), *pitomý*.

Sehr häufig sind zwei schriftsprachliche Konstruktionen mit *znám* und *vědom*:
Je mi známo, že … ›Es ist mir bekannt, dass …‹
Jsem si vědom toho, že … ›Ich bin mir dessen bewusst, dass …‹

Sowohl die so abgeleiteten Adjektive als auch Substantive sind sehr häufig. Adjektive z.B. *zmoklý, minulý, smažený, vymyšlený, promyšlený, známý, sedící, odpočívající*; Substantive z.B. *známý, cestující, raněný* u.v.a.m.

Die Partizipien erfüllen grammatische Funktionen in den Relativsätzen:

lidé, spěchající do práce	– *lidé, kteří spěchají do práce*
dopis, odeslaný v dubnu	– *který byl odeslán v dubnu*
knihy, vyšlé minulý rok	– *knihy, které vyšly minulý rok*
politik, známý také jako spisovatel	– *který je známý také jako spisovatel*

Anmerkung: Das Partizip Perfekt Passiv vollendeter Verben bildet in Verbindung mit dem Verb *mít* als Hilfsverb die Formen des sog. Resultativs. Das Resultativ (Präsens, Perfekt, Futur) bezeichnet ein Geschehen, dessen Resultat in die jeweilige durch die Form angegebene Zeit hinübergreift, z.B. *Když jsme přišli domů, měli už jsme všechno připraveno.* ›Als wir nach Hause gekommen sind, war für uns schon alles vorbereitet.‹ *Máte vybráno? Vybrali jste si?* ›Haben Sie schon gewählt?‹ (im Restaurant) *Než přijdeš, budeme mít uvařeno.* ›Bis du da bist, wird das Essen schon fertig sein.‹

Das Resultativ ist eine Verbform, die vor allem für die Umgangssprache typisch ist, daher wird das Partizip meistens in der langen Form verwendet, z.B. *Máš už ten čaj vypitý? Máš už ten úkol napsaný?*

Unpersönlich, allgemein gemeint sind jedoch die kurzen Formen des Partizips üblich, z.B. *Odkdy mají otevřeno? Dnes mají zavřeno.*

– Das verbale Substantiv wird durch Hinzufügung des Suffixes -í zur kurzen Form des Partizip Perfekt Passiv gebildet und substantivisch dekliniert (→ Deklination des Substantivs, Neutrum, Musterwort *stavení*). Es unterscheidet den Aspekt (*zvyšování* – unvollendet, *zvýšení* – vollendet) und erfüllt substantivische Funktionen. Verbale Substantive von den reflexiven Verben verlieren das Reflexivpronomen *se, si* (*zbláznění, ptaní, koupání* u.a.). Phraseologisiert kommt es in Verbindung mit dem Verb *být* und der Präposition *k* in mehreren Wendungen vor: *to je k zbláznění* (→ Präpositionen).

– Anmerkung: Veraltet sind die sog. Transgressive (mit der Bedeutung ›sitzend‹, ›stehend‹ u.a.), die im Tschechischen praktisch nur noch als lexikalisierte Einheiten gebräuchlich sind. Die grammatischen Regeln ihres Gebrauchs sind praktisch aufgehoben. Beispiele: *takřka; tak říkajíc; nemluvě o tom, že; nehledě k tomu, že; nic netušíc, netuše; vestoje; vkleče; vsedě.*

Reflexive Verbformen

Das Tschechische hat viele lexikalisch festgelegte Reflexivverben. Außer diesen gibt es mehrere grammatische Funktionen reflexiver Formen:

- Reflexives Passiv (→ Wortformen des Passivs): *staví se, už se to opravuje, ještě se to opravuje, ještě se to musí dokončit, musí se to vymalovat*
- Signalisierung des allgemeinen Subjekts: *to se rozumí* ›das versteht sich von selbst‹; *to se říká* ›das sagt man‹; *to se spraví* ›das lässt sich reparieren‹

Gelegentliche kommunikative Funktionen

- eine rigorose Aufforderung, Reflexivpronomen *se*, unpersönliche Form, dritte Person Neutrum: *Teď se bude spát, a nebude se mluvit*! (wie im Deutschen: ›Jetzt wird geschlafen und nicht geredet!‹)
- Wertung einer Handlung als günstig für jemanden, zugunsten des Ausführenden, Reflexivpronomen *si*: *pozvat si hosty, rozsvítit si, užívat si, přečíst si, koupit si* u.ä.
- Wertung einer Handlung als ungünstig für jemanden, auf Kosten des Ausführenden, Reflexivpronomen *se*: *nosit se s něčím* (im Sinne ›sich mit etwas herumplagen‹)

Das Reflexivpronomen *se* oder *si* ist in der gesamten Konjugation konstant: *učím se, učíš se, učíme se … učil jsem se … učil bych se, učili bychom se … budu se učit …* usw. *se*, *si* ist enklitisch, mit einer festen Stelle in der enklitischen Reihe (→ Reflexivpronomen, → Verb).

Iterative Verben

Dies sind Verben unvollendeten Aspekts mit einem Infix -va-, die ein wiederholtes Geschehen signalisieren: *být – bývat, mít – mívat, chodit – chodívat, stát se – stávat se, říkat – říkávat* (›zu sagen pflegen‹); *Často mívá pravdu. To tak bývá. To se stává.* Im heutigen Sprachgebrauch kommen iterative Verbformen nicht mehr häufig vor, einige sind zum Aspektpartner eines vollendeten Verbs geworden. Das Partizip der iterativen Form des Verbs *být – bývat* wird als Hilfsverb in den Konditionalformen verwendet (→ Konditional).

Negation

Zur Erinnerung: Die Negation des Verbs geschieht mit Hilfe des Präfixes ne-:

- Einfache Verbformen: *nemám, nechci, nechoď, neboj se*
- Zusammengesetzte Verbformen:
  - Negiert werden die nicht-enklitischen Formen des Hilfsverbs: *budu kupovat – nebudu kupovat, jsem pozván – nejsem pozván*
  - Negiert werden die Partizipien des Voll- oder Hilfsverbs: *nekupoval jsem, nekupoval bych, nebyl bych kupoval*

Anmerkung: Enklitische Formen des Hilfsverbs *být* in den zusammengesetzten Verbformen *jsem* ... (Vergangenheitsform) und *bych* ... (Konditionalform) können nicht negiert werden.

¬ Es werden die modifizierenden Verben negiert: *nemusím tam jít; nechtěli si stěžovat; nesměl by ses bát*

Übungen

1. Suchen Sie das passende Verb aus und übersetzen Sie!

ptát se, smát se, zdát se, všimnout/všímat si, líbit se, narodit se, stát se, dotýkat se, uzdravit se, týkat se, učit se, pokusit se, dařit se, domnívat se, povést se, mít se (dobře), minout se s někým, probudit se, zbláznit se, dovědět se něco, zbavit se něčeho, projít se

1. Ich lerne gern. ______________________
2. Warum fragst du? ______________________
3. Das betrifft mich nicht. ______________________
4. Er ist in Jena geboren. ______________________
5. Ich versuche es mindestens. ______________________
6. Ich vermute, dass er sich irrt. ______________________
7. Wie geht es euch? ______________________
8. Er ist schon wach. ______________________
9. Bist du verrückt geworden? ______________________
10. Ich habe es nicht rechtzeitig erfahren. ______________________
11. Ich gehe spazieren. ______________________
12. Sie lacht oft. ______________________
13. Das gefällt mir nicht. ______________________
14. Es ist doch nichts passiert. ______________________
15. Wir haben uns verfehlt. ______________________
16. Es gelingt dir ganz bestimmt. ______________________
17. Ich kann den Husten nicht loswerden. ______________________
18. Du hast ja nicht gefragt. ______________________
19. Es scheint zu schwer zu sein. ______________________
20. Hast du das nicht gemerkt? ______________________
21. Er ist schon wieder gesund/genesen. ______________________
22. Bitte nicht berühren! ______________________

2. Übersetzen Sie!

1. to se opraví snadno ______________________
2. to se lehko řekne ______________________
3. to se musí hlásit ______________________
4. to se musí nejdřív opéct ______________________
5. to se nesmí ______________________
6. to se tak neříká ______________________

3. Ergänzen Sie *se* oder *si* und übersetzen Sie!

Teď _____ jde domů! To_____ teď udělá, a je to! To kolo _____ postaví jinam! Já _____ chci jenom chvíli číst. Ty _____ tady odpočíváš a tam na tebe čeká práce. Když _____ pozveš hosty, tak se musíš o ně starat. Nemůžeš _____ nabrat tolik úkolů, vždyť to nestačíš. Já si to odnesu sama, přece _____ s tím nebudete nosit. Musíte si svoje věci uklidit sami, já _____ s tím uklízet nebudu. Tak to snězte syrové a já _____ s tím nemusím péct.

4. Bilden Sie negative Infinitive!

znát	__________	stát se	__________
ptát se	__________	hnát	__________
přát si	__________	štvát	__________
smát se	__________	prát	__________
stát (*stehen*)	__________	rvát	__________
dbát	__________	řvát	__________
hřát	__________	vstát	__________
hrát	__________	zvát	__________
bát se	__________	lhát	__________
krást	__________	žrát	__________
brát	__________	cpát	__________
psát	__________	pást	__________

5. Ergänzen Sie positiven und negativen Futurformen des Verbs *být*!

já	budu, nebudu
ty	______________________
on, ona, ono	______________________
my	______________________
vy	______________________
oni, ony, ona	______________________

18 Der verbale Aspekt

Eine besondere Rolle spielt im Tschechischen der verbale Aspekt. Er ist eine grammatisch relevante, jedoch bereits lexikalisch festgelegte Sichtweise auf das Geschehen, die

- das Geschehen absolut, als ein Ereignis, als ein komplettes Ganzes, als ein zusammengeschnürtes Paket signalisiert (das Verb ist vollendeten Aspekts);
- die Handlung, das Geschehen mit allen Etappen, Teilen der Handlung als einen Vorgang offen lässt (das Verb ist unvollendeten Aspekts).

Bei Verben, die eine semantische Grundlage für eine solche Sichtweise haben, wird also bereits lexikalisch, im Bedeutungskomplex eine dieser beiden Sichtweisen festgelegt. Sie ist fest verankert, bleibend, mit grammatischen Mitteln nicht veränder- oder aufhebbar.

Eine als vollendet signalisierte Handlung kann nur im Ganzen, mit dem Ergebnis gesehen werden. Sie kann als wiederholt präsentiert werden, jedoch immer als eine Serie abgeschlossener Ereignisse. Der Anfang der Handlung bzw. der aktuelle Verlauf oder das Andauern ist nicht mehr greifbar. Die Ergebnisse können bilanziert werden.

Eine als unvollendet signalisierte Handlung kann als ein Vorgang mit Anfang, Verlauf und Ende, einem möglichen, aber nicht aktuell erfolgten Ergebnis gesehen werden. Dieser Aspekt wird nicht verwendet, wenn das Ergebnis explizit genannt oder die Handlung als ein aktuelles Ereignis hervorgehoben wird.

Der bereits lexikalisch festgelegte verbale Aspekt hat immer grammatische Konsequenzen. Ein Verb bildet die jeweiligen Wortformen der Tempora (→ Tempusformen), des Modus (→ Modus), des Genus verbi (→ Formen des Passivs) notwendigerweise mit dieser festgelegten Sichtweise. So kommt für ein vollendetes Verb nur die Vergangenheit oder die Zukunft infrage.

Auch für die Verbindung mit einem Objekt hat der Aspekt Relevanz (→ Satzglieder, Rektion des Verbs, Objekt, obligatorisches Objekt). Wesentlich macht sich der Aspekt in Verbindung mit den temporalen Adverbien bemerkbar (→ temporale Adverbien, → Präpositionen, → adverbiale Bestimmungen) und auch sehr markant in den Temporalsätzen.

Der verbale Aspekt betrifft grammatisch gesehen alle tschechischen Verben, jedoch weisen nicht alle Verben die semantische Grundlage des Aspektes auf. Bei vielen Verben ist eine solche Sichtweise überhaupt nicht relevant (z.B. Verben, die Beziehungen, Gefühle usw. ausdrücken – *být, souviset, líbit se, mít*). Da der verbale Aspekt jedoch grammatisch zum tschechischen Verb gehört, wird die – in diesem Falle rein grammatische – Aspektzugehörigkeit auch hier angegeben. Solche Verben sind dann grammatisch gesehen allesamt unvollendeten Aspekts.

Verben, die die semantische Grundlage für den Aspekt aufweisen, kommen entweder als Aspektpaare, nur vollendete oder nur unvollendete Verben vor. Aspektpaare sind Verben gleicher Bedeutung, die sich nur durch die jeweilige festgelegte Aspektkomponente unterscheiden.

unvollendet	vollendet
přistávat	přistát
sedat si	sednout si
vstávat	vstát
tát	roztát
kupovat	koupit
přijímat	přijmout
jíst	sníst
obědvat	naobědvat se
jíst	najíst se
präfigierte Bewegungsverben	
přicházet	přijít
přinášet	přinést
Bei Verben, die eine punktuelle Handlung ausdrücken, bedeutet der unvollendete Aspektpartner eine Serie solcher Handlungen	
bodnout	bodat
seknout	sekat
střihnout	stříhat
říznout	řezat
skočit	skákat
präfigiert bilden auch diese Verben die üblichen Aspektpaare	
vyřezat	vyřezávat
vystřihnout	vystřihovat
ukousnout	ukusovat

Anmerkung: Die Verben eines Aspektpaares entsprechen manchmal in anderen Sprachen einem unpräfigierten und präfigierten Verb (z.B. bauen – aufbauen, trinken – austrinken) oder auch zwei unterschiedlichen Verben (z.B. *rozhodovat se* ›noch überlegen, noch am Überlegen sein‹ – *rozhodnout se* ›sich entscheiden‹; *vyhrávat* ›momentan gerade am Gewinnen sein‹ neben der Bedeutung ›oft gewinnen‹ – *vyhrát* ›gewinnen‹).

Keine Aspektpaare bilden

- Verben unvollendeten Aspekts, bei denen die Bedeutung ausdrücklich nur aus einem Vorgang besteht (*rozčilovat se, pokukovat, popíjet, postávat někde, bývat, mívat*; vgl. deutsch: herumstehen, sich ärgern).
- Verben vollendeten Aspekts, bei denen die Bedeutung aus einem Ereignis besteht (*zranit se, spatřit někoho, nachodit se*; vgl. deutsch: sich verletzen, erblicken). Die beiden letztgenannten Fälle gehören in jeder Sprache zu elementaren Erfahrungen, hier kann nicht mit Problemen gerechnet werden.
- Paare unpräfigierter Bewegungsverben, grammatisch gesehen beide unvollendeten Aspekts, die jeweils entweder eine zielgerichtete oder eine unbestimmte Bewegung ausdrücken:

eine zielgerichtete Bewegung, einmalig, kontinuierlich, auf ein bestimmtes Ziel zu; interessant ist hier das Ziel; weisen grammatische Auffälligkeiten auf: Futur poletím (→ Futur)	eine allgemeine Bewegung, mehrmalig oder in verschiedene Richtungen; die Sichtweise besteht in der Bewegung selbst (also praktisch wiederum die Betonung des Vorgangs)
jít	chodit
běžet	běhat
letět	létat
nést	nosit
vést	vodit
vézt	vozit

Übungen

1. Wählen Sie nach dem Sinn den unvollendeten oder vollendeten Aspekt und ergänzen Sie die Wortformen! (→ Adverbien)

Včera ____________ (přijímat/přijmout) celý den studenty. ____________ (Přijímat/Přijmout) jich 20. ____________ (Číst/Přečíst) velmi rychle, za týden ____________ (číst/přečíst) čtyři knihy. ____________ (Jíst/Sníst) pomalu, nikdo tě nehoní. Pořád ještě ____________ (nakupovat/nakoupit), už by mohl přestat, už toho ____________ (nakupovat/nakoupit) dost. Kdy ____________ (přicházet/přijít) Petr? Tamhle právě ____________ (přicházet/přijít). Mohl bys mi ____________ (přinášet/přinést) kávu sem do pokoje? Za dvě hodiny to ____________ (dodělávat/dodělat). Pořád se mne na něco ____________ (ptát/zeptat), nemůžeš mne pořád ____________ (vyrušovat/vyrušit). Celou noc si ____________ (číst/přečíst). Dvě hodiny už tady ____________ (čekat/počkat). ____________ (Čekat/Počkat) na tebe do dvou hodin. ____________ (Psát/Napsat) bez přestávky hodinu a půl. Vždycky se mne na něco __________ (ptát/zeptat). Musím se podívat, jestli jsem dobře __________ (zavírat/zavřít). Zloděje __________ (chytat/chytit) a __________ (zatýkat/zatknout). Dlouho se ____________ (rozhodovat/rozhodnout), ale pak si to __________ (neobjednávat/neobjednat). Ten dopis jsem právě před chvílí __________ (odesílat/odeslat), doufám, že __________ (docházet/dojít) včas. Jdu se __________ (dívat/podívat), jestli už jsi __________ (dojídat/dojíst). Nechci ti pořád __________ (radit/poradit), ale měl bys ho v neděli __________ (navštěvovat/navštívit). V padesáté minutě ještě __________ (vyhrávat/vyhrát) Sparta, teď ale už __________ (prohrávat/prohrát), asi ____________ (prohrávat/prohrát). To je tak, nemůže pořád jeden __________ (vyhrávat/vyhrát) a jiný pořád __________ (prohrávat/prohrát). Odkud ____________ (odlétat/odletět) letadla do Říma? Z kterého nástupiště ____________ (odjíždět/odjet) vlaky do Lipska? Vlak už __________ (odjíždět/odjet), příště musím jít dřív, aby mi zase ____________ (neujíždět/neujet). Vlaky ____________ (odjíždět/odjet) pravidelně z dvanácté koleje, dnes ale _______________ (odjíždět/odjet) výjimečně z desáté koleje. Nikdy ten časopis ______________ (nekupovat/nekoupit), dnes ho ale ____________ (kupovat/koupit). Musím začít ____________ (vařit/uvařit) oběd. Musíš přestat __________ (psát/napsat) dopisy, musíme už __________ (jít/chodit), abychom ____________ (nepřicházet/nepřijít) pozdě. __________ (Čekat/Počkat) na mne, až to __________ (dopisovat/dopsat). Konečná stanice, prosíme __________ (vystupovat/vystoupit)! Musíš si __________ (uřezat/uříznout) pořádný kus chleba. Budeme muset do toho kyselého jablka __________ (kousat/kousnout). __________ (Píchat/Píchnout) mne pořád v zádech, budu se muset __________ (radit/poradit) s lékařem. Ten pes mne už několikrát __________ (kousat/ kousnout). Vždycky se při té práci __________ (řezat/říznout). Ten míč hezky _______________ (skákat/skočit). Můžeš si třeba celé odpoledne __________ (vystřihovat/vystřihnout) obrázky.

2. Wählen Sie das passende Verb und ergänzen Sie die Verbform!

__________ (Jít/Chodit) tady pořád sem a tam. __________ (Jít/Chodit) ráda bruslit? Kam __________ (běžet/běhat)? Kam jsi včera odpoledne __________ (jet/jezdit)? Komu __________ (nést/nosit) ten balík? Podívej, __________ (vést/vodit) ti hosta. Musím teď nejdřív ____________ (jít/chodit) k lékaři, bolí mne zuby. __________ (Jít/Chodit) se trošku ____________ (projít/procházet – Aspektpaar). Nemůžeš mi sem pořád někoho ____________ (vést/vodit), takhle nestačím svou práci. __________ (Nosit/Nést) nám sem ze dvora sníh a bláto.

19 Wortformen des Aktivs

Die Präsensformen

- Die Verben des unvollendeten Aspekts bilden die Verbformen des Präsens mit der Auslegung Gegenwart, z.B. *kupuje, jí, studuje, rozumí, bere, mluví*
- Die Verben des vollendeten Aspekts bilden die Verbformen des Präsens mit der Auslegung Futur, z.B. *koupí, přistane, řízne, sní, rozjede se*

Präsens des unvollendeten Verbs / Futur des vollendeten Verbs

dě**lám**	kup**uji**	pros**ím**	nes**u**
-ám	-uji/-ji	-ím	-u
-áš	-uješ	-íš	-eš
-á	-uje	-í	-e
-áme	-ujeme	-íme	-eme
-áte	-ujete	-íte	-ete
-ají	-ují	-í	-ou

Lautveränderungen

- I. Klasse: Kürzung des Vokals in der 3. Person Plural
- unregelmäßig: *mít – mám, mají*
- Kürzung des Stammvokals in der gesamten Konjugation:
  II. Klasse Typ *mýt – myji, piji*
  IV. Klasse Typ *péci/péct – peču, vleču, obleču*; Typ: *nést, vézt; – nesu, vezu …*

Stammveränderungen

- II. Klasse Typ *kupovat*: -ova- – -uj-: *kupuji, daruji*; Typ mýt Einschub-j-: *myji, piji*
- IV. Klasse Typ *brát*: Einschub-e-: *brát, prát, probrat, vyprat, mlít, umlít*: *beru, proberu, peru, vyperu, melu, umelu*; (kein Einschub-e- bei: *rvát/vyrvat – rvu/vyrvu; štvát/naštvat – štvu/naštvu*)
- unregelmäßig: *vědět, jíst, sníst – vím, jím, sním … vědí, jedí, snědí; bát se, stát – bojím se, stojím … bojí se, stojí*
- IV. Klasse *říci/říct – řeknu, obléci* auch *obléknu, začít – začnu,*

Stammvokalveränderungen

- II. Klasse Typ *smát se*: -á-, -e/-ě: *smát se, přát si, hřát – směji se, přeji si, hřeji se; dít – děje se* ; III. Klasse unregelmäßig: *spát – spím*
- Typ *tisknout* und *přijmout* sowie alle Untertypen Wechsel ou – u: *tisknu, přijmu*

Konsonantenwechsel

- IV. Klasse Typ *péci* c – č: *péci, vléci, obléci – peču*; Typ *vést, krást* s – d: *vedu, kradu*, Typ *plést, kvést* s – t: *pletu, kvetu; ukrást – ukradnu*
- Typ *mazat* (Lautwechsel bei h, ch, k, z, s → Das tschechische Lautsystem): *mazat, vázat – mažu, vážu, poslat – pošlu, klusat – klušu, plakat – pláču, lhát – lžu*
- unregelmäßig: *moci – mohu/můžu … mohou/můžou; číst – čtu, čtou; psát – píšu, píšou; jít – jdu, jdou; jet – jedu, jedou; stát se – stanu se, stanou se; vzít – vezmu, vezmou; růst – rostu, rostou; hnát – ženu, ženou*

Die Verbindungen mit den modifizierenden Modalverben: *nesmíte se zlobit, nemusíte tolik spěchat, nechceme rušit, nemůžeme vědět všechno*

Futur unvollendeter Verben – regelmäßige Bildung

- die nicht-enklitische Futurform vom Verb *být* + Infinitiv eines unvollendeten Verbs: *bude kupovat, bude přistávat, bude řezat, bude jíst, bude se rozjíždět*
- Negation: *nebudu kupovat*
- Wortfolge:
  Hilfsverb – Vollverb: *já budu kupovat* oder *budu kupovat* ist neutral
  Vollverb – Hilfsverb: *kupovat budu, nebudu* ist expressiv, es bedeutet in etwa »auf keinen Fall, ganz bestimmt« o.ä.
- Die Verbindung mit den modifizierenden Verben: *bude muset nakupovat; bude muset nakoupit; bude chtít odpočívat; bude si chtít odpočinout; bude moci přijít už dřív, nebude se moci divit*

Sonderformen

Zielgerichtete Bewegungsverben sowie einige Verben, die die Veränderung des Zustandes ausdrücken, bilden die Formen des Futurs mit Hilfe des Präfixes po-:

- Bewegungsverben*: jít – půjdu* (urspr. langes o → Das tschechische Lautsystem), *jet – pojedu*
- Veränderung des Zustandes: *kvést – pokvete, růst – poroste*

Verbformen der Vergangenheit (Perfekt vollendeter / Imperfekt unvollendeter Verben)

- Partizip Perfekt Aktiv eines vollendeten oder unvollendeten Vollverbs + Präsensform des Hilfsverbs *být* in der 1. und 2. Person Singular und Plural: *jsem, jsi …* (enklitisch). Kein Hilfsverb in der 3. Person Singular und Plural.
- Die Formen des Partizips richten sich nach der Person sowie nach dem Genus des Subjekts: *já jsem byl, my jsme zpívali, ty jsi byl/byla*
- Beim Siezen steht das Partizip im Singular: *Vy jste tam byl, pane Nováku? Neřekla jste nám (paní Nováková), kdy přijedete.*

Bildung des Partizips Perfekt Aktiv

- Das Partizip Perfekt Aktiv wird von der Form des Infinitivs gebildet: děla-t – děla + -l, -la, -lo, kupov-at, -al, prosi-t, -l, nés-t, -l
- Das Partizip Perfekt Aktiv wird neben den Vergangenheitsformen Indikativ Aktiv auch in der Vergangenheitsformen des Indikativs Passiv (→ Passiv) sowie in den Formen des Konditionals Aktiv und Passiv (→ Konditional) verwendet.

Kürzung des Stammvokals

- I. Klasse Typ *dát dal*
- II. Klasse Typ *mýt, krýt, lít – myl, kryl, lil*
- III. Klasse *spát – spal*
- IV. Klasse Typ *nést – nesl, vezl; vést, krást – vedl, kradl; plést, kvést – pletl, kvetl;* Typ *brát – bral, pral, rval, štval; Typ péci – pekl, tekl*
- unregelmäßig: *psát – psal, hnát – hnal*

Konsonantenwechsel

- IV. Klasse Typ: *vést, krást, ukrást* s – d: *vedl, kradl, ukradl; plést, kvést* s – t: *pletl, kvetl;* Typ *péci/péct, téci, vléci* c – k: *pekl tekl, vlékl, oblékl; číst – četl; jíst/sníst – jedl, snědl*
- Vokalwechsel í – e bzw. ou – u:
  II. Klasse *dít se – děl se, chtít – chtěl*
  IV. Klasse *mlít – mlel* Typ: *otevřít – otevřel, zavřel, utřel, říci – řekl*
  IV. Klasse Typ *tisknout – tiskl, zatknout – zatkl, vytknout – vytkl;* Typ *minout – minul, schnout – schnul, hnout se – hnul se*; Typ *zapnout – zapnul, napnul, vypnul*
- Veränderung des Stamms:
  IV. Klasse Typ *přijmout, najmout, zaujmout, obejmout – přijal, najal, zaujal, objal*
  Verben: *vzpomenout si, zapomenout – vzpomněl si, zapomněl*
  unregelmäßig: *moci – mohl; jít – šel*

Negation: *nečetl jsem; nečetli* (das enklitische Hilfsverb kann nicht negiert werden)

Wortfolge: *řekl jsem; já jsem řekl.* Die enklitische Verbform steht in der enklitischen Reihe, nie am Anfang des Satzes; zusammen mit dem evtl. reflexiven *se* in der festgelegten Reihenfolge: *ptal jsem se; já jsem se ptal* (→ Personal- und Reflexivpronomen, → Verb).

Anmerkungen

- Die Vergangenheitsformen von *mít* (in der Bedeutung ›sollen‹) und *moci* haben die Bedeutung des Konjunktivs ›hätte‹.
- Bei den Reflexivverben kommt es in der 2. Person Singular zu einer Verschmelzung von *se*, *si* mit dem Hilfsverb *jsi*: *ty ses, ty sis* statt *ty jsi se, ty jsi si* (*ty ses smál, ty sis to přál*).

- Bei den Nichtreflexiva kann eine Verschmelzung des Hilfsverbs in der 2. Person Singular *jsi* mit dem Pronomen *ty*, oft auch mit dem Partizip des Vollverbs am Anfang des Satzes beobachtet werden: *ty jsi – tys, tys to tak chtěl mít – ty jsi to tak chtěl mít; tys mi to neřekl; mohl jsi – mohls, měl jsi – měls; Mohls mu to půjčit. Mohls mi to říct dřív. Měls tam dojít.*

Übungen

1. Ergänzen Sie die Präsensformen des Verbs *být* positiv und negativ!

1. já __________ doma
2. ty __________ v kině
3. on, ona, ono __________ ve škole
4. my __________ na návštěvě
5. vy __________ v práci
6. oni, ony, ona __________ na slavnosti

2. Ergänzen Sie die positiven und negativen Vergangenheitsformen!

já	jsem byl/byla, nebyl/nebyla	byl/byla, nebyl/nebyla jsem	
ty	__________	__________	
on	__________	__________	
ona	__________	__________	
ono	__________	__________	
my	__________	__________	
vy	__________	__________	
Vy	__________	__________	(Siezen: Frau)
Vy	__________	__________	(Siezen: Mann)
oni	__________	__________	
ony	__________	__________	
ona	__________	__________	

3. Bilden Sie die 1. Person Singular und 3. Person Plural, Präsens und Vergangenheit, positiv und negativ!

Beispiel: dám, dají, nedám, nedají; dal jsem, dali, nedal jsem, nedali

znát, dbát, smát se, přát si, dělat, udělat, vyznat se, prosit, rozumět, sedět, nést, plést, krást, vést, péci/upéci, říct, moci, přemoci, vázat/uvázat, lhát, vyslat, přijmout, tisknout/vytisknout, začít, vzít, brát, mlít, rvát/vyrvat, zavřít, zatknout, psát/napsat, jít, jíst, jet, stát, stát se, bát se, vyhnat, divit se, hrát si, mýt se, ptát se/zeptat se

4. Übersetzen Sie!

nesmíte se zlobit; nemusíte tolik spěchat; nechceme rušit; nemůžeme vědět všechno; chci se na to zeptat; musím mu pomoci

darf ich fragen; ich muss noch die Tür zumachen; du darfst nicht darüber lachen; wir möchten nicht so viel essen; ich kann es nicht verstehen; du sollst ihn anrufen

5. Ergänzen Sie die Futurformen der 1. Person Singular!

letět, běžet, nést, vést, vézt

6. Bilden Sie Futurformen! Wenn kein Subjekt angegeben ist, muss die 3. Person Singular stehen!

Já tam ______________ (jít). Asi tam nic ______________ (růst). Tomu asi ______________ (rozumět). Asi se ____________________ (smát). To si ________________ (přát). Já to ________________ (vědět). On to už _____________ (mít). Tu knihu ______________ (číst). Každý den ______________ (psát) dopisy. Zítra ________________ (jet) do Ostravy. Ona se určitě ________________ (bát). Já tady ______________ (stát), až sem někdo přijde. Já jim to tam ________________ (nést). Já jim to tam ________________ (nosit). Oni to ________________ (jíst a pít). Musíte jít domů, ____________ (zavírat).

7. Übersetzen Sie!

Er wird nicht ins Kino gehen wollen. Er wird erst am Mittwoch kommen können. Ich werde mich bemühen, ihm zu helfen. Sie werden noch warten müssen. Er wird sich nicht wundern können. Er wird schon früher kommen können.

Určitě se nebude chtít hádat. Bude muset přijít dřív. Nebude muset tak brzy vstávat. Nebude moci dodělat tu práci do čtvrtka. Nebudeme moci nic dělat. Budu se snad smět zeptat.

8. Bilden Sie die Vergangenheitsformen!

Beispiel: Co se stalo?

Co se tam (dít)? Tehdy (žít) na vesnici. (Nechtít) jsem vás urazit. To jsme (nevědět). Určitě už na to (zapomenout). Včera málo (jíst) a (pít) a dlouho (spát). Od té doby už (utéci) hodně vody. (Vypnout) proud a (zavřít) plyn. (Přivézt) nám nábytek. Špatně (číst) a (psát). Kam (jít) Karel? Milan už také (odejít)? (Začít) jaro. Zloděje (chytit) a (zatknout). Ještě, že jsem si (vzpomenout)! Děti (růst) jako z vody. (Dovést) ho až před dům. Nikdy si s sebou (nebrat) deštník, ale dnes si ho (vzít). Asi jste si mne s někým (splést). Jeho knihy (vytisknout) už před dvaceti léty. (nemoci) to včas dodělat. To mi nikdo (neříci), to jsem (nemoci) vědět. (Smát se) tomu. (Sníst) všechny koláče.

9. Übersetzen Sie!

Snažil se mu rozumět. Chtěl jen odpočívat. Chtěl si jen odpočinout. Musel se smát. Šel se projít. Šel do knihovny pracovat. Musil se mu omluvit. Chtěl odjet už včera. Nesměl se ani hnout. Nechtěl tak dlouho čekat. Neměl tam chodit. Neměl to kupovat. Neměl se do toho plést.

Er hätte nicht hingehen sollen. Er hätte es nicht zu kaufen brauchen. Er hätte sich nicht einmischen sollen. Er hätte fragen können. Er hätte sich das überlegen können. Er hätte es früher fertig haben können. Er hätte früher aufstehen können. Du hättest nicht fragen sollen. Du hättest mehr lernen sollen. Du hättest es dir aufschreiben sollen.

20 Wortformen des Passivs

Passivformen werden nur von nicht-reflexiven transitiven Verben beider Aspekte gebildet. Der Patiens (im N.) steht im Mittelpunkt, der Agens kann beim zusammengesetzten Passiv genannt werden (im Tschechischen mit Hilfe des I. konstant), beim reflexiven Passiv wird der Agens nicht genannt.

Es wird zwischen zusammengesetztem und reflexivem Passiv unterschieden.

Bildung des zusammengesetzten Passivs:

Vergangenheit	Gegenwart	Zukunft
Vergangenheitsform des Hilfsverbs být byl (nicht-enklitisch) jsem (enklitisch) Negation nebyl jsem + Partizip Perfekt Passiv des Vollverbs	Gegenwartsform des Hilfsverbs být jsem (nicht-enklitisch) Negation nejsem + Partizip Perfekt Passiv des Vollverbs	Zukunftsform des Hilfsverbs byt budu (nicht-enklitisch) Negation nebudu + Partizip Perfekt Passiv des Vollverbs
vollendeter Aspekt des Verbs		
byl jsem, byl jsi, byl … pozván	jsem, jsi, je … pozván	budu, budeš, bude … pozván
unvollendeter Aspekt des Verbs		
byl jsem, byl jsi, byl … zván	jsem, jsi, je … zván	budu, budeš, bude … zván

Das Hilfsverb *být* *jsem* ist beim Passiv (genauso wie die Kopula beim nominalen Prädikat) im Präsens nicht-enklitisch; in der Vergangenheitsform ist *jsem, jsi* … enklitisch. Das Hilfsverb *být* im Futur *budu* ist nie enklitisch. Die Wortfolge ist deshalb: *Jsem pozván. Já jsem pozván. Byl jsem pozván. Já jsem byl pozván. Budu pozván. Já budu pozván.* (→ Verb)

In der mündlichen Sprache wird die Verwendung der langen Formen des Partizips Passiv oder auch das reflexive Passiv bevorzugt.

Die modifizierenden Verben haben die finiten Verbformen der drei Tempora und das Hilfsverb *být* in der Infinitivform: *musel být dokončen, musí být dokončen, bude muset být dokončen; musel se dokončit, musí se dokončit, bude se muset dokončit.*

Das Partizip Perfekt Passiv wird vom Infinitiv des Verbs mit Hilfe von -n oder -t gebildet: -t bei der II. Klasse, Typ *mýt*; bei der IV. Klasse, Typen mit -ou- *tisknout*, *prominout*; beim Verb *mlít* sowie bei den unregelmäßigen Verben *začít* und *vzít*. Bei allen anderen Verben wird das Suffix -n verwendet.

Besonderheiten

- Verlängerung des Stammvokals:
  I. Klasse *dělat – dělán*; II. Klasse *kupovat – kupován*
- Kürzung des Stammvokals:
  II. Klasse *mýt – myt, kryt, vypit, ušit*; IV. Klasse *nesen, vezen, pečen, oblečen, řečen*
- Konsonantenwechsel:
  - III. Klasse Typ *prosit* d – z, t – c, z – ž , s – š, zd – žď, st – šť *zradit – zrazen, ztratit – ztracen, zkazit – zkažen, vymyslit – vymyšlen, zpozdit – zpožděn, čistit – čištěn*
  - unregelmäßig: *jíst, sníst – jeden, snědеn*
  - kein Konsonantenwechsel bei Verbableitungen von einem Substantiv: *mez* ›Grenze‹ – *omezen*; *brzda* ›Bremse‹ – *zabrzděn*; *místo* ›Platz, Stelle‹ – *umístěn*; *obraz* ›Bild‹ – *zobrazen*; *pocta* ›Ehre‹ – *poctěn* ›geehrt‹
  - IV. Klasse s – d, s – t Typ *vést, krást – veden, kraden, pleten, ukraden*
  - c – č Typ *péci/péct, téci, vléci – pečen, upečen, oblečen, řečen*
  - sk – šť , tk – tč, h – ž Typ *tisknout, zatknout, navrhnout, tištěn, zatčen, navržen*
- Vokalwechsel:
  - IV. Klasse í – e, beim Verb *mlít – mlet, umlet*; beim Typ *otevřít – otevřen, zavřen*
  - unregelmäßig: í – a *začít – začat, vzít – vzat*; ou – u *podotknout – bylo podotknuto, netknutý*; *hnout – bylo hnuto*; *shrnout – shrnuto*; *vzpomenout, zapomenout – vzpomenut, zapomenut*; *zapnout napnout, vypnout – zapnut, napnut, vypnut*; *zatnout, protnout – zatnut, protnut*; *obejmout – obejmut*
- Veränderung des Stamms:
  - Typ *přijmout, najmout, zaujmout – přijat, najat, zaujat*
  - unregelmäßig: *moci – přemožen*; *číst – čten* (→ Das tschechische Lautsystem)

Die Formen des Passivs unterscheiden sich beim vollendeten bzw. unvollendeten Aspekt nicht, die Bedeutungsunterschiede sind jedoch markant. Sie bilden alle Tempusformen:

je zván (unvollendet)	›er wird oft eingeladen, er bekommt oft Einladungen‹
je pozván (vollendet)	›er ist eingeladen‹ (zu dieser konkreten Feier o.ä.)
je dopisován (unvollendet)	›es ist fast fertig, fast zu Ende geschrieben‹
je dopsán (vollendet)	›es ist geschrieben, es ist fertig‹

Das reflexive Passiv, auch unpersönliches Passiv genannt, wird durch die einfache Verbform, mit Hilfe des Reflexivpronomens *se*, in der 3. Person Singular und Plural gebildet. Das vollendete Verb kann nicht als Gegenwart aufgefasst werden.

Imperfekt oder Perfekt	Präsens	Futur
	unvollendeter Aspekt	
šetřilo se stavěly se tam obytné domy	šetří se staví se tam obytné domy	bude se šetřit budou se tam stavět obytné domy
	vollendeter Aspekt	
ušetřilo se mnoho peněz postavilo se deset nových domů	– –	ušetří se mnoho peněz postaví se deset nových domů

Übungen

1. Übersetzen Sie!

	aufbauen – bauen	
byl postaven	je postaven	bude postaven
byl stavěn	je stavěn	bude stavěn
	öffnen	
bylo otevřeno	je otevřeno	bude otevřeno
bylo otevíráno	je otevíráno	bude otevíráno
	bestrafen – strafen	
byl potrestán	je potrestán	bude potrestán
byl trestán	je trestán	bude trestán

2. Bilden Sie Passivformen in allen drei Tempora!

vypnout proud; vypínat proud; zaplatit účty; platit účty; otevřít obchod; otevírat obchod; vymyslit příběh; poslat článek do novin; umlít kávu; dovést žáka do školy; dovádět žáky na stadion

3. Verwenden Sie die erweiternden modifizierenden Verben *muset* und *moci*!

Beispiel: musel být vypnut proud, musí byt vypnut proud, bude muset být vypnut proud

zaplatit účty; otevřít obchod; vymyslit příběh; napsat článek do novin; umlít kávu; odvézt pacienta do nemocnice; dovést žáka do školy; dokončit stavbu; odvézt ovoce na trh; omezit počet účastníků

4. Verwenden Sie bei folgenden Konstruktionen in allen drei Tempora das zusammengesetzte und das reflexive Passiv!

Imperfekt oder Perfekt	Präsens	Futur
	hrát staré filmy	
	nabízet kurzy šití	
	nabídnout (někomu, jim) kurzy	
	přijímat studenty	
	přijmout 40 studentů	
	tisknout časopisy	
	vytisknout nové vydání této knihy	

5. Verwenden Sie bei folgenden Konstruktionen in allen drei Tempora das zusammengesetzte und das reflexive Passiv. Verwenden Sie die angegebenen Zahlwörter (→ Numeralia, gezählter Gegenstand)!

Beispiel: byly pečeny tři koláče …, pekly se tři koláče

Imperfekt oder Perfekt	Präsens	Futur
	péct tři koláče	

Imperfekt oder Perfekt	Präsens	Futur
	upéci hodně koláčů	
	sázet dva stromy	
	vysázet několik stromů	
	stavět několik nových domů	
	vystavět několik nových domů	

6. Verwenden Sie bei folgenden Konstruktionen in allen drei Tempora das zusammengesetzte und das reflexive Passiv und ergänzen Sie die Modalverben *muset* oder *moci*!

Beispiel: muselo se odevzdat pět knih, musí se odevzdat pět knih

Imperfekt oder Perfekt	Präsens	Futur
	vysázet několik stromů	
	odeslat dva dopisy a pět balíků (→ Besonderheiten der Satzglieder)	
	odevzdat celou práci	
	odevzdat pět knih	

21 Der Konditional

Konditional Aktiv und Passiv

Die Formen des Konditionals signalisieren eine aktive oder passive Handlung, die unter bestimmten Bedingungen realisiert werden kann (realisierbare Bedingung) oder durch die nicht erfüllten Bedingungen nicht realisiert wurde (nicht realisierte Bedingung). Es gibt keine aktuellen Einschränkungen. Die Konditionalform *bych, bys, by …* (→ Konditionalform des Verbs *být*) ist enklitisch, belegt eine feste Stelle in der enklitischen Reihe und kann nicht negiert werden (→ Verb).

nicht realisierte Bedingung	realisierbare Bedingung
Aktiv	
Partizip Perfekt Aktiv des Hilfsverbs být + Konditionalform des Hilfsverbs být + Partizip Perfekt Aktiv des Vollverbs	Partizip Perfekt Aktiv des Vollverbs + Konditionalform des Hilfsverbs být
byla bych si četla, byla bych pozvala, byla bych šla	četla bych si, pozvala bych, šla bych
byla bych si nečetla, byla bych nepozvala, byla bych nešla	nečetla bych si, nepozvala bych, nešla bych
zusammengesetztes Passiv	
Partizip Perfekt Aktiv des Hilfsverbs být + Konditionalform des Hilfsverbs být + Partizip Perfekt Aktiv des Hilfsverbs být (iterative Form bývat) + Partizip Passiv des Vollverbs	Partizip Perfekt Aktiv des Hilfsverbs být + Konditionalform des Hilfsverbs být + Partizip Perfekt Passiv des Vollverbs
byla bych bývala pozvána, bylo by bývalo navrhnuto	bylo by navrhováno, byla bych pozvána
nebyla bych bývala pozvána nebylo by bývalo navrhnuto	nebylo by navrhováno, nebyla bych pozvána
reflexives Passiv	
Partizip Perfekt Aktiv des Hilfsverbs být + Konditionalform des Hilfsverbs být + se + Partizip Perfekt Aktiv des Vollverbs	Partizip Perfekt Aktiv des Vollverbs + Konditionalform des Hilfsverbs být + Reflexivpronomen se
byl by se upekl, byly by se upekly … koláč, koláče	pekl by se koláč, pekly by se koláče, stavěly by se tam domy, sázely by se tam stromy
nebyl by se pekl koláč, nebyly by se pekly koláče byl by se nepekl koláč, byly by se nepekly koláče	nepekl by se koláč, nepekly by se koláče, nevystavěly by se tam domy, nevysázely by se tam stromy

Negiert werden bei den Formen des Aktivs die Partizipien des Vollverbs (*Nešla bych plavat. Byla bych nešla plavat.*), bei den Formen des zusammengesetzten Passivs die Partizipien des Hilfsverbs (*Nebyl by pozván. Byl by nebyl pozván.*) und bei den Formen des reflexiven Passivs das Vollverb (*Nepekly by se koláče. Byly by se nepekly koláče.*).

Das enklitische Reflexivpronomen *se* belegt seine feste Stelle in der enklitischen Reihe (→ Die Pronomen, Enklitika, → Das Verb), nach der enklitischen Konditionalform: *Sázely by se tam stromy. Mělo by se sázet víc stromů.*

Die Formen des Konditionals sind im Tschechischen beliebt. Da jedoch das zusammengesetzte Passiv zu schriftsprachlich und zu umständlich ist, wird dem Konditional des reflexiven Passivs, wenn nicht die 1. oder 2. Person benötigt wird, Vorzug gegeben.

Die Formen des Konditionals werden häufig durch modifizierende Verben erweitert, z.B. *oni by nás nechtěli obtěžovat; nemusel by hned všechno kupovat*

Übungen

1. Ergänzen Sie die Konditionalformen! (→ Der Konditional, → Negation des Verbs)

já bych
ty ____________
on, ona, ono ____________
my ____________
vy ____________
oni, ony, ona ____________

2. Bilden Sie Konditionalformen (realisierbare und nicht realisierte Bedingung), Aktiv (3. Person Plural) und Passiv, positiv und negativ!

Beispiel: vypnout proud: (ne)vypnuli by proud, byli by (ne)vypnuli proud, (ne)byl by vypnut proud, (ne)byl by býval vypnut proud, (ne)vypnul by se proud, byl by se (ne)vypnul proud

vypínat proud
zaplatit účty
platit účty
otevřít obchod
vymyslit příběh
napsat článek do novin
umlít kávu
odvézt pacienta do nemocnice
dovést žáka do školy
dokončit stavbu
odvézt ovoce na trh
omezit počet účastníků
musit vypnout proud
musit omezit počet účastníků
moci dokončit stavbu
moci otevřít obchod

3. Bilden Sie Konditionalformen (realisierbare und nicht realisierte Bedingung)!

Aktiv

1. Chci si to přečíst.
2. Mohu se na to podívat.
3. Koupím si tu knihu.
4. Rád ti to vysvětlím.
5. Jdu se projít.
6. Petr se zlobí.
7. Já se zeptám.
8. Přeješ si to?
9. Počkám na tebe.
10. Nic nám neřekne.
11. To nepůjde.
12. Bojím se, že to ztratím.
13. Myslím, že mi poradí.
14. Musím se mu omluvit.
15. Chtěl odjet.
16. Bude moci odjet až ve středu.
17. Chci ten film vidět.
18. Nepochopil jsi to.
19. Rád na ten koncert půjdu.
20. Raději se vrátím domů.

Zusammengesetztes Passiv

1. Byl navržen program oslav.
2. Byla podána stížnost.
3. Je překvapen.
4. S opravami už bylo začato.
5. Kniha byla znovu vydána.
6. Ceny byly zvýšeny.
7. Všem to bylo oznámeno včas.
8. Jeho obchod byl přepaden a vykraden.
9. Sníh byl odklizen, chodník byl posypán.
10. Pacient byl převezen do jiné nemocnice.
11. Mělo už to být odesláno.
12. Bude to muset být odevzdáno za týden.

Reflexives Passiv

1. Ušetřilo se pět tisíc korun.
2. Vypracoval se nový projekt.
3. Může se přistavět ještě terasa.
4. Sníží se ceny pečiva.
5. Knihy toho spisovatele se kupují a čtou.
6. Festival už se připravuje.
7. Upozorňuje se na to.
8. Zakáže se to.
9. Doporučuje se to.

22 Der Imperativ

Der Imperativ wird aktuell für die 2. Person Singular und Plural verwendet.

Der sog. Exhortativ (1. Person Plural) ist einfach zu bilden, wird jedoch, bis auf fast phraseologisierte Ausnahmen oder in der Rhetorik (*řekněme, podívejme se, vraťme se k problému …, prohlédněme si ještě jednou model na straně*; ›sagen wir, wollen wir uns nun … anschauen‹ u.a.), kaum verwendet.

Die Aufforderungsform für die 2. Person Singular wird von der 3. Person Plural Präsens durch Abtrennen der Endung gebildet. Dabei spielen die Konsonanten oder Konsonantengruppen vor der jeweiligen Endung eine große Rolle (→ Das tschechische Lautsystem). Die übrigen Formen entstehen durch Hinzufügen der Endungen -me bzw. -eme/-ěme (1. Person Pl.) oder -te bzw. -ete/-ěte (2. Person Pl.):

-	-me	-te
kupuj	kupujme	kupujte
-i	**-eme/-ěme**	**-ete/-ěte**
mysli	mysleme	myslete
začni	začněme	začněte

Der Imperativ Passiv – gebildet mit Hilfe des Imperativs des Verbs *být* und des Partizips Perfekt Passiv – wird nur in gehobener Schriftsprache verwendet. (*Buďte ujištěn, že …*)

Die 2. Person Plural wird gleichsam für das Siezen, die Höflichkeitsform (im Singular und Plural) und für das Duzen im Plural verwendet.

Bei einigen Verben wird der Imperativ mit Hilfe des Prafixes po- gebildet. Diese Bildung ist nicht mehr produktiv, die verbliebenen Formen (*pojeď, poleť, poslyš*) veraltern. Bei dem Bewegungsverb *jít* unterscheiden sich die Formen *jeď* und *pojď* in der Bedeutung: *jdi* ›geh!‹ *pojď* ›komm!‹ (*Jděte trochu rychleji*! ›Geht ein bisschen schneller!‹ *Pojď sem*! ›Komm her!‹ *Pojďte s námi do kina.* ›Kommt mit uns ins Kino.‹).

Der negative Imperativ wird oft vom Verb des unvollendeten Aspekts gebildet: *Nikomu neotvírej! Nic nekupuj! Nikam nechoď! Neraď mi pořád!*, oft – insbesondere bei einer Mahnung oder auch abhängig von der Bedeutung – aber auch vom Verb des vollendeten Aspekts: *Nic nekup! Neztrať klíče! Nepíchni se!*

Der Imperativ als indirekte Aufforderung an die 3. Person Singular oder Plural: *Ať žije …!* ›Es lebe …!‹; *ať to udělá, nedělá, nemluví; ať se o to raději nestarají*

Übungen

1. Tragen Sie die Imperativformen in die Tabellen ein!

I. Klasse daj-í Vokalwechsel: aj – ej dělaj-í dělej! maj-í měj!	dělat mít dát poznat	
II. Klasse myj-í, směj-í se, kupuj-í	kupovat smát se chtít přát si hrát	
III. Klasse zacházej-í, pokoušej-í se, sázej-í, přiváděj-í	rozumět přemýšlet krájet nepodvádět	
III. Klasse pros-í , skrč-í se, zkus-í, půjč-í, snaž-í se t, d, n – ť, ď, ň: chod-í – choď! plat-í – plať! let-í – leť! Kürzung des Stammvokals: slíb-í – slib! ou im Stamm – u: kouř-í – kuř! soud-í – suď!	mlčet pokusit se bát se dohonit změnit ztratit pustit vrátit chránit navštívit vystoupit koupit	
III. Klasse unregelmäßige Bildung pospíš-í si – pospěš si! stoj-í – stůj! jed-í – jez! pověd-í – pověz!	sníst stát odpovědět	
IV. Klasse Ausnahmen: -ej, -ejte lámou – lámej! koupou – koupej!	chápat kopat skákat kousat	

IV. Klasse d, t, n – ď, ť, ň ved-ou – veď! bud-ou – buď! promin-ou – promiň! půjdou – pojď!	jet stát se prominout zapomenout vzpomenout si plést	
IV. Klasse plav-ou, peč-ou, maž-ou Vokalkürzung: pláč-ou – neplač! váž-ou – važ!, píš-ou – piš!	nést řezat obléci utéci brát psát zakázat	
unregelmäßig: pomoh-ou – pomoz!	vypomoci	
III. Klasse mysl-í – mysli! brusl-í – brusli!	vysvětlit kreslit	
IV. Klasse otevř-ou – otevři! lž-ou – nelži! pošl-ou, pošli!	zavřít poslat lhát	
III. Klasse sp-í – spi! spěme! spěte! pomst-í se – pomsti se! brzd-í – brzdi!	spát brzdit vyčistit	
IV. Klasse Konsonant + v, n, m, p, d, t vor -ou: rv-ou – rvi! rvěte! řekn-ou – řeki! řekněte! tiskn-ou – tiskni! tiskněte! přijm-ou – přijmi! přijměte! začn-ou – začni! začněte! vezm-ou – vezmi! vezměte! čt-ou, jd-ou – čti! Jdi!	zvát říci začít číst vzít přijmout zapnout zamknout vytisknout zvednout spadnout	

2. Bilden Sie die Imperativformen!

1. (Dávat) pozor, (neupadnout)!
2. (Říci) mi, až budeš s prací hotový.
3. (Zavřít) okna, (vypnout) proud a (zamknout).
4. Klidně ještě chvíli (spát), já tě vzbudím včas.
5. (Vysvětlit) mi to, prosím tě ještě jednou.
6. (Nesmát) se mu.
7. (Obléci) si něco teplého, je chladno.
8. Když se tě na to ptá, tak (odpovědět).
9. Když potřebuje pomoc, tak mu přece (pomoci).
10. (Dát) mu s sebou klíče.
11. (Mít) trpělivost.
12. (Nebýt) smutný.
13. (Neskákat) tady pořád kolem nás.
14. Nic (neslibovat), co nemůžeš splnit.
15. Ničeho se (nebát), jsme tu s tebou.
16. (Nezapomenout) tady tašku.
17. (Vzpomenout) si, kam jsi to položil.
18. (Nestát) tady, (sednout) si.
19. (Prominout), to jsem nechtěl.
20. (Zůstat) tu ještě chvíli.
21. (Neurážet) ho pořád, vždyť ti nic špatného nedělá.
22. (Chápat), že to musíme udělat jinak.
23. (Nekouřit) tady, prosím vás, můžete kouřit na terase.
24. Konečná stanice, prosíme, (vystoupit).
25. (Neplést) se do mých záležitostí.
26. (Zakázat) mu konečně to kouření.
27. (Vzít) si s sebou deštník.
28. (Dovézt) jim jejich zavazadla až do hotelu.
29. (Nešlapat) na trávník.
30. (Napsat) mi tady jejich adresu.
31. (Poslat) jim pozdrav z dovolené.
32. (Zavázat) si boty, ať nezakopneš.
33. Vidíš přece, že tomu pánovi upadla hůl, (zvednout) mu ji.
34. (Vstát), ať si může sednout někdo starší.
35. (Brzdit), (nejet) tak rychle.
36. (Neplakat), za chvíli to přestane bolet.
37. (Nehonit) se tolik, máme dost času.
38. (Nebrat) si to tak k srdci.
39. (Nelhat), (nevymýšlet) si, to přece nemůže být pravda.
40. (Ukončit) výstup a nástup, dveře se zavírají.
41. (Upéct) nám bábovku.
42. (Nekazit) mu náladu nějakými zbytečnými problémy.

3. Übersetzen Sie!

Beeile dich! Hab keine Angst! Geh nicht hin! Komm her! Kommt mal alle hierher! Lies das! Schreib mir mal! Versuch das! Setzen Sie sich hin! Steh auf! Ruf mich an! Sagen Sie es uns! Bleibt stehen! Lüge nicht! Schalte das Licht aus! Denk nach! Überleg dir das mal! Erinnere dich! Vergiss es! Antworten Sie! Hilf mir doch! Fangt an! Sei ruhig! Steigen Sie aus! Besuchen Sie uns wieder! Nimm es mir nicht weg! Entschuldigen Sie bitte. Es waren dort, sagen wir, hundert Zuschauer. Geh ein bisschen langsamer!

23 Adverbien

Die Adverbien signalisieren oder nennen verschiedenartige (lokale, temporale, modale, kausale u.a.) Umstände oder Relationen innerhalb eines Satzes oder zwischen Sätzen. Sie haben formale oder/und funktionale Gemeinsamkeiten mit einigen anderen Wortarten.

Die Adjektivadverbien sind semantisch (auch sie drücken Merkmale aus) und z.T. auch grammatisch (viele werden kompariert) mit den Adjektiven (→ Das Adjektiv) verwandt. Im Unterschied zu den Adjektiven sind sie jedoch als Merkmal selbstständig, sie können Verben, Adjektive, Adverbien und Substantive sowie ganze Aussagen betreffen.

Die sog. Pronominaladverbien sind mit den Pronomen »verwandt« (→ Die Pronomen). Sie erfüllen unterschiedliche syntaktische Funktionen (→ Die Satzarten) und unterteilen sich – wie die Pronomen – in:

- Frageadverbien (*kam? jak? proč?* u.a.)
- Demonstrativadverbien (*tam, tady, tu, teď, tehdy, tak, tudy, jinudy, jinak, jinde* u.a.)
- Relativadverbien (*tam, kde, tak, jak* u.a.)
- (In)definitadverbien (*někde, leckde, všude, nikde, někdy, vždycky, kdykoli, jakkoli* u.a.)

In Sätzen mit den Definitadverbien wie *nikdy, nikde, nikudy, nikam, nijak* kommt es zur doppelten oder mehrfachen Verneinung, z.B. *nikdy nikam nechodí, nikde nebyl, nijak se mit am nechce* (→ Pronomen, → Verb). Frageadverbien erfüllen wie die Konjunktionen signalisierende Funktionen.

Eine ganze Menge der Adverbien sind jedoch nicht mit einer anderen Wortart direkt vergleichbar, sie drücken allgemein oder auch sehr konkret anschaulich Merkmale, Umstände und Relationen aus. Sie haben verschiedene Formen: *ještě, už, až, jen, sice, přece, teprve, skoro, asi*; sehr oft sind es erstarrte präpositionale Verbindungen, Kasus der Substantive, Verbformen, wie: *dokořán, nadoraz, znovu, pozvolna, doslova, celkem, vcelku, očividně, bezesporu, veskrze, skrznaskrz, okamžitě, vzápětí, vestoje, zhurta, doma, dole, nahoře, vedle, uvnitř, uprostřed, loni, dnes, zítra, zjara, hodně, mnohem, trochu, jen, asi, snad, pravděpodobně, samozřejmě* u.a.m.

Adverbien mit lokaler Bedeutung

Dies sind neben den Pronominaladverbien (wie *kde, někde, kdekoli, nikde, všude, jinde, tu, tady, odkud, odtud, odsud, odjinud, odnikud, kudy, tudy, jinudy, kam, tam, nikam, kamkoli, jinam, kamsi, leckde*) z.B. *nahoře, dole, vlevo, vpravo, shora, zdola, vedle, uvnitř, uprostřed, stranou, zleva, zespodu, odsud, horem, dolem, nahoru, dolů, dospodu, vpředu, vzadu.*

Die Adverbien *až* und *hned* in Verbindung mit den lokalen Angaben

až (→ Konjunktionen)

Das multifunktionale Adverb *až* hat in Verbindung mit den lokalen Angaben die Bedeutung einer Grenze, evtl. einer äußersten Grenze:

- *kam? až* ›bis zum, an …‹, *až* + Adverb, *až k* + D. , *až na* + A., *až do* + G. sowie andere lokale Präpositionen auf die Frage *kam?* in Verbindung mit einem Substantiv, evtl. Pronomen, z.B. *Doprovodím tě až ke dveřím. Došel pěšky až nahoru. Cesta pro auta vede až na vrchol.*
- *kde?* až ›ganz, ganz am …‹ *až* + Adverb, *až na* + P., *až u* + G., *až nad* + I.
- andere lokale Präpositionen auf die Frage *kde*? in Verbindung mit einem Substantiv, evtl. Pronomen, z.B. *bylo to až (úplně) dole, je to až nahoře, až na konci vesnice.*

hned ›gleich, unmittelbar‹

- *kde? hned* + Adverb, *hned na* + P. , *hned u* + G., *hned za* + I., *hned vedle* + G.
- andere lokale Präpositionen auf die Frage *kde*? in Verbindung mit einem Substantiv, evtl. Pronomen, z.B. *Klíče leží hned nahoře. Bydlíme hned u školy. Najdeš to hned v první zásuvce.*

Adverbien mit temporaler Bedeutung

Dies sind neben den Pronominaladverbien (wie *kdy, někdy, nikdy, kdykoli, tehdy, teď, jindy, odkdy, dokdy, leckdy, málokdy, dosud, doposud*) z.B. *často, pořád, stále, nejednou, příště, teď, potom, loni, dnes, zítra, zjara, odjakživa, týdně, dennodenně.*

Die Adverbien *ještě* ›noch‹, *už* ›schon, bereits‹, *až* ›erst, bis‹, *teprve* ›erst‹ und *hned* ›gleich‹ in Verbindung mit temporalen Angaben.

- *ještě* + temporales Adverb + erweitertes Substantiv mit temporaler Bedeutung im A., *ještě* v + P. oder A., *před* + I., z.B. *ještě v neděli, ještě v lednu, ještě před nedávnem, před měsícem, půjdu tam ještě dnes, budeme tam ještě zítra, ještě příští neděli*
- *už* + Adverb + erweitertes Substantiv mit temporaler Bedeutung im A., *už* + Präposition *v* + P., *už na* + P., *už za* + A. sowie mehrere andere temporale Präpositionen: z.B. *už dnes, zítra, už v neděli, už na začátku, už v tomto týdnu* | *už minulou neděli, už tento týden* | *už za týden, za měsíc* | *je to už týden, jsou mu už tři roky*
- *až/teprve* + temporales Adverb + erweitertes Substantiv mit temporaler Bedeutung im A., *až/teprve na začátku, konci* + G., *až/teprve ke konci* + G., *až/teprve za* + A., z.B.: *až/teprve zítra, potom, na začátku představení, na konci představení, ke konci týdne, za týden, za dvě hodiny, příští neděli; otevřou zase až, až zase zítra; teprve zítra*
- *až do* + G. des Substantivs mit temporaler Bedeutung; synonym *do* + G. (→ Präpositionen), z.B. *až do pátku, až do soboty, až do října, až do listopadu*
- *hned* + Adverb + erweitertes Substantiv mit temporaler Bedeutung im A., *hned v* + P., *hned po* + P., *hned na začátku, hned začátkem* + G., z.B.: *hned na začátku roku, začátkem roku, tento týden, hned zítra, hned v neděli, hned teď*

- *teprve* = *jen*, *pouze*, *ne více než* ›erst‹, z.B. *je mu teprve rok, je to teprve týden, máme ho teprve měsíc, byli jsme tam teprve jednou, pracuje tu teprve měsíc* ›erst seit einem Monat‹

Temporale Adverbien in Verbindung mit den Verben und die Konsequenzen für den verbalen Aspekt:

- Adverbien, die einen ununterbrochenen Zeitverlauf signalisieren, wie *pořád*, *stále*, *neustále*, *ještě pořád*, *nepřetržitě* verbinden sich nur mit den unvollendeten Verben, z.B. *pořád se mne ptá; pořád mne vyrušuje, ruší, budí; stále přicházejí nové návrhy; nepřetržitě prší; ještě pořád ten článek píše*
- Adverbien, die einen wiederkehrenden Moment oder Zeitpunkt signalisieren, wie *vždy*, *vždycky*, *nikdy*, *vždy znovu*, *vždycky znovu*, *po každé*, *často*, *málokdy*, verbinden sich mit den unvollendeten und vollendeten Verben, z.B.:

  tam se vždy rád vracel/vrátil
  vždycky se mne ptá/zeptá
  vždycky mne vyrušuje, mně ruší/vyruší
  vždy(cky) znovu mne budí/probudí; vždycky se rozčiluje / se rozčílí
  vždycky ráno prší / se ráno rozprší

Anmerkung: *vždycky* verbindet sich nur mit den positiven, *nikdy* nur mit den negativen Verben: *Vždycky se zeptá/ptá. Nikdy se nezeptá/neptá.* (Vgl. dt. immer – nie, nimmer).

Adverbien mit modaler Bedeutung

Neben Pronominaladverbien (wie *jak, nějak, nijak, jinak, tak, takto, takhle, jakkoli, lecjak*) gibt es viele modale Adverbien mit zahlreichen Funktionen, z.B. *hodně, značně, dokořán, nadoraz, doslova, zapotřebí, dál, hlady, mlčky, mnohem, trochu, jen, ještě, také, asi, snad, pravděpodobně, samozřejmě.*

Konstruktionen mit den sog. Prädikativa

Hierbei handelt es sich um die Verbindung des Verbs *být* (positiv oder negativ) mit Adverbien, die eine Möglichkeit, Notwendigkeit u.ä. des durch einen Infinitiv oder einen Nebensatz vertretenen Geschehens ausdrücken. Sie verbinden sich mit vollendeten und unvollendeten Verben.

Das Subjekt ist in diesen Konstruktionen allgemein gemeint und wird nicht ausgedrückt (→ Satzglieder, Subjekt). Die Konstruktionen sind sehr häufig, vor allem in der offiziellen bzw, schrift-/buchsprachlichen Kommunikation. Es sind:

- *lze*/*nelze* – (buchsprachlich) mit einem integrierten Verb, ›es lässt sich (nicht) ..., man kann (nicht) ...‹, es folgt obligatorisch der Infinitiv eines Vollverbs und evtl. ein Nebensatz. Die Konjunktion des Nebensatzes (→ Konjunktionen) richtet sich nach dem Vollverb:

lze říci, že; lze se domnívat, že …
nelze se tomu divit; nelze se divit, že; nelze říci, že …
nelze někoho nutit, aby …; nelze někomu radit, aby … jak
nelze někomu vysvětlovat, že … jak … proč u.a.

- *je/není třeba, je/není zapotřebí, není radno, je záhodno, bylo by záhodno, bylo by třeba* – immer in Verbindung mit der Kopula: *to je/není třeba, to je/není zapotřebí, to není radno.* Ein Vollverb im Infinitiv ist nicht obligatorisch, jedoch häufig, genauso wie ein Nebensatz. Die Konjunktion des Nebensatzes richtet sich nach dem Vollverb:

  Není radno se na ně spoléhat.
  Je třeba se o to snažit. Je zapotřebí sledovat stále pohyb cen.
  Je třeba se snažit o to, aby byly práce dokončeny v termínu. Je třeba se přesvědčit o tom, zda/jestli byly plány předloženy včas.

  Wenn der Nebensatz unmittelbar nach dem Adverb folgt, ist die Konjunktion immer *aby* (→ Konjunktionen): *Je třeba/Je zapotřebí, abyste se o výsledcích přesvědčili. Bylo by radno/záhodno, aby se o to postaral.*

- *nutno, možno* – (buchsprachlich) mit oder ohne Kopula, mit einem obligatorischen Infinitiv und einem evtl. Nebensatz:

  (je) možno říci, že …
  není možno to nevidět
  (je) nutno ještě podotknout
  není nutno pochybovat o tom, že …

- Aktuell werden eher lange Adjektive *je nutné, je možné* mit einer obligatorischen Kopula, jedoch nicht mit einem obligatorischen Infinitiv eines Vollverbs verwendet. Der Nebensatz kann unmittelbar nach dem Prädikativum folgen. Die Konjunktion ist dann:
  - bei *je nutné* sowie bei *je možné* (im Sinne *mít možnost* ›die Möglichkeit haben‹) immer *aby*: *je nutné si tu chybu přiznat; je nutné, abychom si přiznali naše chyby, je možné, abychom naše chyby opravili*
  - bei *je možné* (im Sinne ›es ist möglich, kann sein‹) bei einem positiven Verb *že*: *je možné se zmýlit; je možné, že se zmýlil*
  - bei einem negativen Verb neben *že*, oft *aby*: *není možné, že to neví; není možné, aby to nevěděl*

  Folgt der Nebensatz nach dem Verb im Infinitiv, richtet sich die Konjunktion nach dem Verb: *Je nutné si přiznat, že jsme se mýlili. Je nutné vyžadovat, aby se termíny dodržovaly.*

Adverbien des Grades, des Maßes, der Intensität eines Merkmals und die Konstruktionen des Vergleichs

- Adverbien des Grades absolut: + Positiv des Adjektivs, Adjektivadverbs:
  poněkud, trochu, trošku, dost, hodně, moc, velmi, příliš, ažaž, víc, méně, víc než dost, značně (ne) tak, (ne) tolik, asi tak, stejně, přibližně tak, skoro tak

- Adverbien des Grades (bzw. präpositionale Gruppen) relativ, beim Vergleich der Merkmale: + Komparativ des Adjektivs, Adjektivadverbs:
  mnohem, daleko, o kus, kousek, o kousek o něco, o něco málo, o málo, o trochu, o dost o mnoho, o hodně

Die Adjektive und (Adjektiv-)Adverbien, die explizit einen Vergleich nennen, verbinden sich mit den entsprechenden Vergleichsadverbien: *stejný* bzw. *stejně* + *jako*; *jiný* bzw. *jinak, jindy, jinam, jinde* + *než*

Die Adjektive und Adjektivadverbien in den jeweiligen Komparationsstufen (→ Adjektiv, Komparation des Adjektivs und Adjektivadverbs) werden

- im direkten Vergleich verwendet; es handelt sich um Vergleichskonstruktion mit mehreren genannten Vergleichsgrößen.
- im indirekten Vergleich verwendet; hierbei wird nur eine Vergleichsgröße genannt, die anderen ergeben sich aus der Situation / dem Kontext.

Die Angaben über den Grad, die Intensität u.ä. ergänzen die verglichenen Merkmale.

Direkter Vergleich, Vergleichskonstruktionen

- 1. Stufe: Vergleichsgröße A *je* … (*stejně, tak, asi tak, přibližně tak*) Adjektiv oder Adjektivadverb im Positiv + *jako* Vergleichsgröße B:

  Pan Novák je stejně starý jako náš tatínek. | Petr umí hrát na housle asi tak dobře jako Pavel. | Od nás je to do Havlíčkova Brodu stejně daleko jako z Brna. | Hana už je skoro tak velká jako její maminka.

  stejný, stejně jako:

  Chci tu lavici natřít stejnou barvou jako je ten stůl. | Nalakujeme zahradní nábytek stejně jako loni.

- 2. Stufe: (*více*) Adjektiv oder Adjektivadverb im Komparativ + *než*:

  Pan Novák je (o trochu; o něco málo; mnohem) starší než náš tatínek. | Od nás je to do Havlíčkova Brodu (o trochu; trochu) dál než z Brna. | Petr umí hrát na housle (daleko; mnohem) lépe než Pavel. | Hana už je (mnohem; o dost; o trochu) větší než její maminka.

  jiný, jinak než:

  Chci tu lavici natřít jinou barvou než je ten stůl. | Nalakujeme zahradní nábytek jinak než loni.

- 3. Stufe: Adjektiv oder Adjektivadverb im Superlativ + Präposition z + G., *nejstarší, nejdále z* (Präposition + G.), evtl. auch andere Konstruktionen, Ergänzungen, z.B. v (Präposition + P.)

  Pan Novák je nejstarší z rodiny. | *Petr hraje na housle nelépe ze třídy.* | *Ta vesnice je od Brna nejdál.* | *Koupil nejlepší jablka, která měli.* (›..., die es gab.‹)

Indirekter Vergleich

Jak vysoko mám ten obraz pověsit?

asi tak vysoko; výš; ne tak vysoko; trochu výš; takhle je to dost vysoko; mnohem níž; trochu víc nalevo, víc doprostřed, o kousek dál doprava, trošku víc nahoru usw.

Konjunktionale Adverbien (kausale, konzessive, konsekutive, explikative und andere Beziehungen)

Dies sind z.B.: *proto, vždyť, přece, totiž, jinak, stejně* (kausal: Grund, Einwand, Argument), *tedy, to* ›da‹ (explikativ), *tudíž, a tak, takže* (konsekutiv), *přesto, přece, přece jen*[*om*], *nicméně* (konzessiv) sowie *a což teprve, to teprve ne, to už vůbec ne, nadto, obzvláště když, dokonce* (gradativ).

Sie signalisieren – vergleichbar den Konjunktionen – kausale, konzessive und andere Relationen innerhalb eines Satzes und zwischen Sätzen. Sie sind häufig aus präpositionalen Verbindungen entstanden und verbinden sich oft mit Konjunktionen, z.B. *a proto, takže, ale přesto* (→ Konjunktionen).

Diese Adverbien stehen am Anfang des Satzes (*vždyť, nicméně, to, tedy, takže*), am Anfang oder nach der enklitischen Reihe (*proto, přesto, tudíž, nadto* u.a.), einige nur nach der enklitischen Reihe nur innerhalb des Satzes (*totiž*).

Übungen

1. Übersetzen Sie!

1. Ich sehe ihn nirgends.
2. Sie haben mich nie danach gefragt.
3. Das habe ich noch nie gehört.
4. Ich kann es nirgendwo finden.
5. Das hätte ich mir nie gedacht.
6. So habe ich es niemals gesagt.
7. Ich gehe nirgendwohin, ich bleibe zu Hause.
8. Man soll nie nie sagen.
9. Nirgendwo gefällt es ihm, er hat noch nie etwas gelobt.

2. Übersetzen Sie!

1. Er wohnt ganz am Ende des Dorfes.
2. Ich wohne gleich hinter dem Tor links.
3. Die Schlüssel lagen in der Schublade ganz unten.
4. Das musst du finden, es ist gleich oben.
5. Sie müssen die Straße ganz nach unten gehen und dann ist es gleich in der ersten Straße rechts, das erste Haus links.
6. Er begleitete uns bis vor die Tür.
7. Das Buch ist ganz oben im Regal.
8. Wir wohnen ganz oben unter dem Dach.

3. Übersetzen Sie!

1. Wir warten bis Freitag und dann rufen wir dort an.
2. Du musst noch heute hingehen.
3. Die Nachricht kam gleich am Anfang der Woche.
4. Wir werden die Arbeit gleich diese Woche erledigen.
5. Ich dachte, dass sie schon nächsten Freitag kommen, aber sie kommen erst nächsten Sonntag.
6. Ich werde es erst am Ende der Verhandlungen erfahren.
7. Die Bauarbeiten fangen schon im April an.
8. Vor kurzem war er noch hier.
9. Er arbeitet hier erst seit einem Monat.
10. Es ist schon zwei Wochen her.

4. Bestimmen Sie, wann unvollendete und vollendete bzw. nur unvollendete Verben korrekt sind!

Pořád ti to (řeknu/říkám) a ty to pořád (zapomeneš/zapomínáš). Vždycky (zavře/zavírá) okna a (zamkne/zamyká) dveře. Nikdy (nezavře/nezavírá) okna a (nezamkne/nezamyká) dveře. Musíte to po každé (kontrolovat/zkontrolovat). Ještě pořád to (sním/jím). Neustále ho o tom (přesvědčili/přesvědčovali). Stále se (zvýší/zvyšují) ceny. Opravy se musí (provést/provádět) neustále. Vždy znovu se na tebe (zeptá/ptá). Ještě pořád se (rozloučí/loučí). Stále mu to (vytknou/vytýkají). Naše nakladatelství stále (vydá/vydává) knihy tohoto spisovatele. Ještě pořád si (prohlédne/prohlíží) staré fotografie. Vždycky si na mne (vzpomene/vzpomíná) a (pošle/posílá) mi pohlednice z cest. Ještě pořád se (navštívíte/navštěvujete)? Vždycky mi s úklidem (pomůže/pomáhá).

5. Bilden Sie Sätze mit *je nutno, je nutné, je třeba, je zapotřebí, je záhodno, radno* + Infinitiv sowie + Nebensatz. Achten Sie auf die Wortfolge!

Beispiel: Infinitiv: Je třeba pečovat o své zdraví.
Nebensatz: Je třeba, abychom/abyste/aby pečovali o své zdraví.

chránit přírodu, zkoušet nové metody, zajímat se o politické dění, poradit se s odborníky, pečovat o své zdraví, informovat se o hospodářských výsledcích, v klidu si všechno promyslet, nespěchat s rozhodnutím, postarat se o zlepšení situace, mít lepší výsledky

6. Bilden Sie Sätze mit *lze/nelze říci* und *možno, je/není možné říci* + Nebensatz!

Beispiel: Lze říci, že se více snaží chránit přírodu.

snažit se více chránit přírodu, zkoušet nové metody, více se v této době zajímat o politické dění, radit se stále s odborníky, v poslední době více pečovat o své zdraví, více se nyní informovat o hospodářských výsledcích, efektivně se postarat o zlepšení situace, mít daleko lepší výsledky, nijak nespěchat s rozhodnutím

7. Ergänzen Sie *jako* oder *než*!

Pojedeme jinam _____ minule. Čokoláda není stejně sladká _____ kakao. Auto je dražší _____ jízdní kolo. Naše město vypadá v některých čtvrtích skoro stejně _____ dříve, v některých čtvrtích úplně jinak _____ před dvaceti léty. Rybíz je kyselejší _____ jahody. Teď dostáváme poštu rychleji _____ předtím. Naše mužstvo hraje o trochu lépe _____ v lednu, ale pořád ještě ne tak dobře _____ v minulém roce. Jablečný mošt je méně sladký _____ limonáda. Cesta vlakem často netrvá tak dlouho _____ cesta autem, když má ale vlak zpoždění, tak je cesta mnohem delší _____ autem.

8. Übersetzen Sie! Bilden Sie Antworten!

Jak je ten dům starý?
so alt, wie das Nachbarhaus; nicht so alt; etwas älter/viel älter als das Nachbarhaus; es ist ziemlich alt; es ist das älteste Haus in unserer Stadt

Jak mám ten obraz pověsit?
mehr nach links; etwas nach rechts; mehr in die Mitte; etwas höher; viel höher; nicht so hoch; jetzt ist es zu niedrig; jetzt ist es hoch genug; jetzt ist es überhaupt nicht gerade; jetzt ist es erst recht nicht besser

Jak to mám udělat?
so/nicht; so wie gestern; anders als gestern; etwas besser/viel besser als Petr

Jak pracuje pan Novák?
gut; so gut wie andere; nicht so gut wie Herr Horák; viel zuverlässiger als andere; etwas zu langsam; zu langsam; ziemlich schnell

9. Ergänzen Sie die passenden konjunktionalen Adverbien!

__________ ses mne na to ptal! Já to __________ předělám, takhle se mi to nelíbí. __________ to chci vědět, abychom se mohli podle toho zařídit. Nesahej na to, __________ se spálíš. Ten obraz se mi __________ nelíbí, ten vedle __________ ne. On se jim __________ smál. Dnes už nikam nepůjdu, když už je tak pozdě a __________ prší. Už jsem to četla několikrát, ale __________ tomu nerozumím. Radili mu, aby přestal kouřit, ale on __________ kouří dál. On mi moc nepomohl, __________ vlastně vůbec ne. Slyším otevírat dveře __________ je určitě náš Pepík. Poradu odřekli, __________ můžeme jít domů. Tu knihu nemusím číst, už jsem ji __________ před léty četl. Já jim moc nevěřím, já je __________ dobře znám. To město je zajímavé, __________ tam chci jet ještě jednou. Měl by ses __________ jen přesvědčit, jestli jsi zamkl. Teď nemusíme tak spěchat, můžeme to __________ dokončit později.

24 Präpositionen

Präpositionen signalisieren lokale, temporale, modale oder kausale Beziehungen eines Verbs, Adjektivs oder Substantivs zu Substantiven, Pronomen, Numeralien oder auch Adverbien.

Außer dieser Funktion haben sie auch eine grammatische Funktion. Sie stellen die Verbindung zwischen einem Verb (oder einem Adjektiv) und seinem Objekt (→ Syntax, Satzglieder) bzw. eines Substantivs zu dem nicht kongruenten Attribut (→ Syntax, Satzglieder) her.

Die Präpositionen haben eine Rektion, d.h. sie bestimmen den Kasus des Substantivs oder Pronomens. Viele präpositionale Verbindungen sind lexikalisiert, z.B. Adverbien: *odjakživa, dokořán, doslova, nadoraz, pozvolnu, znovu, přesto, blízko, nedaleko* (→ Adverbien) sowie davon abgeleitete Adjektive: *doslovný, pozvolný* u.a.m.

Zum Lautwechsel j > n bei der Verbindung der Präpositionen mit den Personalpronomen *on, ona* … → Pronomen, Personalpronomen.

Die Rektion der Präpositionen

ursprüngliche Präpositionen	
eine einfache Rektion	Genitiv: bez, do, od, z, u, vedle, podél, podle Dativ: k, proti, oproti, naproti Akkusativ: pro, přes, ob, skrz Präpositiv: při, po
mehrfache Rektion	2 Kasus: Akkusativ, Präpostitiv: na, o, v Akkusativ, Instrumental: mezi, nad, pod, před 3 Kasus: Genitiv, Akkusativ, Instrumental: s, za
abgeleitete Präpositionen	
in der Regel eine einfache Rektion	Genitiv: místo, kromě, okolo, kolem, během, blízko, nedaleko, následkem, ohledně, pomocí, prostřednictvím, uprostřed, uvnitř, vně Dativ: vůči, vzdor, díky, kvůli Akkusativ: mimo, vyjma, nevyjímaje

sekundäre Präpositionen	
bestehen aus einer oder zwei (»Sandwich«) ursprünglichen Präpositionen und einem Substantiv, Adjektivadverb oder einer erstarrten Verbform	v souvislosti s + Instrumental vycházeje z + Genitiv nehledě k + Dativ v závislosti na + Präpositiv nezávisle na + Präpositiv vzhledem k + Dativ na úkor + Genitiv ve prospěch + Genitiv

Funktionen der Präpositionen

Als Signale lokaler, temporaler, modaler sowie kausaler Relationen werden im Tschechischen auch einfache Kasus verwendet. Es ist dies vor allem der Instrumental, aber evtl. auch der Akkusativ oder Genitiv.

Lokale Beziehungen

Präpositionen: *do, k, mezi, na, nad, ob, od, po, pod, podél, naproti, proti, před, přes, skrz, u, v, vedle, z, za, okolo, kolem, blízko, nedaleko, daleko od, mimo, uprostřed, doprostřed, dovnitř, uvnitř, vně* [signalisieren die Lage *kde*?, die Richtung *kam*? *odkud*? oder die Bewegung auf einem Weg, einer Route *kudy*?]

Gleiche Präpositionen, unterschiedliche Kasus auf die Fragen

na + P.: *kde?*	*nad, pod, před, za, mezi* + I.: *kde?*
na + A.: *kam?*	*nad, pod, před, za, mezi* + A.: *kam?*

Unterschiedliche Präpositionen auf die Fragen

v + P., *u* + G.: *kde?*	*uprostřed* + G., *uvnitř* + G.: *kde?*
do + G., *k* + D.: *kam?*	*doprostřed* + G., *dovnitř* + G.: *kam?*

Gleiche Präpositionen, gleiche Kasus auf die Fragen

- *vedle* + G.; *proti, naproti* + D.: *kde? kam?*
- *vně* + G., *v* + P., *na* + P., *u* + G.: *kde?*
- *od* + G., *z* + G.: *odkud?*
- *blízko* + G., *nedaleko* + G., *daleko od* + G.: *kde?*
- *ob* + A.: *kde?*
- *podél* + G., *podle* + G., *kolem* + G., *okolo* + G., *mimo* + A., *přes* + A., *skrz* + A., *po* + P.: *kudy?* Auf welchem Wege, wo entlang? (sich bewegen auf einen Ort, durch einen Ort, entlang eines Ortes): *Kudy půjdeme?*
- I.: *kudy? čím? skrz co?*; *lesem, ulicí, průchodem, tímto, směrem*

Die Präpositionen do und na gehören zu den häufigsten tschechischen Wörtern – als lokale Präpositionen werden sie in gleichen Funktionen verwendet; oft ist der Unterschied nur usuell bedingt. Sie antworten auf die Frage ›wohin?‹ ›in, hinein, nach, zum‹.

do + G.

- bei Ländern, Regionen, Gebirgen, Städten: *do Čech, do Anglie, do Polska, do Prahy, do Brna, do Bratislavy, do Berlína, do Londýna, do Krkonoš, do Alp, do Jizerských hor*
- bei Gebäuden, Anlagen, Veranstaltungsorten, Parkanlagen, Institutionen, Arbeitsstätten: *do divadla, do cirkusu, do zoologické zahrady, do botanické zahrady, do muzea, do kabaretu, do parku, do školy, do ústavu, do nemocnice, do parlamentu, do továrny, do dílny, do spořitelny, do drogerie, do lékarny*
- bei Stadtvierteln entscheidet der Usus: *do Břevnova, do Bubenče, do Dejvic*

na + A.

- bei Inseln: *na Rujanu, na Krétu, na Island, na Maltu*
- auf die Oberfläche, etwas, was draußen und flach ist: *na Václavské náměstí, na nábřeží, na stadion, na hřiště, na plovarnu, na dvůr, na zahradu, na ulici, na silnici*
- bei Bergen, Hügeln: *na Sněžku, na Říp, na Šumavu, na Českomoravskou vrchovinu, jet na hory*
- bei Veranstaltungen: *na koncert, na přednášku, na film, na operu, na fotbal, na pouť, na výstavu, na trh, na ples*
- bei Stadtvierteln entscheidet der Usus: *na Smíchov, na Vinohrady, na Hradčany, na Pohořelec, na Letnou, na Malou Stranu*
- auch usuell bedingt: Ämter, Institutionen: *na radnici, na poštu, na univerzitu, na vysokou školu, na fakultu, na kliniku*
- Länder, Regionen: *na Moravu, na Slovensko*

Temporale Beziehungen

Präpositionen: *do, k, mezi, na, o, ob, nad, od , po , pod , před, přes, v, za, okolo, kolem, během* [signalisieren eine genaue oder ungefähre Zeit (Uhrzeit, Tageszeit ...) oder einen Zeitraum]

ein Kasus

- *během, do, od, kolem, okolo, z* + G.: *během týdne*
- *k* + D.: *k polední*
- *na, nad, ob, pod, přes* + A.
- *po* + P.: *po šesté hodině*
- *před, mezi* + I.: *před půlnocí*

zwei Kasus

- *v* + A. oder P.: *ve středu, ve dne v noci*
- *za* + G. oder A.: *za starých časů, za hodinu*

meistens feste Wendungen

- I.: *chvílemi, tou dobou, časem*
- A.: *minulou neděli, chvíli, celou věčnost*
- G.: *jednoho krásného dne*

Die Präposition *v*

- *v* + P.: *v noci, v/o půlnoci, v lednu, v tomto týdnu* – Ausnahme: *ve dne* (G. von *den*)
- *v* + A.: *v létě, v zimě*, aber: *na jaře, na podzim, v pondělí, v úterý, v jednu hodinu, ve dvě hodiny*

Die Präposition *za*

- *za* + G.: *za vlády Karla IV., za dob ..., za časů ..., přijet ještě za světla, už za tmy*
- *za* + A.: ›in (zwei ...) Stunden (Zeitraum)‹, z.B. *Za dvě hodiny napsal všechny dopisy. Za hodinu ujeli sotva deset kilometrů.* Der vollendete Aspekt ist obligatorisch, es handelt sich um eine Ergebnisfestlegung bzw. Bilanzierung [gleiche Funktion hat die Präposition *během* + G., z.B. *Během několika dnů práci ukončíme.*]. za (dvě ...) hodiny kann bedeuten: ›nach (zwei ...) Stunden, zwei Stunden später‹ [*po dvou ... hodinách, o dvě ... hodiny později*], z.B. *Za hodinu už byli v Plzni. Za hodinu už byl zase zpátky. Za hodinu to odevzdal.* Hier sind beide Aspekte möglich. Aus dem Kontext ist die gemeinte Bedeutung ersichtlich.

Die Präpositionen *z, od, do* bzw. *od – do*

- *z* ›von‹: *ze čtvrtka ... z pátku, z ledna ... z listopadu*
- *od* ›seit, ab, von ... an‹: *od začátku, od minulého roku, od příštího roku*
- *do* ›bis, bis zum‹: *do večera, až do večera*
- *od – do* ›von – bis‹: *od rána do večera, od deseti do dvou, od jara do zimy.* Anmerkung: *od, do ledna, října, listopadu, od čtvrtka, pátku* (→ Substantiv, Mask.); *od té doby, co; potom, co; do té doby, než* (→ Konjunktionen).

Modale Beziehungen

Präpositionen: *bez, do, k, na, nad, o, od, po, pod, podle, pro, při, s, u, v, z, za, pomocí, prostřednictvím, místo, kromě, vyjma, mimo, nevyjímaje, ohledně, oproti, vůči* [signalisieren vielfältige Beziehungen der Art und Weise, wie Methoden, Mittel, Instrument, Effekt, Begleitumstand u.a.m.; dazu werden in der Regel auch die Hinsicht, d.h. eine Betroffenheit, eine Einbezogenheit oder ein Ausschluss, ein Vergleich u.ä., gerechnet. Von Interesse ist bei diesen Beziehungen die Konkurrenz der präpositionalen Verbindungen mit den einfachen Kasus, vor allem mit dem Instrumental sowie auch eine enge Beziehung zu den Adverbien, z.B. *kromě nás tam nebyl nikdo = byli jsme tam jen my* (→ Adverbien). Bei den modalen Präpositionen spielt der Usus oft eine Rolle.]

Mittel

- I. – Art und Weise allgemein: *platit kartou, mluvit silným hlasem, znát jazyk slovem a písmem, ničili ho nezájmem, začalo to skandálem*
- *na* + A.: *auto na elektriku, hodiny na baterii;* alle Musikinstrumente: *hrát na housle, na klavír, na varhany*
- *na* + P. – Verkehrsmittel, auf denen man sitzt, steht bzw. sitzen oder stehen kann: *jezdit na kole, na lyžích, na sáňkách, na bobech, na lodi, na koni, na koloběžce, na tříkolce, na motorce, na mopedu, na bruslích, na traktoru*
- I. – Verkehrsmittel, in denen man sitzt oder steht: *vlakem, autem, letadlem, tramvají;* Körperbewegungen: *mávat rukou, kývat hlavou, otočit se k někomu zády, hýbat nohama;* Bewegungen mit einem Gegenstand, Arbeitsmittel, Gerät: *mávat praporkem, čistit kartáčem, nakrajet ostrým nožem*
- *na* + P. – an einem Gerät arbeiten: *ušít na šicím stroji, psát na computeru, smažit na grilu*
- *v* + P. – ein automatisches Gerät verwenden: *vyprat v pračce, upéct v troubě*
- I. – ein Mittel auftragen: *namazat krémem, zdobit šlehačkou*

Begleitumstände

- *při* + P., *s* + I., *bez* + G., *v* + P., *o* + P., *místo* + A., *za* + A.: *při jídle se nemluví; s přítelem, s jídlem roste chuť, s novým rokem přibyly starosti; bez zavazadel, bez potíží; v dobré náladě, v saku; být o hladu, žít o samotě; uděláme to místo/za tebe*

Effekt

- *k, do, pro, u* + verbales Substantiv: *to je k zbláznění, to není k vydržení, to je k neuvěření; až do vyčerpání; něco pro zasmání; je u vytržení*

Maßstab, Richtschnur

- *oproti/proti* + D., *podle* + G.: *oproti/proti všemu očekávání; podle možností, podle předpisu, podle zpráv*
- *nad/pod* + A.: *nad očekávání, pod vší kritiku*
- *pro/na* + A.: *pro něj to nic neznamená, na něj je to slabý výkon*
- *po* + P.: *po dělat něco po někom, být po někom*

Hinsicht

- *ohledně* + G., *vzhledem* k + D.: *ohledně nového návrhu; vzhledem k špatnému počasí, k nejasným výsledkům*
- *kromě/mimo* + G., *nevyjímaje* + G.: *kromě/mimo nás, nikoho nevyjímaje*
- *k/vůči* + D., *ve prospěch* + G., *na úkor* + G., *v* + P.: *To je k němu/vůči němu nespravedlivé; ve prospěch žáků; na úkor cestujících; utkání v šachu, mistrovství ve skocích na lyžích*

Vergleich

- *o* + A., *na* + A., *proti* + D.: *starší o tři roky; na prst silný; proti němu je malý*

Finale Beziehungen, Zweck

Die Präpositionen *k, na, od, do, po, pro, za*

- *k* + D.: *k ničemu, místa k sezení, k stání*
- *na* + A.: *pasta na zuby, chodit na houby*
- *od* + G.: *klíče od bytu, od toho tu jsme*
- *do* + G.: *sponka do vlasů, tkaničky do bot*
- *po* + P.: *jdi si po svých, po obchodech*
- *pro* + A.: *pro housky, pro děti do školky, pro všechny případy, jen pro zlost*
- *za* + I.: *jít za prací*
- *na* + A. substantiviertes Adjektiv (Femininum): *na dovolenou, na rozloučenou, na přilepšenou, jako na zavolanou*

Kausale Beziehungen

Die Präpositionen *díky, kvůli, na, následkem, od, pro, v, z*

- *na* + A.: *na povel, rozkaz*
- *pro* + A.: *pro nemoc zavřeno, pro stromy nevidět les*
- *v* + P.: *v dobrém úmyslu*
- *z* + G.: *z lenosti, ze strachu, z ochoty*
- *díky* + D.: *díky rychlé pomoci*
- *kvůli* + D.: *kvůli nepřesné informaci*
- *následkem* + G.: *následkem nehody*
- *od* + G.: *skvrna od ovoce*
- I.: *zrudnout vztekem, zlostí, způsobit něco vlastní nedbalostí, skákat radostí*

Konzessive Beziehungen

Die Präpositionen *přes, vzdor, navzdory*

- *přes* + A.: *přes varování*
- *vzdor* + D.: *vzdor vší píli*
- *navzdory* + D.: *navzdory všemu očekávání*

Konditionale Beziehungen

Die Präpositionen *při, za*

- *při* + P.: *při sněhu a náledí cesta uzavřena*
- *za* + G.: *za těchto podmínek*

Übungen

1. Ergänzen Sie die Kasusformen!

Kávu máš na ________________ (stůl). Mléko dám do ________________ (lednička). Pes leží pod ________________ (stůl). Auto stojí na ________________ (dvůr). Kolo máte pod ________________ (střecha). Bydlí naproti ________________ (nádraží). My bydlíme naproti ________________ (pošta). Jděte kolem ________________ (divadlo) a zahněte do ________________ (druhá ulice) vpravo. Nemáš jezdit po ________________ (chodník). Cesta kolem ________________ (svět) za osmdesát dní. Podívej se, jestli klíče nespadly na ________________ (země). Ukradli mu z ________________ (auto) tašku. Jak se vám daří v ________________ (nový byt)? Budeme se stěhovat do ________________ (Brno). Bydlí u ________________ (Písek). Bydlí v Bakově nad ________________ (Jizera). Naše babička nebydlí v ________________ (Kolín) nad ________________ (Rýn), ale v ________________ (Kolín) nad ________________ (Labe). V ________________ (noc) jsou teploty ještě pod ________________ (nula). Bydlí od nás jen ob ________________ (dům). Neseď na ________________ (země), ještě není tak teplo. Sousedé pod ________________ (my) a nad ________________ (my) jsou ________________ (příjemný člověk), ale se ________________ (soused) vedle ________________ (my) jsou někdy potíže. Pes běhal pořád okolo ________________ (my) a teď si lehl pod ________________ (strom). Cesta podél ________________ (řeka) je kratší. Nejkratší cesta je přes ________________ (park) a pak přes ________________ (most). Pojďte mezi ________________ (my)! Uprostřed ________________ (náměstí) je pomník Elišky Krásnohorské. Ta vesnice není daleko od ________________ (Praha). Uvnitř ________________ (dvůr) je malá fontána. Asi to je někde mezi ________________ (knihy). Z ________________ (divadlo) jsme se vrátili až kolem ________________ (půlnoc). Vrátil se krátce před ________________ (on). Hledáš klíče? Leží před ________________ (ty). Chtěli bydlet blíž k ________________ (rodiče). Psal na ________________ (tabule). Šel k ________________ (okno). Stál dlouho u ________________ (okno). Odešel od ________________ (okno). Jel k ________________ (přítel). Byl u ________________ (přítel). Přijel od ________________ (přítel). Šel k ________________ (lékař), přijde od ________________ (lékař) asi za hodinu. Vystoupil z ________________ (tramvaj). Půjdeme podél ________________ (řeka). Zapíšu si to do ________________ (kalendář). Napiš to na ________________ (tabule). Bydlí blízko ________________ (radnice). Držte se pořád podle ________________ (koleje), nemůžete zabloudit. Nenahýbej se z ________________ (okno)! Bydlí v ________________ (dům) u ________________ (les).

2. *Kam jel? Kde byl? Odkud přijel?* – Wählen Sie die korrekten Präpositionen und bilden Sie präpositionale Verbindungen!

Beispiel: Jel do města, byl ve městě, přijel z města.
Jel na koncert, byl na koncertě, přijel z koncertu.

Čechy, Anglie, Polsko, Praha, Brno, Bratislava, Berlín, Londýn, Krkonoše, Alpy, Jizerské hory, Kréta, Island, náměstí, nábřeží, stadion, hřiště, plovarna, Šumava, divadlo, cirkusu, zoologická zahrada, muzeum, kabaret, park, škola, ústav, nemocnice, parlament, dílna, spořitelna, drogerie, lékarna, přednáška, film, opera, fotbal, výstava, trh, ples, pošta, klinika, univerzita, vysoká škola, fakulta, Morava, Slovensko, Hradčany

3. Ergänzen Sie die Kasusformen!

Práce dokončíme během ____________________ (příští týden). Pracuje každý den do ________________ (osm hodin). Od ________________ (minulý rok) bydlí v Ostravě, od ________________ (příští rok) ale bude bydlit opět v Olomouci. Vrátím se kolem ________________ (čtyři hodiny). K ________________ (večer) začalo pršet. Scházíme se pravidelně ob ________________ (týden). Trvalo to něco přes ________________ (hodina). Před ________________________ (dva týdny) u nás byli na návštěvě. Od ________________ (březen) do ________________ (listopad) budu pracovat v Itálii. V ________________ (den) v ________________ (noc) na ně myslím. Do kina půjdeme ve ________________ (středa). Musím být s prací hotov do ________________ (čtvrtek). Kurzy máme od ________________ (pondělí) do ________________ (pátek). Na ________________ (jaro) a na ________________ (podzim) jezdíme ke strýčkovi do Trutnova. Kam pojedeš v ________________ (léto)? Univerzita Karlova byla založena za ________________ (vláda) Karla IV. Nesmíme odjet tak pozdě, chtěli bychom dojet domů ještě za ________________ (světlo). Zavolej mne až za ________________ (hodina). Tu knihu nemůžu přečíst za ________________________ (týden). Za ________________ (dva dny) k nám zase přišel. Po ________________ (pět týdnů) se uzdravil. V době mezi ________________ (pátý) a ________________ (dvacátý) dubnem nepojedou v naší ulici tramvaje. Od ________________ (kolik) do ________________ (kolik) hodin mají v tom obchodě v sobotu otevřeno? To se říkalo asi za ________________ (staré časy). Máš ještě noviny ze ________________ (středa)? Máme tu i časopisy z ________________ (leden) minulého roku. Na stadion budu chodit až v ________________ (zima).

4. Ergänzen Sie die präpositionalen Verbindungen!

Musím dojít ________________________ (chléb a mléko). Nejdříve se učil hrát ________________________ (housle), pak ________________ (klavír), později ale ________________ (trubka). Přišel ________________ (dobrá nálada). Nemůžeme dělat všechno ________________ (ty). Měl bys ________________ (horory) číst něco

_______________ (zasmání). Představení bylo _______________ (velký úspěch) opakováno. Nechodí plavat jenom _______________ (pohodlnost). Řídime se _______________ (zpráva o počasí). _______________ (já) se o to nikdo nezajímal. To opatření není _______________ (prospěch), ale _______________ (úkor) klientů. To snad není možné, to je _______________ (neuvěření). Naši sousedé odjeli včera _______________ (dovolená). Přicházíte jako _______________ (zavolaná)! Náš tatínek jezdil na podzim každou neděli _______________ (houby). _______________ (doporučení lékaře) nepřestal kouřit. _______________ (tak silný déšť) nepůjdeme _______________ (procházka). Rozešli se _______________ (úplná hloupost). Musíš _______________ (ona) být laskavější. _______________ (tvá pomoc) jsme práci stačili včas. V mládí jezdil rád _______________ (motorka). Je tady už jenom několik volných míst _______________ (stání). To divadelní představení je _______________ (všechna kritika). Udělal to _______________ (dobrý úmysl), a _______________ (ochota), ale přesto je ten výsledek _______________ (nic).

5. Ergänzen Sie die Kasusformen!

klíče od _______________ (byt)
návod k _______________ (použití)
lístky na _______________ (koncert)
bonbony proti _______________ (kašel)
přišel dopis od _______________ (teta)
kde máš noviny z _______________ (pátek)
předmluva k _______________ (román)
váza z _______________ (porcelán)
srdce ze _______________ (zlato)
láhve od _______________ (pivo)
program na _______________ (sobota)
dárek k _______________ (narozeniny)
kamarád ze _______________ (studia)
klec pro _______________ (papoušek)
hodiny s _______________ (kukačka)
oddělení pro _______________ (kuřák)
potřeby pro _______________ (rybář)
časopis pro _______________ (fotbalový fanoušek)
utkání v _______________ (hokej)
výlet do _______________ (hory)
výtah mimo _______________ (provoz)
jako slon v _______________ (porcelán)
důvěra k _______________ (lékař)

zámek na _______________ (kolo)
lístky do _______________ (divadlo)
brýle proti _______________ (slunce)
pohádka o _______________ (koza a sedm kůzlátek)
dárek pro _______________ (bratr)
žádost o _______________ (odklad zkoušky)
krabička od _______________ (zápalky)
nervy ze _______________ (železo)
pozvání na _______________ (oběd)
skleničky na _______________ (víno)
auto na _______________ (elektrika)
průchod pro _______________ (chodec)
skvrna od _______________ (olej)
řazení podle _______________ (abeceda)
prášek do _______________ (pečivo)
zmrzlina se _______________ (šlehačka)
past na _______________ (myš)
zelenina do _______________ (polévka)
rozhovor s _______________ (divák)
bouře ve _______________ (sklenice vody)
představení od _______________ (osm hodin)
volání o _______________ (pomoc)

6. Ergänzen Sie die Präpositionen!

kartáček _____ zuby; klíče _____ bytu; pasta _____ zuby; bonbony _____ kašli; album _____ mince; krém _____ ruce; sklenice _____ pivo; kartáč _____ vlasy; prášky _____ bolestem; prášky _____ spaní; krmení _____ rybičky; klíče/klíčky _____ auta; lžíce _____ boty; tkaničky _____ bot; přechod _____ chodce; kleštičky _____ cukr; potřeby _____ umělce; dveře _____ půdu; návod _____ použití; špinavý _____ bláta; mokrý _____ deště; nadaný _____ hudbu; zvědavý _____ odpověď; citlivý _____ kritiku; šikovný _____ ruce; pyšný _____ úspěch; odolný _____ horku; vhodný _____ děti

7. Ergänzen Sie die Präpositionen und die erforderlichen Kasusformen des Substantivs!

záviset ____________ (počasí)
myslet ____________ (bratr)
zapomínat ____________ (slib)
pečovat ____________ (své zdraví)
odpovídat ____________ (práce studentů)
přiznat se ____________ (krádež)
zlobit se ____________ (přítel)
stěžovat si ____________ (hluk)
zvítězit ____________ ____________ (mužstvo Sparty)
pochybovat ____________ ____________ (správnost výsledku)
prosit ____________ (pozornost)
toužit ____________ (sláva)
souhlasit ____________ (jeho názor)
laskavý ____________ (zákazníci)
vděčný ____________ (trpělivost)
obdiv ____________ (sportovec)
přemýšlet ____________ (problém)
vzpomínat si ____________ (dovolená)
zajímat se ____________ (filmy)
doufat ____________ (úspěch)
děkovat ____________ (pochopení)
spoléhat se ____________ (pomoc)
zvyknout si ____________ (pohodlí)
čekat ____________ (hosté)
lišit se ____________ (jiní)
stýská se jim ____________ (kamarádi)
zvolit ____________ (předseda)
přísný ____________ (studenti)
důvěra ____________ (učitel)
účast ____________ (schůze)

8. Ergänzen Sie die Kasusformen!

Od _____ (kdo) je ten dopis? Od _____ (Alena). Ke _____ (kdo) jedeš? Jedu k _____ (rodiče). Na _____ (kdo) myslíš? Na _____ (bratr). Pro _____ (kdo) jsou ty knihy? Pro ____________ (můj kamarád). Na _____ (kdo) čekáš? Na ____________ (pan Novák). O _____ (kdo) mluvíte? Mluvíme o ____________ (spisovatel Hrabal). S _____ (kdo) se sejdete večer? Sejdeme se s ____________ (naši přátelé z Polska). Z _____ (co) je ta hračka? Od _____ (co) jsou ty klíče? K _____ (co) to potřebuješ? O _____ (co) se Karel zajímá? O _____ (co) se bavíte? O _____ (co) se jedná? O _____ (co) je ten film? S _____ (co) ti můžu pomoci? Na _____ (co) čekáš? O _____ (co) mluvíš? Na _____ (co) máš ten sešit? S _____ (co) jsi tak nespokojený? Na _____ (co) je ta krabice? Můžu ti s _____ (to) pomoci? Rád bych ti s _____ (to) pomohl. Je s _____ (to) spokojený. Vím o

_____ (to). O _____ (to) se určitě zajímá. Za _____ (to) ti nikdo nepoděkuje. Za _____ (to) to nestojí. Proti _____ (to) nic nemám. To patří k _____ (to). Co z _____ (to) mám? Záleží mi na _____ (to). Trvám na _____ (to). Čekám na _____ (to). Mám z _____ (to) radost. Už se na _____ (to) těším. Do _____ (to) ti nic není. Od _____ (to) jsme tady. Podle _____ (to) se musíme řídit. Nevzpomínám si na _____ (to). Už na _____ (to) zapomněl. Na _____ (to) nás nikdo neupozornil. O _____ (to) nás neinformovali. Kvůli _____ (to) se nemusíte rozčilovat. Proti _____ (to) se nedá nic dělat. Co se dá pro _____ (to) udělat? Nic z _____ (to) nemám. Nikdy není s _____ (nic) spokojený. S _____ (něco) by snad spokojený být mohl. S _____ (nic) nám nepomůže. Nikdo se mne na _____ (nic) neptal. O _____ (nic) nic nevím. Podle _____ (něco) se musím řídit. Od _____ (nikdo) se nic nedověděl. Na _____ (někdo) si vzpomínám, na _____ (někdo) už jsem zapomněl. Mluvili o _____ (leccos) a _____ (leckdo). Zajímá se o _____ (leccos). O _____ (něco) jsme spolu mluvili, ale teď zrovna nevím, o _____ (co). Z _____ (nic) nemá radost. Na _____ (něco) se budou ptát. Můžou se tě zeptat na _____ (cokoli). Do _____ (všechno) se plete. Do _____ (všechno) strká nos. Pro _____ (všechno) se zlobí. Souhlasím se _____ (všechno).

9. Übersetzen Sie!

Ich freue mich darauf. Ich warte darauf. Ich weiß nichts davon. Was habe ich davon? Ich kann nichts dafür. Was ist daran so komisch? Was ist denn dabei? Davor habe ich keine Angst. Damit kann ich mich nicht aufhalten. Ich denke nicht daran. Ich erinnere mich nicht daran. Dafür interessiere ich mich nicht. Damit möchte ich nichts zu tun haben. Damit habe ich nichts zu tun. Darum hat dich keiner gebeten. Ich bitte dich darum.

10. Ergänzen Sie einfache oder Präpositionalkasus!

__________ (Cesta) domů se ještě prošel __________ (park). __________ (Který směr) mám jít? Dlouhou jízdou __________ (kolo) se unavili. Naši příbuzní bydlí až __________ (město). __________ (Chvíle) se díval __________ (okno), jestli přestalo pršet. __________ (Čas) si zvykl na nové okolí. Skončilo to __________ (hádka). Na plakátě byl __________ (velká písmena) napsán program představení. Pan Kubík mluví __________ (silný hlas), je ho slyšet už na chodbě. Petr má moc špatnou náladu, asi dneska vstal __________ (levá noha). Myslel, že to udělá __________ (levá ruka), ale teď vidí, že to není tak snadné. Oba bratři se od sebe liší __________ (povaha). K nehodě došlo jejich __________ (nepozornost). Je celý rudý __________ (zlost), musíme ho uklidnit. Vrazil __________ (rameno) do skříně a teď ho to bolí. Tu knihu ti __________ (díky) vracím, __________ (názor) autora ale vůbec nesouhlasím. Bohužel neumí šít __________ (šicí stroj). V podniku začali pracovat __________ (nová metoda). Všichni si myslí, že pan Hanák dostal své místo __________ (protekce). Vůbec __________ (on) nebyl spokojený, naznačil mu to __________ (pohled). Doufám, že ještě nezačne pršet a že přijdu domů __________ (suchá noha). Hostitelé nás zahrnuli ___________ (velká pozornost), ale nudili nás ___________ (historky) z dětství. Máš ráda švestkové knedlíky ___________ (mák) anebo ___________ (tvaroh)? Dort se musí ještě polít ___________ (čokoláda) a ozdobit ___________ (šlehačka). Na jednom obrázku je krajina pokrytá ___________ (sníh), na druhém louka posetá ___________ (květiny). Tímhle ___________ (tupý nůž) nemůžu nakrájet chléb, musím si ho nabrousit ___________ (brousek). Ke snídani jí nejraději chléb ___________ (máslo) a ___________ (med). Mám tu i sádlo, můžeš si namazat chléb ___________ (sádlo). Děkuji, ale nemám rád chléb ___________ (sádlo). Ty boty musíš pořádně vyčistit ___________ (kartáč). Dítě malovalo ___________ (vodové barvy), podle toho také vypadalo. Čím tam pojedeš, ___________ (vlak) nebo ___________ (auto)? Moje sestra hraje ___________ (housle), můj bratr ___________ (kytara). Ta deka se může prát ___________ (pračka). Už jako malý chlapec se naučil jezdit ___________ (lyže). Přišel k nám často ___________ (jeho přítel). Půjdu nejdřív domů, nechci tam jít ___________ (kufr). Pořád si nepamatuji, jestli ten ___________ (tmavé vlasy) je Petr anebo Milan. Oba mají tmavé vlasy, ale Milan je ten ___________ (vousy). Velmi se mi líbila její hra ___________ (klavír). Po městě jezdím nejraději ___________ (kolo), někdy také ___________ (tramvaj). Naše Hana jezdí ráda ___________ (kůň). Klára umí jezdit ___________ (lyže). Budete platit ___________ (karta)? Přijel ___________ (přítel) ___________ (auto).

25 Konjunktionen

Konjunktionen signalisieren bzw. verdeutlichen die Beziehungen zwischen den Satzteilen oder (hauptsächlich) den Sätzen in einem zusammengesetzten Satz. (→ Satzglieder)

Gleiche Funktionen erfüllen auch konjunktionale Adverbien, wie z.B. *přece, vždyť, přesto* (→ Adverbien), Pronomen, wie z.B. *ti, kteří; ten, co; čím – tím* (→ Pronomen), verbale Wortformen, vor allem der Infinitiv, z.B. *mít čas = kdybych měl čas* (→ Verb), präpositionale Verbindungen, wie z.B. *od té doby, co …; do té doby, než …* (→ Präpositionen).

Im Tschechischen gibt es verhältnismäßig viele synonyme Konjunktionen, die vor allem stilistisch deutlich voneinander abweichen, in der erwarteten Stilschicht jedoch sehr häufig sind. Buchsprachlich sind z.B. die Konjunktionen *nýbrž, byť, ač, -li, neboť, zda*.

Es gibt einfache (*a, ale, že, aby* u.a.) und paarige Konjunktionen (*buď – anebo, ani – ani, sice – ale* u.a.) sowie zusammengesetzte (*ale ani, místo aby* u.a.) koordinierende und subordinierende Konjunktionen:

koordinierende Konjunktionen (Auswahl)	subordinierende Konjunktionen (Auswahl)
kopulativ: a , i, ani, i – i; jak-tak; ani – ani adversativ: ale, avšak, však, kdežto, jenže, jenomže; sice – ale; zatímco disjunktiv: buď – anebo; nebo, či gradativ: nejen, že – ale i; nejen, že – ale ani, ale dokonce, natož, ne-li přímo kausal: neboť	final: aby Objektbeziehung: že, aby; zda, jestli temporal: když, až, jakmile, dokud, než, zatímco konditional: -li, jestliže, kdyby, když kausal: protože konzessiv: ačkoliv, přestože modal: až, než, jako že, jakoby, místo, aby; aniž by

Grammatische Besonderheiten der Konjunktionen

Wortfolge

Die Position der Konjunktionen ist festgelegt. Im Vorfeld werden die meisten Konjunktionen positioniert, so z.B. *že, protože, nebo, až, když, ačkoli*.

Die Konjunktion *-li* (immer verbunden mit einer Verbform (*bude-li, chcete-li*)) ist enklitisch. Das *-by* belegt den ersten Platz in der enklitischen Reihe, alle Konjunktionen mit diesem Bestandteil, wie *aby, kdyby, jakoby* u.a. stehen also »mit einem Bein« in der enklitischen Reihe. Die adversative Konjunktion *však* steht immer unmittelbar hinter der enklitischen Reihe.

Die Konjunktionen mit *-že* (*jestliže, přestože* u.a.) verhalten sich wie »že«, außer den adversativen Konjunktionen *jenže, jenomže*, die wie alle adversativen Konjunktionen vor dem Vorfeld stehen. Die adversative Konjunktion *zatímco* ist vor dem Vorfeld, die temporale im Vorfeld positioniert.

Die Position der Konjunktionen im Satz:

Konjunktionen vor dem Vorfeld kopulative und adversative koordinierende Konjunktionen	**Vorfeld**	**Mittelfeld** enklitische Konjunktionen, bzw. enklitische Bestandteile der Konjunktionen	**Nachfeld** die Konjunktion *ale* kann im Nachfeld positioniert werden
ale, a, jenže, zatímco …	(bude, chcete …)	-li	
ale, a	aby, kdyby, ledaže	(-by) by však, by se ho však	
ale, a	že, protože, ačkoli, nebo, buď …	by se ho	ptali ale ptali

Beispiele

A	on	se o to	postaral.
Ale	on	se o to	nestaral.
	On	se o to	ale nestaral.
	On	se o to však	nestaral.
	Protože	se o to	nestaral
	Budete-	-li si	přát, …
	Místo, aby	(-by) se ho	zeptal, …

Anmerkung: Die Position des Verbs ist im Tschechischen festgelegt, es gelten außerdem gleiche Regeln für den einfachen und den zusammengesetzten Satz; Konjunktionen üben keinen Einfluss auf die Wortfolge aus.

Die obligatorische Negation in Verbindung mit einigen Konjunktionen

ani ›nicht einmal, mal‹; *ani – ani* ›weder – noch‹: *Nepřišel ani Karel. Nechci ani limonádu, ani pivo. Nebudu si teď ani číst, ani spát, půjdu se projít.*

dokud + negatives Verb, vollendeter Aspekt: *zůstanu tady, dokud neusneš; dokud nepřijdeš, dokud to nedoděláme; zůstanu tady tak dlouho, dokud neusneš, dokud nepřijdeš, dokud to nedoděláme* (… *tak dlouho, dokud* … ist möglich, aber nicht notwendig)
až + positives Verb vollendeter Aspekt: *zůstanu tady tak dlouho, až usneš, až přijdeš, až to doděláme* (… *tak dlouho, až* … ist üblich)

dokud + positives Verb, unvollendeter Aspekt des Verbs: *zůstanu tady, dokud si budeš číst, dokud si to budeš přát*

Besonderheiten der Konjunktionen mit *-by*

Mehrere tschechische Konjunktionen bestehen aus einer Konjunktion oder einem Adverb + *by*: *aby* ›damit; dass; indirekte Aufforderung‹; *kdyby* ›wenn‹; *místo, aby* ›statt zu‹; *aniž by* ›ohne zu‹; *ledaže by* ›es sei denn‹; *jakoby* ›als ob‹; *než by* ›ehe, als dass‹

Diese Konjunktionen verlangen obligatorisch und ohne Ausnahme die vollständige Konditionalform des Verbs, unabhängig davon, ob es sich um eine konditionale Bedeutung (Funktion) handelt. Der Bestandteil *by* wird entsprechend dem Subjekt konjugiert (→ Verb, Konditional) und die dazu gehörende Form des l-Partizips diesem angepasst. [Zur Erinnerung: Das Reflexivpronomen *se* oder *si* verbindet sich in der 2. Person Singular mit *bys* in *aby sis, kdyby ses* usw. (→ Verb).]

Beispiele: *Oznamte nám to včas, abychom se podle toho mohli zařídit. Kdybyste si přáli, objednáme pro vás vstupenky. Místo, aby tu na nás počkali, už odešli bez nás.*
Pomohl nám při stěhování, aniž bychom ho museli prosit. Nepojedu tam, ledaže bys jel se mnou. Než bychom tady dlouho čekali na autobus, to raději půjdeme pěšky. Místo, aby ses mu smál, máš mu to raději pořádně vysvětlit.

Besonderheiten der Konjunktion *aby*

- Die Konjunktion *aby* signalisiert die finale Beziehung ›damit‹: *Oznamte nám to včas, abychom se podle toho mohli zařídit.*
- Die Konjunktion *aby* verbindet sich in der Objektfunktion ›dass‹ obligatorisch mit einigen Verben, die einen Wunsch, eine Bemühung, einen Willen, eine Forderung u.ä. ausdrücken: *přát si, snažit se, žádat, prosit, dávat pozor, zakázat, dovolit* u.a.: *Prosíme cestující, aby ve vlacích nekouřili. Přejeme si, aby se vám u nás líbilo. Snažím se, abych mu rozuměl.*

  Die Verben, die dies nicht betrifft, verbinden sich in der gleichen Funktion mit der Konjunktion *že*, z.B. *myslit si, že; vědět, že; vzpomenout si, že; doufat, že* u.a.: *Myslím si, že vám rozumím. Doufám, že vám tím pomůžeme. Vím, že se snažíš.*

  Die Konjunktionen *že* und *aby* sind in dieser Funktion synonym.
- Die Konjunktion *aby* wird in Sätzen mit der Bedeutung einer indirekten Aufforderung verwendet und entspricht dem deutschen ›sollen‹: *Řekli mu, aby přišel.* ›Man sagte ihm, dass er kommen soll.‹ Also: [*Petr*] *Řekl mu* [*Pavlovi*], *aby* [*Pavel*, evtl. *Honza*] *přišel.* ›Er sagte ihm, dass er kommen soll.‹ (Das Subjekt des Hauptsatzes kann nicht das Subjekt des Nebensatzes sein.)

  Die Verwendung der Konjunktion *že* signalisiert in der gleichen Konstruktion eine Feststellung: [*Petr*] *Řekl mu* [*Pavlovi*], *že* [*Petr*, evtl. *Honza*] *přijde.* ›[Petr] Er hat ihm [Paul] gesagt, dass er [Petr, evtl. Honza] kommt.‹ (Das Subjekt des Hauptsatzes kann das Subjekt des Nebensatzes sein.)

Besonderheiten der temporalen Konjunktionen *když, až*

- *když* (temporal) wird in Verbindung mit dem vergangenen und gegenwärtigen Geschehen, *až* in Verbindung mit dem zukünftigen Geschehen verwendet. Abhängig vom verbalen Aspekt signalisieren sie dann gleichzeitige Handlungen bzw. eine Handlung nach einer anderen, abgeschlossenen Handlung.
- *když* (konditional) verbindet sich auch mit dem Verb im Futur (unvollendet oder vollendet). Temporale Umstände spielen keine Rolle. Synonym sind die Konjunktionen *kdyby* und *jestliže*: *Když půjdu nakupovat, přinesu ti, co potřebuješ. Kdybych šla nakupovat, přinesla bych ti, co potřebuješ. Jestliže půjdu nakupovat, přinesu ti, co potřebuješ.*

Die Unterschiede im Gebrauch der Konjunktionen *jestliže* und *jestli*

Als konditionale Konjunktionen sind *jestliže* und *jestli* synonym, allerdings ist *jestli* in dieser Funktion umgangssprachlich. Stilistisch neutral ist *jestli* ›ob‹ in den indirekten Fragen, synonym zu der buchsprachlichen, jedoch häufigen Konjunktion *zda*: *Nevím, jestli už zprávu dostali. Chtěla bych vědět, jestli tu knihu mají. Nedověděli jsme se, zda jste náš dopis dostali. Nevěděli, zda se jim to vyplatí. Nebylo jasné, zda se výprava dostane na vrchol za světla.*

Übungen

1. Ordnen Sie die Wörter zu einem Satz!

1. setkat – s ním – chtěl – se – kdyby – tak – sobotu – v – by – možné – že – bylo – to – řekni
2. se – pokusím – hotový – do – byl – týdne – abych
3. mne – prosil – pomohl – mu – abych
4. a – přeji – já – mu – se – aby – líbilo – mu – to
5. si – nepřeje – mu – ses – smál – aby
6. přát – budete-li – si – objednáme – do – lístky – vám – divadla

2. Verwenden Sie die Konjunktionen *a, i, i – i, buď – anebo, ani, ani – ani, nejen – ale i* und bilden Sie Sätze!

Beispiel: Chodíme na procházky do parku nebo do lesa. Chodíme na procházky buď do parku nebo do lesa. Nechodíme ani do parku ani do lesa.

1. koupit jablka, broskve
2. jít do kina, do divadla
3. sázet jahody, rajčata
4. stavět rodinné domky, obytné domy
5. hrát kopanou, házenou
6. mít rád opery, muzikály

3. Ergänzen Sie positive oder negative Verbformen!

1. Nakonec ________________ (přijít) i Karel.
2. Přišel pozdě a ani se ________________ (omluvit).
3. Letos ________________ (sázet) ani jahody ani rajčata.
4. Loni jsme ________________ (sázet) jak jahody, tak rajčata, ale ________________ (sklidit) jsme ani jedno rajče.
5. Ani si ________________ (svléknout) kabát, musím jít hned dál.
6. ________________ (Brát) si s sebou i deštník, mohlo by pršet.
7. Večer budu doma, ________________ (jít) do kina ani do divadla.

4. Übersetzen Sie und verwenden Sie sowohl die Konjunktion *dokud* als auch (wenn möglich) *až*!

1. Ich bleibe hier so lange, bis sie nach Hause kommen.
2. Ich werde zu Hause warten, bis die Gäste anrufen.
3. Peter muss heute so lange arbeiten, bis er den Artikel geschrieben hat.
4. Die Gäste saßen mit uns so lange im Garten, bis es dunkel wurde.
5. Jetzt müssen wir warten, bis er antwortet.
6. Ich bleibe hier so lange, wie du es dir wünschst.

5. Ergänzen Sie die Verbformen!

abychom ________________ (přijít)
kdybychom ________________ (chtít)
kdybys ________________ (chtít), Milane
kdybys ________________ (chtít), Hano
kdybyste ________________ (chtít) – Siezen oder 3. Pers. Pl.
místo, abyste se ________________ (informovat) – Siezen oder 3. Pers. Pl.
aby se ________________ (zeptat) – 3. Pers. Sg. oder Pl.
místo, aby se ________________ (zeptat) – 3. Pers. Sg. oder Pl.
aniž by mu ________________ (napsat) – 3. Pers. Sg. oder Pl.
ledaže by si to ________________ (objednat) – 3. Pers. Sg. oder Pl.

6. Ergänzen Sie die Verbformen!

Vyzvali ho, aby se ________________ (přihlásit). Přeji si, abys ________________ (jít) se mnou. Chci, aby se ti to ________________ (líbit). Kdyby ________________ (ptát se), tak mu to řekni. Napíšu ti to sem, abys to ________________ (nezapomenout). Nepamatuji se, že by ho to ________________ (zajímat). Místo, aby se mne ________________ (zeptat), dělá to už zase špatně. Dělá, jakoby se ho to ________________ (netýkat). Kdyby se někdo ________________ (ptát), řekni jim, že přijdu v šest hodin. Místo aby ________________ (poděkovat), ještě se rozčiluje. Jistě máte také zájem na tom, aby práce rychle ________________ (pokračovat). Tváří se jakoby nás ________________ (neznat). Kdyby to ________________ (být) nutné, přijedeme o den dřív. Změnili jízdní řád, aniž by nám něco ________________ (sdělit).

7. Setzen Sie die passenden Konjunktionen ein!

1. Nepůjdu s vámi do kina, __________ mám ještě důležitou práci.
2. Buď ztícha, __________ může dítě spát.
3. Nemůže jet s námi na výlet, __________ k němu v neděli přijede na návštěvu jeho bratr.
4. Máte __________ ještě nějaké otázky, ptejte se.
5. __________ jsem mu to alespoň desetkrát připomínal, zapomněl na to.
6. __________ si nevzal pohodlné boty, bolely ho brzy nohy.
7. Musíš jít trochu rychleji, __________ ten vlak stihli.
8. __________ měl v neděli čas, pojeď s námi na výlet na kole.
9. Raději si to zapiš do kalendáře, __________ to nezapomněl.
10. __________ se ho na to zeptáš, určitě ti to rád vysvětlí.
11. __________ ses ho na to zeptal, určitě ti to vysvětlí.
12. __________ to ještě nevíš, tak si to přečti.
13. __________ to město dobře znám, v tomhle parku jsem ještě nebyl.
14. Půjč mi ten prospekt, __________ si to mohl podrobně přečíst.
15. __________ knihy od té spisovatelky ráda čtu, tahle kniha se mi vůbec nelíbí.
16. __________ mi nevěříš, tak se přesvědč.
17. Šel raději domů, __________ se s námi nemusel dívat na fotbal.
18. __________ na něj budeš křičet, tak tě už vůbec nebude poslouchat.
19. __________ na něj mluvil klidně, tak by tě poslouchal.
20. Nebudu se koupat, __________ je voda v řece ještě studená.
21. Každý den si to cvičení opakoval, __________ nevyšel ze cviku.
22. __________ vám to otevřené okno vadí, můžeme ho zavřít.
23. Nemůžu ti to říct, __________ to sám nevím.
24. Všichni byli zticha, __________ mohlo dítě spát.
25. Zajímáte __________ se o další podrobnosti, obraťe se na nás.

8. Ergänzen Sie die fehlenden Teile der Verbform!

aby __________ nedivil	›damit du dich nicht wunderst‹
kdyby __________ to přál	›wenn du es dir wünschst‹
kdyby __________ na to pořádně podíval	›wenn du es dir richtig anschauen würdest‹
radím ti, aby __________ to nekupoval	›ich rate dir, dass du es dir nicht kaufst‹

9. Übersetzen Sie!

1. Wenn Sie es sich wünschen, Frau Neumann, dann machen wir es so.
2. Ich bereite Ihnen alles vor, Herr Meier, damit Sie es nicht lange suchen müssen.
3. Ich wünsche Ihnen, dass Sie sich gut unterhalten.
4. Ich wünsche ihnen, dass sie sich gut unterhalten.
5. Ich will, dass es ihm gefällt.
6. Ich werde mich bemühen, dass ich ihn überzeuge.
7. Er bat mich, dass ich ihm helfe.
8. Wir wünschen Ihnen allen, dass Sie bald gesund werden.

10. Übersetzen Sie!

1. Falls ich ihn treffe, frage ich ihn.
2. Immer wenn ich ihn treffe, fragt er mich nach dir.
3. Als ich noch in Louny wohnte, war ich sehr oft bei meiner Tante Máňa zu Besuch.
4. Als er die Tür zugemacht hatte, stellte er fest, dass er keine Schlüssel hat.
5. Wenn es zu heiß ist, sitze ich lieber im Schatten.
6. Wenn ich wieder nach Louny komme, werde ich meine Tante besuchen.
7. Wenn es dir der Arzt verboten hat, dann solltest du nicht rauchen.
8. Es wäre sehr gut, wenn du dich etwas mehr konzentrieren könntest.
9. Teilen Sie uns mit, ob wir mit Ihrem Besuch rechnen können.
10. Ich weiß nicht, ob ihm das Buch gefallen wird.
11. Ich bin mir nicht sicher, ob es möglich ist.
12. Ich bin sicher, dass es nicht möglich ist.
13. Ich gab mir Mühe, aber ich weiß nicht, ob ich ihn überzeugt habe.

26 Besonderheiten der Satzglieder

Das Subjekt

Der Kasus des substantivischen und pronominalen Subjekts

Das Subjekt steht in der Regel im Nominativ. Beim gezählten Gegenstand (→ Numeralia) ist es nur bei *jeden, dva, tři, čtyři* der Fall, z.B. *jeden řidič*; *dva, tři, čtyři řidiči*; ab *pět* sowie bei unbestimmten Zahlwörtern steht das Subjekt im Genitiv, z.B. *pět, mnoho … řidičů*.

Der Infinitiv als Subjekt

Das Subjekt kann die Form eines Vollverb-Infinitivs (verbales Prädikat) oder eines Infinitivs der Kopula sowie eines Adjektivs oder Substantivs (nominales Prädikat) haben. Der Infinitiv gilt in diesem Fall als Neutrum Singular und das Prädikat hat immer die entsprechende Form. Der Infinitiv kann erweitert sein, wodurch ein sog. Halbsatz mit den entsprechenden Satzteilen entsteht. Beispiele: *Informovat se včas, je nutné. Nemá cenu se tím rozčilovat. Být vedoucím není vůbec jednoduché. Prosit Karla o něco by nemělo cenu. Smát se jim kvůli tomu není žádné řešení.*

Das elliptische Subjekt

Das elliptische Subjekt ist im Tschechischen sehr häufig, dadurch gibt es viele eingliedrige Sätze. Dies hat Konsequenzen für die Differenzierung der Satzarten (→ Satzarten, Satzmuster), und für die Wortfolge (→ Verb).

Das Subjekt ist elliptisch:

- kontextbedingt, Person und Numerus entsprechen dem im Kontext gemeinten Subjekt (z.B. *Přijeli ve čtvrtek.*) oder das Subjekt ist eindeutig der Form des Verbs (1., 2. Person) zu entnehmen (z.B. *Půjdeme tam.*).
- beim reflexiven Passiv, z.B. *Tam se někdy tancovalo až do rána. Stavělo se tu nepřetržitě dva roky.*
- bei dem sog. »institutionellen« Subjekt (gemeint sind die Angestellten, Beamten, Angehörigen der Institutionen, Medien u.ä. »das Amt«, oder auch ein nicht näher bestimmtes, allgemeines Subjekt, »man«), z.B. *Co hrají, co dávají v televizi? Říkali ve zprávách, že … Potvrzení mi nedali. Lístky už neměli. Nechali tam na hřišti běhat psy.*
- bei dem sog. »nicht existenten« Subjekt: Aussagen über Naturerscheinungen, Zustände, z.B. *Prší. Sněží. Hřmí. Blýská se. Je teplo. Je chladno.*

Prädikat und Subjekt

Das Prädikat kongruiert mit dem Subjekt in Person und Numerus (*já jdu, my jdeme*), die evtl. beteiligten Partizipien außerdem noch im Genus (*on byl, ona byla, my jsme byli*). Beispiele: *Studenti se shromáždili před univerzitou. Fotbalové mužstvo města získalo pohár. Můžeš mi s tou prací pomoci?*

Anmerkung: Die Kongruenz des Prädikats mit dem belebten oder unbelebten substantivischen Subjekt (→ Das Substantiv) zeigt sich in der Rechtschreibung: *studenti se shromáždili v aule; studentky se shromáždily v aule; studenti a studentky se shromáždili v aule; referent a studentky se shromáždili; děti* (Pl. Fem.) *si hrály; účastníci byli nadšeni; hrady byly navštěvovány* u.a.

In folgenden Fällen hat das Prädikat eine konstante Form, und zwar:

3. Person Neutrum Singular

- beim gezählten Gegenstand ab fünf (→ Numeralia), z.B. *pět, mnoho, řidičů stálo u svých aut; Bylo odesláno pět balíků a dva dopisy.*
- beim reflexiven Passiv, bei den reflexiven Formen, z.B. *stavělo se tam pořád; mně se tam nechtělo jít*
- beim »nicht existenten« Subjekt, z.B. *Setmělo se. Sněžilo. Bylo horko.*
- beim Infinitivsubjekt, z.B. *Doporučuje se pít denně nejméně litr vody. Být vedoucím není vůbec jednoduché. Být líný se nevyplácí.*

3. Person Maskulinum Plural

bei dem sog. »institutionellen« Subjekt, z.B. *Formulář mi nechtěli dát. Lístky už neměli. Co tam dnes hrají? Nepouštějí tam nikoho. Otevírají až v devět hodin.*

Das Prädikat

Das verbale oder nominale Prädikat besteht aus der finiten einfachen oder aus zusammengesetzten Verbformen. Das Prädikat wird oft durch modale sowie weitere Verben modifiziert. In bestimmten Fällen kann der Infinitiv die Prädikatfunktion übernehmen.

Der Infinitiv als Prädikat

Dieser wird in der modalen oder konditionalen Funktion verwendet. Bei dem nominalen Prädikat steht in diesem Falle immer die Kopula im Infinitiv. Dabei wird das Subjekt genannt oder nicht genannt, manchmal auch aus dem folgenden Satz oder nur aus dem situativen Kontext ersichtlich.

- Modale Funktion, z.B. *Proč to nezkusit? = Proč by se to nedalo zkusit? Proč bychom to nemohli zkusit?*

  Nevím, jak to udělat. = Nevím, jak by se to dalo, jak bych to mohl (jak bychom to mohli …) udělat.

  A co takhle být trochu přísnější? = Měli bychom být přece trochu přísnější.
- Konditionale Funktion, z.B. *Slyšet tě tatínek, tak se bude zlobit. = Kdyby tě slyšel tatínek, tak se bude zlobit.*

  Být trochu rychlejší, tak bychom to stihli. = Kdybychom byli trochu rychlejší, stihli bychom to.

Prädikative Verbindungen mit dem Infinitiv

- *mít* + Substantiv + Infinitiv, wie: *mít právo, mít povinnost, mít strach, mít schopnost, mít ve zvyku, mít odvahu, mít v úmyslu, mít čas* u.a., z.B. *mít právo se bránit*
- *být* + Adjektiv, evtl. Partizip Passiv + Infinitiv, wie: *být schopen/schopný, líný, povinen, ochoten, být zvyklý, být nucen*, evtl. *být odhodlán, rozhodnut* u.a., z.B. *být líný vstávat*
- *je/není* oder *má/nemá* + Pronomen *kdo, co* im vom Verb im Infinitiv geforderten Kasus oder Adverbien wie *kam, kde, kdy*
- *je/není* … unpersönlich, konstante Form des Prädikats, Neutrum Singular, Bedeutung: ›es gibt nichts …‹; buchsprachlich oder phraseologisch, z.B. *není o co stát* ›es ist nichts, was man sich wünschen würde‹; *není o čem mluvit* ›es gibt nichts, worüber man reden könnte‹
- *mám/nemám* – persönlich, neutral, häufig, z.B. *Nemám se čeho obávat.* ›Ich habe nichts zu befürchten.‹ *Nemám si kam sednout.*
- Akkusativ mit Infinitiv, d.h. die Verbindung der Verben *vidět* und *slyšet* mit dem Akkusativ und Infinitiv, mit der Bedeutung, eine Handlung, einen Zustand von jemandem zu vernehmen; es handelt sich um die Gleichzeitigkeit der Handlungen beider beteiligter Verben, z.B. *Vidím děti běhat na dvoře. Viděl jsem ho vcházet do domu. Slyšeli jsme sousedku hrát na klavír.*

  Eine Alternative für diese Konstruktion ist ein Duplexivsatz oder ein Objektsatz, z.B. *Viděl jsem, jak vchází do domu. Viděl jsem, že vchází do domu.*
- Die Verben *dovolit, povolit, zakázat, umožnit, přikázat, rozkázat* + Dativ + Infinitiv, z.B. *povolit někomu* (*opakovat zkoušku*), *zakázat někomu* (*kouřit*) mit den Alternativen Objektsatz.

Prädikative Ergänzung, der Duplexiv beim Prädikat

Hier wird ein Zustand, eine Charakteristik oder ein Umstand von einem Adjektiv begleitet. Im Tschechischen kongruiert der Duplexiv (ein – oft verbales – Adjektiv) obligatorisch mit dem Subjekt in Genus, Numerus und Kasus.

- beim verbalen Prädikat, z.B. *vrátil se zdravý; přijela domů spokojená*

  Es sind ebenfalls phraseologisierte Pronomen o.ä. möglich, z.B. *cítil se nesvůj, cítila se nesvá* ›er, sie fühlte sich nicht wohl in seiner/ihrer Haut‹
- beim nominalen Prädikat, z.B. *Pivo je dobré studené, správně vychlazené* (bedeutet: ›… ist gut, wenn es …‹)

Besonderheiten des mehrteiligen verbalen Prädikats

Das Prädikat wird oft durch Modal-, Phasen-, Bewegungsverben, Verba voluntatis sowie weitere Verben mit einer Infinitivbindung modifiziert oder erweitert. Diese Verben ordnen sich im Tschechischen in den prädikativen Block ein. Sie bilden eine Reihe mit der festgelegten Reihenfolge: Modal-, Phasenverb, Verbum voluntatis.

Beim nominalen Prädikat steht nach den modifizierenden Verben vor dem nominalen Teil des Prädikats der Infinitiv der Kopula, z.B. *Mohl by se konečně snažit být klidnější. Mohl by už začít být samostatnější.*

Wenn zwei reflexive Verben aneinandertreffen, verwendet man das Reflexivpronomen nur einmal, z.B. (*pokusit se, soustředit se*) *Pokusím se soustředit.* (*muset naučit se, ovládat se*) *To by se musel naučit ovládat. Musel by se naučit ovládat.*

Bei der Verbindung von Reflexivverben mit *si* und *se* müssen die Reflexivpronomen wiederholt werden, z.B. *Nepřeji si se s ním setkat.*

Der Nominativ oder Instrumental des Substantivs im nominalen Prädikat

Das Substantiv als nominaler Bestandteil des Prädikats kann im Nominativ oder im Instrumental, das Adjektiv hingegen nur im Nominativ stehen. In der Alltagskommunikation wird beim Substantiv vorwiegend der Nominativ verwendet. In der Schriftsprache gibt es jedoch für die Verwendung der beiden Kasus feste Regel.

Der Nominativ

- vermittelt vor allem den Eindruck von etwas, was man nicht erwirbt oder erlernt, sondern was gegeben ist. Das sind vor allem Verwandtschaftsbeziehungen und Charaktereigenschaften, Zugehörigkeit zu einer Gattung, Gruppe, Nation, Religion, Partei u.a., z.B. *Aleš je můj bratr. Karel je hlupák. Lev je šelma. Pan Novák je Slovák. Pavel je katolík. Pan Horák je sociální demokrat.*
- wird verwendet, wenn es sich um eine einfache Feststellung, Zuordnung einer Eigenschaft, einer Qualität, einer Funktion u.a. handelt, d.h. nicht gebunden an einen Ort, Zeit etc., z.B. *Pan Válek není náš klient. Pan Málek je v tomhle ohledu pesimista. Já jsem tady jen zákazník. On nebyl jen politik, byl také spisovatel. To je pravda. To určitě nebyl zlý úmysl.*

Der Instrumental wird verwendet

- bei Berufen; daher auch die Frage nach dem Beruf: *Čím je? Čím jste*? Beispiel: *Můj dědeček byl kovářem. Dlouho byl učitelem v Hradci.* Gegenwärtig wird diese Regel oft nicht eingehalten. Häufig verwendet man auch den Instrumental *povoláním* ›von Beruf‹ und den eigentlichen Beruf im Nominativ*: je povoláním kuchařka, je povoláním instalatér.*
- bei einem relativen Gebrauch einer Funktion, einer Charakteristik u.a., d.h. gebunden an einen Ort, eine Zeit, einen Betrieb, eine Situation u.a. – bei beruflichen Funktionen in Betrieben, Vereinen, z.B. *Vedoucím našeho oddělení je Karel Hanák. Ředitelem podniku byl tehdy pan Skála. Předsedkyní spolku je Jana Slavíková. Trenérem místního fotbalového klubu byl dlouho Petr Skála.* Bei Charakteristiken, die an eine Leistung, an eine Situation, an einen Ort, eine Zeitperiode, eine Person u.ä. gebunden sind, z.B. *Vynálezcem kamenotisku byl Alois Senefelder. Byl mu otcem.* ›Er war wie ein Vater für ihn.‹ *Byl u nich častým hostem. Jeho protivníkem tehdy byl …; byl mi skvělým pomocníkem …; dobrým pomocníkem v domácnosti je výrobek firmy …* Bei den Abstrakta, die den Grund, die Ursache, die Bedingung, die Umstände von etwas nennen, z.B. *důvodem* (*mé návštěvy*) *je …; příčinou* (*požáru*) *byl … mým úmyslem je …*

- Anmerkung: Der Nominativ ist nie missverständlich, jedoch wirkt er manchmal umgangssprachlich. Der Instrumental ist schriftsprachlich und korrekt dort, wo er usuell und regelhaft ist. Unkorrekt verwendet kann er sogar lächerlich wirken, z.B. *Honza je hlupákem.* – Es klingt so, als ob die Dummheit ein Beruf ist.

Das Objekt

Das substantivische Objekt beim Verb

Das Substantiv als Objekt steht in dem vom Verb regierten einfachen oder präpositionalen Kasus. Bei Verben, die mehrere Bedeutungen haben, unterscheidet sich auch in der Regel die Rektion, z.B. *plést svetr* ›stricken‹; *plést si někoho s někým* ›jemanden mit jemandem verwechseln‹; *plést se někomu do něčeho* ›sich einmischen‹ u.a.

Die sog. Duplexivverben binden entweder ein Objekt zu einem Subjekt, wobei beide in Genus und Numerus kongruieren, z.B. *hrát si na někoho, dělat někoho – Pavel si hraje na nechápavého, dělá nechápavého* ›tut so, als ob er nicht begreift‹ oder zwei Objekte, die in Genus, Numerus und Kasus miteinander kongruieren, z.B. *považovat někoho za někoho, nějakého – považuji ho za nadaného, považuji ji za nadanou* ›ich halte ihn/sie für begabt‹

Die Objektkasus im nicht-kongruenten Attribut

Die einfachen und die Präpositionalkasus der Objekte der Verben stimmen mit den Formen der nicht-kongruenten Attribute der von den Verben abgeleiteten Substantive größtenteils überein. Es gibt aber auch Abweichungen. Anmerkung: Der Genitiv ist bei den Lebewesen für den Agens reserviert, z.B. *dotazy účastníků* ›Fragen der Teilnehmer‹

Das Objekt beim Adjektiv

Kommt immer in Verbindung des Adjektivs mit dem Hilfsverb *být* (Kopula) vor.

Das Attribut

- Die kongruenten Attribute kongruieren mit dem Substantiv in Genus, Numerus und Kasus, z.B. *Městská knihovna, u Městské knihovny, za Městskou knihovnou.*
- Die Apposition kongruiert mit dem Substantiv im Kasus, z.B. *jubileum spisovatele Hrabala.*
- Das nicht kongruente Attribut steht im konstanten Kasus, z.B. *krása lesa.*

Adverbiale Bestimmungen

Als adverbiale Bestimmungen werden vor allem Adverbien (→ Adverbien), Adjektivadverbien (→ Das Adjektiv), einfache und präpositionale Kasus des Substantivs (→ Präpositionen) verwendet.

Übungen

1. Ergänzen Sie die Verbformen!

Děti si ___________ (hrát) v zahradě. Soused ___________ (jít) se psem na procházku. V neděli ___________ (jet) celá rodina na výlet. My také ___________ (jezdit) často do Krkonoš. Pavel špatně ___________ (vidět), ___________ (potřebovat) brýle. Venku ___________ (začínat) ___________ (sněžit). Tady ___________ (být) chladno, ___________ (sednout si) raději jinam. V téhle ulici se pořád něco ___________ (stavět). Všech pět dětí ___________ (jít) s námi do cirkusu. Do zoologické zahrady ___________ (chodit) mnoho lidí. V naší ulici se ___________ (opravovat) koleje. Jdi se podívat, jestli ještě ___________ (mít) lístky, možná, že už je ___________ (vyprodat). ___________ (Říkat) ve zprávách něco o knižním veletrhu? V téhle dílně nám auto ___________ (opravit) špatně. Představení se nám ___________ (líbit), ale v divadle ___________ (být) dost horko. Protože ___________ (pršet), ___________ (nejet) tam na kole, ale tramvají. Dříve se tam ___________ (zpívat) a ___________ (tancovat) dlouho do noci. O tom se už ___________ (nemluvit), asi už se o tom ___________ (nevědět), nikdo si to ___________ (nepamatovat). Tady ___________ (být) jen dvě hrušky, ale v tašce jich ___________ (být) ještě několik.

2. Übersetzen Sie!

1. Er ist heute weggefahren.
2. Ich werde hingehen und fragen.
3. Warum haben sie uns nicht informiert?
4. Warum haben Sie uns nicht informiert, Herr Novák?
5. Schuhe verkauft man hier nicht.
6. Diese Sorte Tee hatten sie nicht.
7. Das kenne ich nicht.
8. Ich möchte heute ins Theater gehen, ich weiß aber nicht, was gespielt wird.
9. Es wurde noch lange darüber gesprochen.
10. Hier wird ständig gebaut.
11. Es regnet zu wenig.
12. Das darf man nicht tun.
13. Man hat mir kein Formular gegeben.
14. Hier gibt es Äpfel noch und noch!
15. Ab wann haben Sie geöffnet?

3. Ergänzen Sie die Wortformen; achten Sie dabei auf die Wortfolge des Satzes!

1. ___________ (Nebát se) s ním ___________ (setkat se).
2. ___________ (Nedokázat se) ___________ (pohnout se).
3. Vypadá to, že Petr ___________ (nutit se) ___________ (usmívat se).
4. Musíš se ___________ (naučit se) lépe ___________ (ovládat se).
5. Oni by určitě ___________ (neodvážit se) ___________ (přiznat se).
6. ___________ (Pokusit se) na nás ___________ (usmát se).

7. Já __________ (bát se) __________ (zeptat se).
8. Nikdy __________ (nenaučit se) __________ (starat se) o sebe.
9. Chlapeček __________ (zvyknout si) __________ (hrát si) v zahradě pod jabloní.
10. Řidič __________ (rozhodnout se) __________ (vrátit se).
11. __________ (Zvyknout si) __________ (přejídat se).
12. Pracovník __________ (rozhodnout se) __________ (obrátit se) na ředitele s prosbou.

4. Ordnen Sie die Wörter zu Sätzen!

1. Karel – mohl – snažit – trpělivější – se – snad – být – by
2. Klidnější – musíte – trochu – být
3. Už – Alena – by – konečně – začít – mohla – aktivnější – být
4. v tomto obchodě – vždycky – ochotní – všichni prodavači – být – snažili – a – se – přívětiví
5. neměl – líný – být – tak – bys

5. Bilden Sie Antworten mit den angegebenen Konstruktionen!

Beispiel: Koho se mám zeptat? Nemám se koho zeptat.

1. Kam si mám sednout? Nemám ____________________.
2. Kde se mám informovat? Nemám ____________________.
3. S kým se o tom mám poradit? Nemám ____________________.
4. Čím to mám napsat? Nemám ____________________.
5. Kam má jít? Nemá ____________________.
6. O čem mu mám psát? Nemám ____________________.
7. Na co si mám stěžovat? Nemám ____________________.
8. O čem si mám s nimi povídat? Nemám ____________________.
9. Kdy si mám odpočinout? Nemám ____________________.

6. Übersetzen Sie!

1. Ich habe nichts zu tun.
2. Ich kann mich nirgendwo hinsetzen.
3. Er hat keinen, mit dem er darüber reden könnte.
4. Hier gibt es nichts zu entscheiden.
5. Ich weiß nicht, wo ich den Koffer hinstellen kann.
6. Da gibt es nichts zu wundern.

7. Verwenden Sie anstatt der Infinitivkonstruktionen Nebensätze mit *že* bzw. *jak*!

Beispiel: Slyšeli jsme, že žáci zpívají národní písně. Slyšeli jsme, jak žáci zpívají národní písně.

vidět nebo slyšet: souseda, maminku, žáky, pana Novotného, bratra, našeho učitele, kolegyni, naši známou, známého sportovce, syna paní Hladíkové

otevírat dveře; lakovat plot; zpívat si; povídat si s dětmi; hrát na housle; zpívat národní písně; kupovat si noviny; procházet se v parku; prohlížet sí plakát; nastupovat do auta

8. Ordnen Sie die Wörter zu Sätzen!

1. schopnost – měl – mít – by – na – práci – soustředit – svou – se
2. tam – nemám – jít – čas
3. nemám – vyrušovat – je – odvahu
4. ve zvyku – má – si – číst – do noci – dlouho
5. nemám – tady – chuť – čekat – den – celý
6. v úmyslu – měl – jsem – se – podívat – za ním – jet
7. neměl – pořádně – připravit – čas – se
8. bude – se – vzdát – toho – nucen
9. zeptat – je – líný – se
10. zvyklý – je – vyhovět – každému
11. myslet – není – na druhé – ochoten
12. cestující – označit – povinni – si – jsou – jízdenku
13. přestěhovat – pevně – odhodlán – je – se – ještě letos
14. rozhodnut – přijmout – je – ředitele – funkci
15. pomoci – není – s čímkoli – ochoten – nám
16. byl – prodat – nucen – dům

9. Ergänzen Sie die Formen der Adjektive!

cítil se ________ (nepochopený); Alena se mi zdá ________ (nespokojený); Pavel vypadá jako ________ (uražený); cítila se jako ________ (přeražený); závin je nejlepší ještě ________ (teplý); přišli domů ________ (spokojený); housky jsou nejlepší ________ (křupavý); bábovka je výborná do křupava ________ (vypečený); stromy jsou nejkrásnější ________ (kvetoucí); seděla tady ________ (nešťastný); našli ho ________ (zmoklý); přišla domů ________ (rozčilený); našel otce doma těžce ________ (zraněný); potkal ho na ulici ________ (odpočinutý) a ________ (veselý); viděl ho na přednášce ________ (unavený) a ________ (ospalý).

10. Bilden Sie den Instrumental, wenn es nötig oder möglich ist!

(Významný představitel) kubismu v Čechách byl Emil Filla. Marek je (můj syn). Tulipán je (květina). Fotbal je jeho (koníček). Pan Novák je (katolík). Paní Pospíšilová je povoláním (kuchařka), vyučila se (kuchařka) v Olomouci, pracuje ale v našem podniku jako (účetní). Jirka je (hlupák). Jana je (velký sobec). (Záminka pro jejich rychlý odjezd) byla zpráva o onemocnění tety. Jan je (jeho vnuk). Pan Horák je (sociální demokrat). Lenka je už od studií (moje přítelkyně). Hana je (moje spolužačka). Velryba je (savec). Komár je (kousavý hmyz). (Podmínka pro přijetí) je maturita s průměrem do 2,3. Pan Horák je (instalatér). Paní Nováková je (učitelka). (Autor) knihy »Žert« je Milan Kundera. Paní Veselá je (lékařka). Náš třídní učitel je (dobrý psycholog). Mllena je (zbabělec). Můj strýc byl dlouho (zaměstnanec) vašeho podniku. (Vedoucí) našeho oddělení je Karel Hanák. (Ředitel podniku) byl tehdy pan Skála. (Sportovec roku) byl v těchto letech několikrát za sebou Jan Železný. (Nejznámější český sportovec) byl v polovině minulého století Emil Zátopek. (Jeho největší chyba) byla velká důvěřivost. (Výherce) soutěže je Karel Kořínek. (Velká překážka) pro dokončení projektu jsou finanční neshody. (Můj úmysl) je vás potěšit. (Mé přání) je zbavit vás starostí.

11. Verwenden Sie das Infinitivprädikat!

Kdybych měl čas, tak se na tu výstavu půjdu podívat.
Kdybych to věděl dřív, tak bych se s ním mohl sejít.
Co kdybychom tam za ním zašli?
Proč bychom se o to nemohli pokusit?
Kdyby to viděl Martin, tak by to raději udělal za tebe.
Nevím, co bychom s tím mohli udělat.
Nevím, jak bych měl začít/jak by se dalo začít.
Jak by se to dalo opravit?
Co bychom měli dělat, abychom byli spokojenější?

12. Ergänzen Sie die korrekten Kasusformen!

Verben mit der Genitivrektion

vzdali se __________ (požadavky); nemohli se zbavit __________ (pochyby); dotknout se/dotýkat se __________ (horká kamna), nedotýkejte se __________ (vystavené exponáty); zmocnil se __________ (vláda); chytil se __________ (zábradlí); litovat __________ (námaha); je mi líto __________ (ztracený čas); držet se __________ (pravidla); ptát se/zeptat se __________ (prodavač); zeptej se __________ (tví přátelé)

Verben mit der Dativrektion

je __________ (já) to líto; nevadí __________ (vy) to?; líbí se __________ (on) to; překáží __________ (já) to; vyhovuje __________ (ona) to; divím se __________ (přítel); závidět __________ (soused) jeho energii; stýská se __________ (oni) po kamarádech; vyhnout se __________ (nepříjemnosti); zabránit __________ (nehoda); rozumět __________ (vtip); smát se __________ (komik); stačí __________ (já) to

Verben mit der Akkusativrektion

zlobí to __________ (soused); ruší/vyrušuje __________ (já) to; baví __________ (on) to; nudí to __________ (diváci); bolí __________ (ty) to?; potěšilo __________ (my) to; chytit __________ (maminka) za ruku; zeptat se kolemjdoucích na __________ (cesta)

Verben mit der Präpositivrektion

záviset na __________ (okolnosti); vědět o __________ (dobrá restaurace); myslet si něco o __________ (něco); informovat se o __________ (odjezd vlaku); toužit po __________ (klid)

Verben mit der Instrumentalrektion

zabývat se __________ (matematika); bavit se __________ (karetní hra); kývat __________ (hlava); mávat __________ (ruce); hořet __________ (plamen); vzplanout __________ (láska) k někomu; zaměstnávat se __________ (něco); loučit se s __________ (přátelé); radit se s __________ (kolegové); zamyslet se nad __________ (problém); zvítězit nad __________ (silnější mužstvo); platit __________ (karta), šetřit __________ (voda), nešetřit __________ (chvála)

13. Übersetzen Sie!

auf etwas verzichten; was mich betrifft; sich am Geländer festhalten; das tut mir leid; das stört mich nicht; es gefällt uns; das genügt mir; ich wundere mich über ihn; ich beneide ihn nicht darum; er meidet jede Schwierigkeit; ich verstehe dich nicht; lache nicht über ihn; das macht uns Spaß; mich langweilt das; es tut ihm weh; es hat uns gefreut

14. Bilden Sie die Kasusformen – mit oder ohne Präpositionen!

Blahopřáli (on) (narozeniny). Počkáme (ty) před domem. Úplně (oni) chápu. Ty se (to) nedivíš? (Nic) se nedotýkejte! Odpovězte (otázky)! On (my) podvedl. Musíme se (to) pokusit. Zkus (to) ještě jednou. Nikdy se (to) nepřiznal. Už (to) nepřemýšlej! Prosíme (pochopení). Děkujeme (pochopení). Neptal se (ty) (to)? Rozloučili jsme se (oni) na nádraží. Rozumíš (on)? Já (on) nerozumím ani slovo. Asi se (to) budeš smát. Všechno souvisí (všechno). Já (to) trvám. (Já) se to netýká. Varovali (on) (to). Musíš (práce) věnovat víc času. Nevěřím (oni). Důveřuji (oni). Vůbec si (to) nevzpomínám. Nemohu si vzpomenout (jeho jméno). Už jsem (to) zapomněl. To závisí (počasí). Musím se zbavit (kašel) a (rýma). Nechci (ty) zklamat. Zvítězili (oni). Už si zvykl (život) ve městě. Ty se nemůžeš pořád vyhýbat (povinnosti) a (zodpovědnost). V nové hře hraje (hlavní role). (jaký hudební nástroj) hraje Věra? Pořád si (něco) hraje. (tahle hračka) si Hanička nechce hrát. (Co) myslíš? Co si (on) myslíš? Já se (to) zabývat nebudu, já se (to) nezajímám. Musím se ještě (oni) rozloučit. Trpí (chronická nemoc). Přišel rychle (peníze), ale také (ony) rychle přišel. (Ten dárek) mi udělal velkou radost. (Ten dárek) jsi mi udělal velkou radost. (To) jsi mi způsobil nepříjemnost. (Ta věta) ho rozzlobila. (Ta věta) jsi mne rozzlobil.

15. Bilden Sie die Kasusformen des Objekts bei den Verben sowie des nichtkongruenten Attributs bei den Substantiven!

poslouchat (hudba) – poslech (hudba)
vzpomínat (něco) – vzpomínka (něco)
odpovědět (někdo) (něco) – odpověď (někdo) (něco)
rozumět (přítel) – porozumění (přítel)
chápat (přítel) – pochopení (přítel)
důvěřovat (lékař) – mít důvěru (lékař)
navštívit (muzeum) – návštěva (muzeum)
navštívit (babička) – návštěva (babička)
být vděčný (rodiče) – vděčnost (rodiče)
ptát se, dotazovat se (účastníci) – dotazy (účastníci)
ovlivnit (žáci) – mít vliv (žáci)
pozdravit (známý) – pozdrav (známý)
zklamat se (přítel) – zklamání (přítel)
zradit (kamarádi) – zrada (kamarádi)
odvážit se (protest) – mít odvahu (protest)

16. Bilden Sie die Kasusformen – mit oder ohne Präpositionen!

Student si byl (správnost) svých výsledků jistý. Jsme zvědavi (výsledek) voleb. Petra je šikovná (ruce). Zůstal věrný (jeho přesvědčení). Za pomoc jsme (on) byli vděčni. Jeho dcera je nadaná (hudba). Musíš být (oni) laskavější. Ten přístroj je citlivý (světlo). Náš soused je (my) vždycky přívětivý. Nemůžu ještě skončit, jsem napnutý (řešení). Dědeček je choulostivý (plíce). Nejsem spokojený (výkon) našeho mužstva. Je pyšný (jeho vysvědčení). Je velmi nestálý (jeho zájmy). Musíš být opatrný (tvé zdraví). Nebuď tak protivný (sestra). Karel je rozzlobený (neochota) spolužáků. Martina byla (ten film) nadšená.

17. Bilden Sie die Kasusformen der attributiven Verbindungen!

Tento herec hrál v (Národní divadlo). Studoval na (Karlova univerzita). Pracuje v (Centrální banka). Tou ulicí se dostanete k (Městská knihovna). Ve městě Tangermünde se můžete dovědět mnoho (zajímavé) o (Karel Čtvrtý). V zoologické zahradě mají (sloni indičtí) i (sloni afričtí). Četli jsme ukázky z (Bible Kralická).

18. Bilden Sie die Kasusformen der Appositionen!

jubileum (spisovatel Hrabal); spisy (Karel Čapek); názory (ředitel Hanousek); příhody (Ferda mravenec); dobrodružství (myslivec Rumcajs); pomník (Karolina Světlá); ulice (Milada Horáková); muzeum (Bedřich Smetana); rodný dům (Antonín Dvořák); pohádky (Božena Němcová); pohádka o (Žabka královna); gymnázium (Jan Neruda); rozhovor s (spisovatel Rudiš); setkání s (režisér Menzel).

19. Bilden Sie die Kasusformen!

To je bouře ve (sklenice vody). Nemohu diskutovat s (padesát turistů). Diskutovalo se se (skupina turistů). Paní přišla s (mísa koláčů). Paní přišla asi s (patnáct koláčů). Shromáždilo se (několik občanů). Včera o tom mohli mluvit s (mnoho zájemců), dnes ale už jen s (hrstka zájemců). Na to potřebuješ (mnoho cihel), s (deset cihel) nic nespravíš.

20. Übersetzen Sie! Entscheiden Sie, ob es sich um kongruente oder nichtkongruente Attribute handelt. Eventuell gibt es beide Möglichkeiten.

radili se o (Auswahlmöglichkeiten); vzhledem k (Unfallgefahr); to je (Ansichtssache); diskutovat se (Slawistikstudenten) o (Neuheiten der Woche); tabule s (Tagesangebot); poslechnout si (Sportnachrichten); přes (Rauchverbot) kouřili; po (Wahlperiode); zpráva o (Staatshaushalt); před (Schulferien); v tom (Aprilwetter); novinky z (Tagespresse); vyzkoušet novou (Zahnpasta); vypil dvě (Glas Bier); letos byl na (Buchmesse); vstal ještě před (Sonnenaufgang); fotografoval (Sonnenuntergang); byli u (Augenarzt); odevzdala (Diplomarbeit); prohlédli si nové (Hotelzimmer); (Fischsuppe) nejím; v té studni není (Trinkwasser); kdy jsou (Besuchszeit); klíč od (Haustür); v krásné (Konzertsaal); dítě si prohlíželo (Bilderbuch); oddělení (Gartenmöbel); jdeme na (Vormittagsvorstellung).

27 Satzarten, Satzmuster

Die Satzarten weisen im Tschechischen einige grammatische Besonderheiten auf. Es geht vor allem um die häufig gleiche Wortfolge bei Aussage- und Fragesätzen sowie um die besondere Art der Antworten auf Entscheidungsfragen. Grundsätzlich unterscheiden sich die Fragesätze von den Aussagesätzen auch im Tschechischen durch die inversive Wortfolge:

Wortfolge im Aussagesatz: Subjekt – Prädikat:
Naši studenti si prohlédli pamětihodnosti Prahy. Karel je pilný.

Inversive Wortfolge im Fragesatz: Prädikat (bzw. Bestandteil des Prädikats) – Subjekt:
Prohlédli si naši studenti pamětihodnosti Prahy? Je Karel pilný?

In einigen Fällen unterscheiden sich die Aussage- und Fragesätze jedoch nur durch die Intonation (in der Schrift durch den Punkt oder Fragezeichen), z.B. *Přijede Karel. Přijede Karel? Je pilný. Je pilný?* Dies hängt mit folgenden Spezifika des Tschechischen (in ihrer Wechselwirkung, Kooperation) zusammen:

- Das Subjekt kann immer die rhematische Position nach dem Prädikat belegen (→ Wortfolge), z.B. *Přijede Karel.* ›Karl kommt.‹ *Zvítězili hosté.* ›Die Gäste haben gewonnen.‹ *Podepíše to ředitel.* ›Der Direktor unterschreibt es.‹ *Musí to podepsat ředitel.* ›Der Direktor muss es unterschreiben.‹ *Pilný je Karel.* ›Karl ist fleißig.‹ *Přijede Karel?* ›Kommt Karl?‹ *Zvítězili hosté?* ›Haben die Gäste gewonnen?‹ *Podepíše to ředitel?* ›Wird es der Direktor unterschreiben?‹ *Musí to podepsat ředitel?* ›Muss das der Direktor unterschreiben?‹ *Pilný je Karel?* ›Karl soll fleißig sein?‹
- Durch das oft fehlende Subjekt (→ Besonderheiten der Satzglieder) kommt es zur Stirnposition des Verbs. Bei der Stirnposition des Prädikats gibt es (außer der Intonation, Fragezeichen) keinen formalen Unterschied zwischen dem Aussage- und Fragesatz, z.B. *Bude se ptát. Bude se ptát? Mají psa. Mají psa? Chtěl by přijít ve středu. Chtěl by přijít ve středu? Je zdravý. Je zdravý? Není spokojený. Není spokojený?*

Bei den »Vergewisserungsfragen«, die im Tschechischen (und auch im Deutschen, Englischen und in anderen Sprachen) die Aussagewortfolge haben, wird im Tschechischen das Subjekt immer genannt, z.B. *On se na to ptal?* ›Er hat danach gefragt?‹ *Petr s námi nepojede?* ›Peter fährt nicht mit uns?‹.

Eine Vergewisserungsfrage wird im Tschechischen häufig (mit einer spezifischen Intonation) auch negativ formuliert, z.B. *Nepršelo včera?* ›Gestern hat es doch geregnet, nicht wahr?‹ *Nemá Pavel bratra?* ›Pavel hat doch einen Bruder, nicht wahr?‹ *Ano, má. Ne, (to se mýlíš) nemá. Nebydlel jsi tehdy v Havlíčkově Brodě?* ›Du hast doch damals in H.B. gewohnt, habe ich recht?‹ *Ano, bydlel jsem tam. Ne, to si mě s někým pleteš.*

Die inversive Wortfolge mit der Bedeutung einer Aussage wird hingegen manchmal beim Erzählstil, vor allem bei einer Anekdote, einem Witz (vergleichbar dem Deutschen) verwendet, z.B. *Přijde pán do restaurace a povídá …* ›Kommt ein Herr ins Restaurant und sagt …‹ *Ptá se malý Pepík dědečka …* Nicht selten findet sich diese Wortfolge auch bei den Volksliedern oder in Gedichten, z.B. *Šly panenky silnicí …* (Volkslied).

Die Antworten auf die Entscheidungsfragen weisen im Tschechischen Besonderheiten auf. Bei den Entscheidungsfragen erwartet man eine Entscheidung »*ano*« oder »*ne*«. Je nach Situation antwortet man mit dem ganzen Satz oder nur mit der Bestätigung oder Verneinung, z.B. *Ty bys tam šla? Ano. Ne. Šla bych tam. Já bych tam šla. Nešla bych tam. Já bych tam nešla.*

Bei der Antwort mit dem ganzen Satz müssen sich einige Wörter (z.B. auch Adverbien) notwendigerweise verändern, z.B. *Odevzdal už práci? Už ji odevzdal. Ještě ji neodevzdal. Už sis odpočinul? Už jsem si odpočinul. Ještě jsem si neodpočinul.*

Das Tschechische hat außerdem jedoch noch eine spezifische Art der Antworten auf Entscheidungsfragen, und zwar eine Antwort, Bestätigung oder Verneinung mit dem Prädikat bzw. einem Prädikatbestandteil, der verneint werden kann, d.h. mit dem Vollverb, der Kopula oder einem nicht-enklitischen (!) Hilfsverb (→ Das Verb), z.B. *Ty bys tam šla? Šla.* ›Ja.‹ *Nešla.* ›Nein.‹ *Ty bys tam nešla? Šla.* ›Doch.‹) *Nešla.* ›Nein.‹ *Tys tam nebyl? Ale byl.* ›Aber ja doch‹ *Nebyl.* ›Nein‹ *On tam nepřišel? Nepřišel. Budeš to číst? Budu. Nebudu. Jsi unavený? Jsem. Nejsem. Nejsi unavený? Jsem. Nejsem. Budeš se to učit? Budu. Nebudu.*

Bei den Reflexivverben (*smát se, ptát se*) und bei den Verben mit einem obligatorischen Objekt (*navštívit někoho, rozumět někomu/něčemu*) wird in der Antwort dieser Art das Vollverb ohne das Reflexivpronomen bzw. das obligatorische Objekt verwendet, z.B. *Ty sis to nepřál? Přál.* ›Doch, ich habe es mir gewünscht.‹ *Nepřál.* ›Nein, das habe ich mir nicht gewünscht.‹ *Navštívíš ho? Navštívím. Nenavštívím.*

Bei den modifizierenden Erweiterungen des Prädikats (→ Besonderheiten der Satzglieder, das Prädikat) werden die finiten modifizierenden Verbformen verwendet, z.B. *Můžeš mi pomoci? Můžu. Nemůžu.*

Bei den deliberativen Fragen (*Chceš hrušku nebo jablko? Hrušku. Jablko. Ani to ani to. Obojí.*) werden sowohl das Reflexivpronomen als auch das obligatorische Objekt genannt, z.B. *Navštívíš ho nebo mu napíšeš? Navštívím ho. Napíšu mu. Směješ se tomu nebo to bereš vážně? Směji se/Nesměji se tomu. Beru/Neberu to vážně. Hraješ si nebo se učíš? Učím se. Hraji si.*

Zur Erinnerung: die Ergänzungsfragen werden von Fragepronomen, -adverbien oder -numeralia eingeleitet: *Kam jdeš? Kdo z vás je nemocný? Proč se zlobíš? Kolik má dětí?* Die Antworten richten sich nach dem Fragewort: *Jdu do práce. Nikam. Nikdo z nás není nemocný. Nikdo. Protože se mi to nepovedlo. Protože jsi mi nepomohl. Má dvě děti. Má dvě. Dvě.*

Übungen

1. Bilden Sie Fragesätze!

Pojedeš tam. Karel tam pojede. Jel tam s Petrem. Emil by přišel. Můžeš mi pomoci. Honza má bratra. Dědeček je doma. Teta je zdravá. Sestra je pozvána. Kamarád se bude divit. Petr by byl přišel. Bude se divit. Lidé by se tomu smáli. Tu knihu si tatínek nekoupil. Hráči to mohli vědět. Hráči s tím museli počítat. Mohl se víc snažit. Pepík se mohl víc snažit. Jana bude studovat v Brně. Věra by s námi mohla jít do divadla. Jablka jsou zdravá. Počasí je slunečné a teplé. Začíná jaro. Vychází slunce. Napadl sníh. Hana dostala k narozeninám knihu. Klára se zeptala prodavače. Zákazníci jsou spokojeni s nabídkou. Zítra v pět hodin bude v tomto sále hrát známý virtuos. Včera šel Tomáš do města. V Olomouci je světoznámá radnice. Spisovatel Hašek se narodil v Lipnici. Petr se bude ptát. Novákovi mají psa. Pavel by chtěl přijít ve středu.

2. Beantworten Sie die Entscheidungsfragen positiv und negativ sowohl mit dem ganzen Satz als auch nur mit dem Prädikat (Prädikatbestandteil)!

1. Divíš se tomu?
2. Zeptáš se jich?
3. Ptal ses jich?
4. Navštívil vás Petr?
5. Rozumíš tomu?
6. Půjdeš se projít?
7. Nešel by ses projít?
8. Mohl bys mi pomoci?
9. Přestaneš někdy kouřit?
10. Divíš se mu nebo ho chápeš?
11. Líbilo se vám to?
12. Vzpomínáš si na to?
13. Zapomněli jste na nás?
14. Počkáš na mne?
15. Zůstaneš tady?
16. Není ten čaj přeslazený?
17. Chodíte rád pěšky?
18. Zlobí se na tebe?
19. Už jste si odpočinuli?
20. Souhlasíš s tím?
21. Zeptáš se ho na to?
22. Odevzdal už Jakub práci?
23. Musíme si to pamatovat?
24. Měli bychom ho navštívit?
25. Je nadaný?
26. Je to zboží v tom obchodě levnější?
27. Chtěli byste se do toho města podívat?
28. Přál by sis to?
29. Byl o tom přesvědčen?
30. Byla už ta kniha přeložena do němčiny?
31. Věřil bys tomu?
32. Řekli ti to včas?
33. Byl tam ten autobus?
34. Mohl sis prohlédnout tu výstavu?
35. Našel jsi muzeum Komenského v Naardenu?
36. Poradili ti v informačním středisku?
37. Myslil sis to?
38. Ztratil jsi ty klíče nebo jsi je už zase našel?
39. Máš rád švestkové knedlíky?
40. Není to pro tebe těžké?

3. Suchen Sie passende Antworten aus und beantworten Sie die anschließenden Ergänzungsfragen!

Denně – po dvaceti minutách – stačí kilo – v Mladé Boleslavi – v půl osmé – jsem tu na návštěvě u strýčka – do pátku – asi za týden – nikdo – do osmi – každých čtrnáct dní – do Řecka – Vodičkovou ulicí – z Protivína – od devítí hodin – v Berlíně – měsíc

Odkud jste? Kudy půjdeme? Odkdy mají otevřeno? Kdy zavírají? Kolik cukru mám koupit? Kde bydlíš? Co tady děláš? Kam pojedeš na dovolenou? Kde pracuje tvůj bratr? Jak dlouho se zdržíš? Jak často jezdíš domů? Za jak dlouho jsi to přečetl? Dokdy nebude jezdit tramvaj? Jak často čteš noviny? Kdo mu pomáhal? V kolik hodin začíná ten koncert? V jakých intervalech tady jezdí autobusy?

4. Suchen Sie zu den folgenden Antworten passende Ergänzungsfragen!

na dvoře – před chvílí – za měsíc – parkem – v devět hodin – v listopadu – do divadla – z kina – v obchodě – nic – s nikým – pět housek

Co o tom víš?
Kam půjdete v sobotu večer?
Kde pracuje tvoje teta?
Kde si hrají děti?
Kdy budeš mít dovolenou?
Kdy přišel tatínek?
Kdy se narodil tvůj bratranec?
Kolik mám koupit housek?
Kudy půjdeme na Letnou?
Odkud jdeš?
S kým ses o tom radil?
V kolik hodin se sejdeme?

Lösungsschlüssel

Anmerkung: Wenn das grammatische Geschlecht nicht explizit angegeben ist (wie z.B. *on*, *ona*, *Petr*, *Alena*), wird in den Übungen die Form des Maskulinums verwendet. Die weibliche Form ist genauso korrekt. Der Nutzer kann frei entscheiden.

1 Das tschechische Lautsystem *S. 11*

1. na jaře | v létě | v zimě | v bráně | v Praze | v Berlíně | k Evě | v kávě | jako v pohádce | na střeše | ve větě | ve tmě | v kapse | v ruce | na noze | ve skále | včele | v této době | v synagoze | hrají v první lize | mají ho ve velké úctě | na naší planetě

2. 1. dráze | 2. povaze | 3. době | 4. firmě | 5. mapě | 6. pokladně | 7. kráse | 8. městě, venkově | 9. módě | 10. másle | 11. knize | 12. francouzští, angličtí | 13. domu | 14. stoly | 15. koni | 16. Pavla | 17. červenci | 18. kostek | 19. zkratek | 20. jízdenek

3. pode mnou, bez nich, vzhledem k počasí, ve škole, se stejnými názory, v nevýhodné situaci, se mnou, ke mně, s tebou, v mnoha případech, ještě ke všemu, ve městě, ze všech, se vším, se Slávkem, ze zlata, ve vědě, ve výrobě, se stejnými, ze zásob, ve vládě, v krku, je v právu, v prádle, k vládním záležitostem, k vlastnímu problému, s bratrem, v blátě, v plánu, s přítelem, s přáním, s přehledem, v Brně, v Plzni, v prstech, z Příbrami, v hlavní části, v hlavě, ze skříně, ve skříni, ve čtvrtém poschodí, ve zprávě, ze školy, se stromu, s panem Novákem, k Aleně, z hrubé mouky, se lvem, z Hradce Králové, ze Dvora Králové, ve hvězdách, v květech, k zvířatům, k chvále, ve chvíli, v hnědých šatech, k vám, k nim, beze mne, pod vší kritiku

2 Maskulina *S. 19–20*

Maskulina im Singular:

Genus	belebt				unbelebt	
N.	pán Pavel člověk	muž Tomáš poslanec	předseda	soudce	hrad les zámek	stroj den
G.	pána Pavla člověka	muže Tomáše poslance	předsedy	soudce	hradu lesa zámku	stroje dne
D.	pánu Pavlovi člověku	muži Tomášovi poslanci	předsedovi	soudci	hradu lesu zámku	stroji dni
A.	pána Pavla člověka	muže Tomáše poslance	předsedu	soudce	hrad les zámek	stroj den
V.	pane! Pavle! člověče!	muži! Tomáši! poslanče!	předsedo!	soudce!	hrade! lese! zámku!	stroji! dni!

P.	pánu Pavlovi člověku	muži Tomášovi poslanci	předsedovi	soudci	hradu/hradě lese zámku	stroji dni
I.	pánem Pavlem člověkem	mužem Tomášem poslancem	předsedou	soudcem	hradem lesem zámkem	strojem dnem

Maskulina im Plural:

Genus	belebt				unbelebt	
N.	páni synové občané	muži učitele otcové	předsedové turisté	soudci	hrady lesy zámky	stroje peníze
G.	pánů synů občanů	mužů učitelů otců	předsedů turistů	soudců	hradů lesů zámků	strojů peněz
D.	pánům synům občanům	mužům učitelům otcům	předsedům turistům	soudcům	hradům lesům zámkům	strojům penězům
A.	pány syny občany	muže učitele otce	předsedy turisty	soudce	hrady lesy zámky	stroje peníze
V.	páni! synové! občané!	muži! učitelé! otcové!	předsedové! turisté!	soudci!	hrady! lesy! zámky!	stroje! peníze!
P.	pánech synech občanech	mužích učitelích otcích	předsedech turistech	soudcích	hradech lesích zámcích	strojích penězích
I.	pány syny občany	muži učiteli otci	předsedy turisty	soudci	hrady lesy zámky	stroji penězi

1. 1. Tomášovi, Milošovi, Karlovi, Milanovi, Alešovi, Petrovi, Frantovi, Honzovi, Pavlovi | 2. staviteli Emilu Jandovi, řediteli Milanu Dvořákovi, soudci Karlu Zvěřinovi, předsedovi Josefu Mrázovi, panu Danielu Kostkovi, Frantovi Jonákovi | 3. Antonínu Dvořákovi, Bedřichu Smetanovi, Janu Nerudovi, Leoši Janáčkovi

2. 1. Člověče, nezlob se! | 2. Bože, to je krásné! | 3. Dobrý den, pane Neumanne / pane řediteli / pane poslanče Brázdo / pane profesore Mrázi. | 4. Pojď dem Petře / Franto / hochu / Pavle / chlapče / Aleši / Milane / kluku / Viktore!

3. lesa, stolu, mostu, plotu, dvora, rybníka, potoka, hradu, roku, stromu, západu, východu, západu slunce, východu slunce, východu, kabátu, bytu, vozu, zápasu, stropu, sklepa, kostela, kláštera, sýra, chleba, večera, čtvrtka, pátku, pondělka, úterka, zítřka, dneška, listopadu, ledna, února, března, dubna, května, června, srpna, října, ostrova, mlýna, Kolína, Berlína, Rýna, Týna, Mnichova, obrazu, světa, života, domu, komína

4. lese, stole, na mostě, na plotě, na dvoře, v rybníce, v potoce, na hradě, v roce, na stromě, východu, na západě, na východě, západu slunce, východu slunce, v kabátě, v bytě, na voze, v zápase, na stropě, ve sklepě, v kostele, v klášteře, sýru, chlebu, večeru, čtvrtku, pátku, pondělku, úterku, zítřku, dnešku, listopadu, lednu, únoru, březnu, dubnu, květnu, červnu, srpnu, říjnu, ostrově, mlýně, Kolíně, Berlíně, na Rýně, Týně, v Mnichově, na obraze, světě, životě, domě, komíně, kosmu, modernismu

5. 1. Vážení občané / turisté / hosté / přátelé / pánové / studenti / diplomaté! | 2. To jsou hosté / přátelé / učitelé / studenti / kandidáti / architekti / pedagogové / fotografové / profesionálové / géniové. | 3. V Evropě žijí například Dánové / Norové / Finové / Švédové / Španělé / Italové / Francouzi / Portugalci / Řekové / Irové / Bulhaři / Němci / Češi / Slováci / Poláci / Rakušané / Angličané / Maďaři / Švýcaři / Estonci / Slovinci. | 4. V naší zoologické zahradě jsou například lvi / tygři / medvědi / osli / orli / tučňáci.

6. hradech a zámcích, výsledcích, úspěších, autobusech a vlacích, parcích a lesích, cirkusech, kaktusech, cyklech, kosmech, modernismech, občanech, turistech, hostech, přátelích, pánech, studentech, diplomatech, učitelích, kandidátech, architektech, pedagozích, fotografech, profesionálech, géniích, Dánech, Norech, Finech, Švédech, Španělích, Italech, Francouzích, Portugalcích, Řecích, Bulharech, Němcích, Češích a Slovácích, Polácích, Rakušanech, Angličanech, Irech, Maďarech, Estoncích, Slovincích, lvech a tygrech, medvědech, oslech, orlech, tučňácích

7. 1. února | 2. pátku | 3. podzimu, listopadu | 4. Kolína, mostu, lesa | 5. mlýna, kostela | 6. strýčka Pavla, strýčka Jirky | 7. pramene Labe | 8. peněz | 9. turistů | 10. stromů | 11. rodičů | 12. učitelů | 13. kameni | 14. přátel | 15. domů, vozů, koní, lesů, pramenů | 16. šatů | 17. drahých kamenů

3 Feminina S. 25

Feminina im Singular:

N.	žena, dráha, síla	růže	píseň	kost, loď, noc
G.	ženy, dráhy, síly	růže	písně	kosti, lodi, noci
D.	ženě, dráze, síle	růži	písni	kosti, lodi, noci
A.	ženu, dráhu, sílu	růži	píseň	kost, loď, noc
V.	ženo!, dráho!, sílo!	růže!	písni!	kosti!, lodi!, noci!
P.	ženě, dráze, síle	růži	písni	kosti, lodi, noci
I.	ženou, dráhou, sílou	růží	písní	kostí, lodí, nocí

Feminina im Plural:

N.	ženy, síly, dívky	růže, lavice, chvíle	písně, noci, lodě	kosti, děti, lidé
G.	žen, sil, dívek	růží, lavic, chvil	písní, nocí, lodí	kostí, dětí, lidí
D.	ženám, silám, dívkám	růžím, lavicím, chvílím	písním, nocím, lodím	kostem, dětem, lidem
A.	ženy, síly, dívky	růže, lavice, chvíle	píseň, noci, lodě	kosti, děti, lidé
V.	ženy!, síly!, dívky!	růže!, lavice!, chvíle!	písně!, noci!, lodě!	kosti!, děti!, lidé!
P.	ženách, silách, dívkách	růžích, lavicích, chvílích	písních, nocích, lodích	kostech, dětech, lidech
I.	ženami, silami, dívkami	růžemi, lavicemi, chvílemi	písněmi, nocemi, loděmi	kostmi, dětmi, lidmi

1. dráze, soše, střeše, Věře, důvěře, kočce, babičce, Olze, mamince, sestře, řece, dámě, žábě, kávě, žirafě, lípě, stopě, ráně, Janě, pravdě, vodě, zahradě, bráně, patě, vatě, ztrátě, vládě, dceři, houbě, smlouvě, mouše

2. dívek, sester, dýmek, známek, stránek, tet, matek, dcer, luk, much, hub, lip, žab, ran, košil, lavic, sil, idejí, plic, chvil, mil, lžic, smluv, ulic, lidí, dětí, kalhot, varhan, hodin, novin, nůžek, plavek, houslí, dveří, kleští, hrábí

3. noci, lodě, věci, zdi, písně, větve, tváře, věže, skříně, ideje, hole, postele, bolesti, hlouposti, soli, směsi, lži, řeči, oběti, paměti

4. 1. pravdě, věcem | 2. koňmi | 3. lodí | 4. lidmi, dětmi, písně | 5. paměť, paměti | 6. soli, chuti | 7. řeči, síly, skříně, stoly, židle, postele | 8. branami | 9. novin, stránce | 10. chvílí, bolesti

4 Neutra *S. 29–30*

Neutra im Singular:

N.	město, oko, muzeum, datum	moře	kuře, dítě	stavení	téma
G.	města, oka, muzea, data	moře	kuřete, dítěte	stavení	tématu
D.	městu, oku, muzeu, datu	moři	kuřeti, dítěti	stavení	tématu
A.	město, oko, muzeum, datum	moře	kuře, dítě	stavení	téma
V.	město!, oko!, muzeum!, datum!	moře!	kuře!, dítě!	stavení!	téma!
P.	městě, oku, muzeu, datu	moři	kuřeti, dítěti	stavení	tématu
I.	městem, okem, muzeem, datem	mořem	kuřetem, dítětem	stavením	tématem

Neutra im Plural:

N.	města, data, jablka, střediska	moře, muzea, jeviště, vejce	kuřata, témata	stavení
G.	měst, dat, jablek, středisek	moří, muzeí, jevišť, vajec	kuřat, témat	stavení
D.	městům, datům, jablkům, střediskům	mořím, muzeím, jevištím, vejcim	kuřatům, tématům	stavením
A.	města, data, jablka, střediska	moře, muzea, jeviště, vejce	kuřata, témata	stavení
V.	města!, data!, jablka!, střediska!	moře!, muzea!, jeviště!, vejce!	kuřata!, témata!	stavení!
P.	městech, datech, jablkách, střediscích	mořích, muzeích, jevištích, vejcích	kuřatech, tématech	staveních
I.	městy, daty, jablky, středisky	moři, muzei, jevišti, vejci	kuřaty, tématy	staveními

1. suchu, tichu, družstvu, mužstvu, středisku, rádiu, metru, oku, uchu, městě, kině, břichu/břiše, sádle, másle, kole, autě, železe, umyvadle, muzeu, datu, tématu, jubileu, staveništi, kuřeti, místě, jaře, létě, jezeře, okně, víně, pivě, Brně, patře, dřevě, dně, těle, díle, skle, křesle, čísle, jídle, křídle, čele, zavazadle, sedadle, moři, poli, slunci, nebi, dramatu, schématu

2. stanovišť, center, hledisek, hnízd, kin, vajec, muzeí, dat, témat, kuřat, telat, razítek, středisek, koleček, individuí, gymnázií, náměstí, nádraží, území, kamen, úst, zad, vrat, moří, polí, dramat, pater, mužstev, jablek

3. staveništích, centrech, hlediscích, hnízdech, kinech, vejcích, muzeích, datech, telatech, razítkách, střediscích, kolečkách, gymnáziích, náměstích, nádražích, územích, kamnech, ústech, zádech, vratech, mořích, polích, tématech, patrech, mužstvech, jablkách

4. 1. jaře, létě, školy, kole | 2. muzeu, patře | 3. tématu | 4. dítěti | 5. másle, sádle, oleji | 6. díle, spisovatele, dramata, úlohu | 7. jezeře | 8. městě, center | 9. úst, ústům | 10. vrat | 11. stromě, hnízd | 12. dřevo, kamnech | 13. telat, prasat, kuřat

5 Dual S. 32

1.

Genus	Dual		
	Femininum	Neutrum	
N. (= A. / V.)	nohy, ruce	oči, uši	ramena, kolena, prsa
G.	nohou, rukou	očí, uší	ramenou, kolenou, prsou
D.	nohám, rukám	očím, uším	ramenům, kolenům, prsům
P.	nohou, rukou	očích, uších	ramenou, kolenou, prsou
I.	nohama, rukama	očima, ušima	rameny, koleny, prsy

2. 1. rukama nohama | 2. očima | 3. očí | 4. rukou | 5. ruce | 6. ušima | 7. uších | 8. ramenou | 9. kolena | 10. očích | 11. očí | 12. uši | 13. prsou | 14. kolenou | 15. rukou | 16. nohou | 17. rukám | 18. koleny, očima

6 Adjektiv und Adjektivadverb S. 37–38

1. To je zajímavý člověk. Ten člověk je zajímavý. To je veselé dítě. To dítě je veselé. Ten chléb je čerstvý. Martina je chytrá. Ta povídka je veselá. To jsou milí lidé. Ti lidé jsou milí. Ten kufr je těžký. Přijedu i za chladného počasí. Venku je teplo. Je mi smutno a chladno. Vymyslel to chytře. Napsal to rychle, ale špatně. Venku je mrazivo, musíš se teple obléci. To auto nejelo rychle, jelo pomalu. Je nám tu veselo. Venku je hezky a jasno. Vysvětlil mi to jasně. Je to místo volné? Je tu volno? Je ti to jasné? Máš v tom jasno? V tramvaji bylo plno. Tramvaj byla plná. Plně s vámi souhlasím. Na ulici je klidno. Choval se klidně a trpělivě. Váš pes tu nemůže volně běhat! Zajímá ho jeho čistý plat. To je čistě soukromá záležitost. Po slavnostech už je ve městě zase čisto. Nesedej si sem, tady je mokro. Nemusíme tam být tak dlouho. Jak daleko to je? Bydlí blízko nás. Vysoko nad horami svítilo slunce. Petr a Pavel jsou blízce příbuzní. Krátce se podívám do zahrady. Ta specializace je příliš úzká, tak úzce specializovaného pracovníka už máme. Vyrábějí vysoce kvalitní zboží. Jezdí k nám často.

2. 1. dříve | 2. blíž | 3. vyšší, vysoká | 4. stará | 5. rychle, pomaleji | 6. dál | 7. špatně, světlejší, ošklivější | 8. zajimavější, delší | 9. hlasitějši, špatně, hůř | 10. lepší, elegantnější, silné

3. Chlapec je veselý. Dívka je veselá. Dítě je veselé. Lidé jsou veselí. Kolegyně jsou veselé. Děvčata jsou veselá.

Dům je moderní. Tramvaj je moderní. To téma je moderní. Studenti jsou moderní. Názory jsou moderní. Šaty jsou moderní. Ta dramata jsou moderní.

4. 1. hezky, příjemně | 2. přátelsky | 3. francouzsky | 4. francouzsky, německy, česky, anglicky | 5. španělsky | 6. krátce | 7. pomalu, opatrně, kluzko

5. 1. Tady je chladno. | 2. Je tu veselo. | 3. Mně je smutno. | 4. Je to daleko? | 5. Jak dlouho už to je? | 6. Počasí je velmi krásné. | 7. Je tu hezky. | 8. To je častá chyba. | 9. Jak často ho navštěvuješ?

1.

Singular			
Maskulinum		Femininum	Neutrum
belebt	unbelebt		
mladý člověk	starý strom	mladá paní	mladé víno
mladého člověka	starého stromu	mladé paní	mladého vína
mladému člověku	starému stromu	mladé paní	mladému vínu
mladého člověka	starý strom	mladou paní	mladé víno
mladém člověku	starém stromu	mladé paní	mladém víně
mladým člověkem	starým stromem	mladou paní	mladým vínem
cizí člověk	moderní názor	jarní květina	jarní počasí
cizího člověka	moderního názoru	jarní květiny	jarního počasí
cizímu člověk	modernímu názoru	jarní květině	jarnímu počasí
cizího člověka	moderní názor	jarní květinu	jarní počasí
cizím člověku	moderním názoru	jarní květině	jarním počasí
cizím člověkem	moderním názorem	jarní květinou	jarním počasím
Plural			
mladí lidé	staré stromy	mladé paní	mladá vína
mladých lidí	starých stromů	mladých paní	mladých vín
mladým lidem	starým stromům	mladým paním	mladým vínům
mladé lidi	staré stromy	mladé paní	mladá vína
mladých lidech	starých stromech	mladých paních	mladých vínech
mladými lidmi	starými stromy	mladými paními	mladými víny
cizí lidé	moderní názory	jarní květiny	větší města
cizích lidí	moderních názorů	jarních květin	větších měst
cizím lidem	moderním názorům	jarním květinám	větším městům
cizí lidi	moderní názory	jarní květiny	větší města
cizích lidech	moderních názorech	jarních květinách	větších městech
cizími lidmi	moderními názory	jarními květinami	většími městy

2. ubozí, hezcí, chytří, čeští, francouzští, němečtí, angličtí, tiší, líní, chudí, skromní, blízcí

3. drazí rodiče, vážení hosté, chytří politici, nudní řečníci, dobří pracovníci, ochotní prodavači, moderní architekti, malí kluci, čeští skladatelé, španělští turisté, francouzští sportovci, němečtí studenti, angličtí umělci, slovenští učitelé, evropští zástupci, mladí lidé

4. anglické spisovatele, francouzské fotbalisty, české režiséry, slovenské zpěváky, německé houslisty, ruské šachisty, evropské politiky

5. zajímavou knihou / zajímavými knihami | starším zámkem / staršími zámky | mladým člověkem / mladými lidmi | malým dítětem / malými dětmi | důležitou věcí / důležitými věcmi | důležitějším tématem / důležitějšími tématy | moderním domem / moderními domy | starou lodí / starými loděmi | pohodlnou lavicí / pohodlnými lavicemi | pilnou žákyní / pilnými žákyněmi | vysokou věží / vysokými věžemi | malým parkovištěm / malými parkovišti | cizím jazykem / cizími jazyky | cizí zemí / cizími zeměmi | všedním dnem / všedními dny | dobrým úmyslem / dobrými úmysly | ledním medvědem / ledními medvědy | minulým stoletím / minulými stoletími | významným jubileem / významnými jubilei | významným datem / významnými daty | známým lékařem / známými lékaři | známým vynálezcem / známými vynálezci | nemocným uchem / nemocnýma ušima | bystrým okem / bystrýma očima | historickým městem / historickými městy | hezkou fotografií / hezkými fotografiemi

8 Komparation S. 44–45

1. 1. dál | 2. blíž | 3. výš | 4. níž | 5. dříve, déle | 6. hůř, lépe | 7. hlubší | 8. bližší | 9. delší | 10. vysoko, níž | 11. blíž | 12. diplomatičtěji | 13. sobečtější | 14. lepší | 15. horší | 16. hlasitěji | 17. pomaleji | 18. častěji | 19. dřive, později

2. Ten člověk je zajímavější. To dítě je veselejší. Ten chléb je čerstvější. Martina je chytřejší. Ta povídka je veselejší. Ti lidé jsou milejší. Ten kufr je těžší. Přijedu i za chladnějšího počasí. Vymyslel to chytřeji. Napsal to rychleji, ale hůř. To auto nejelo rychleji, jelo pomaleji. Pojďte k nám, bude nám tu veseleji. Vysvětlil mi to jasněji. Choval se klidněji a trpělivěji. Po slavnostech už je město zase čistší. Pavel jel rychleji než Petr. Petr byl rychlejší než Pavel. Musíš si vzít větší kufr. Tenhle kufr je větší. Já mám radši menší kufr. Pojedu tam, až bude lepší počasí. To je horší výsledek. Její zahrádka byla, jak říkala, větší květináč. Je ta kniha zajímavější a napínavější? Ta kniha je naopak nudnější, ale zato delší. Dnes je chladněji, počkáme, až bude hezčí počasí. Včera to nebylo lepší, dnes už je to o mnoho lepší.

3. To je daleko lepší. Tato práce ja daleko zajímavější. Ten film je daleko napínavější, než jsem očekával. Ta kniha je daleko dražší, než jsem myslel. Ty výsledky jsou daleko horší než loni. Daří se ti už lépe? Dnes je to ještě daleko horší. Petr je daleko menší než Tomáš. Je město Plzeň daleko starší než Karlovy Vary?

4.

chytrý	chytřejší	nejchytřejší	chytře	chytřeji	nejchytřeji
divoký	divočejší	nejdivočejší	divoce	divočeji	nejdivočeji
snadný	snadnější	nejsnadnější	snadno	snadněji	nejsnadněji
levný	levnější	nejlevnější	levně	levněji	nejlevněji
slabý	slabší	nejslabší	slabě	slaběji	nejslaběji
tichý	tišší	nejtišší	tiše	tišeji	nejtišeji
tvrdý	tvrdší	nejtvrdší	tvrdě	tvrději	nejtvrději
měkký	měkčí	nejměkčí	měkce	měkčeji	nejměkčeji
těžký	těžší	nejtěžší	těžce	tíž(e)	nejtíže

9 Die Problematik von *rád* und *sám* S. 48

1. 1. Co bys rád? | 2. Jsem rád, že to tak dopadlo. | 3. To vůbec nejsem rád, že nemůžeš přijít. | 4. Rád si to přečtu. | 5. Rád ti pomohu/pomůžu. | 6. Máte ráda Brahmse? | 7. Promiňte, já nerad! | 8. Nemám ráda ryby. | 9. Nerada ruším, ale musím se na něco zeptat. | 10. Jím velmi ráda švestkové knedlíky.

2. 1. Stačím to sám. | 2. Sám tam nepůjdu. | 3. Přesvědčte se sami. | 4. Přišli jsme na to sami. | 5. Je si toho sám vinný. | 6. Seděl jsem tam hodinu sám, než někdo přišel. | 7. Vypráví nám samé pohádky. | 8. To jsou samé nepotřebné přístroje.

10 Possessivadjektive *S. 51–53*

Singular:

Maskulinum		Femininum	Neutrum
belebt	unbelebt		
Pavlův bratr, Lenčin syn	bratrův dům, sestřin nos	Pavlova žena, Lenčina sousedka	Karlovo náměstí, Babiččino údolí
Pavlova bratra, Lenčina syna	bratrova domu, sestřina nosu	Pavlovy ženy, Lenčiny sousedky	Karlova náměstí, Babiččina údolí
Pavlovu bratru, Lenčinu synovi	bratrovu domu, sestřinu nosu	Pavlově ženě, Lenčině sousedce	Karlově náměstí, Babiččině údolí
Pavlova bratra, Lenčina syna	bratrův dům, sestřin nos	Pavlovu ženu, Lenčinu sousedku	Karlovo náměstí, Babiččino údolí
Pavlovu bratrovi, Lenčině synovi	bratrovu domu, sestřině nosu	Pavlově ženě, Lenčině sousedce	Karlově náměstí, Babiččině údolí
Pavlovým bratrem, Lenčiným synem	bratrovým domem, sestřiným nosem	Pavlovou ženou, Lenčinou sousedkou	Karlovým náměstím, Babiččiným údolím

Plural:

Maskulinum		Femininum	Neutrum
belebt	unbelebt		
otcovi, matčini přátelé	otcovy, matčiny slovníky	otcovy, matčiny věci	otcova, matčina kola
otcových, matčiných přátel	otcových, matčiných slovníků	otcových, matčiných věcí	otcových, matčiných kol
otcovým, matčiným přátelům	otcovým, matčiným slovníkům	otcovým, matčiným věcem	otcovým, matčiným kolům
otcovy, matčiny přátele	otcovy, matčiny slovníky	otcovy, matčiny věci	otcova, matčina kola
otcových, matčiných přátelích	otcových, matčiných slovnících	otcových, matčiných věcech	otcových, matčiných kolech
otcovými, matčinými přáteli	otcovými, matčinými slovníky	otcovými, matčinými věcmi	otcovými, matčinými koly

1. 1. Karlových Varů, Karlovými Vary | 2. Máchova pomníku, Máchovým pomníkem | 3. Arbesova náměstí, Arbesovým náměstím | 4. Švandova divadla, Švandovým divadlem | 5. Luisiny polky, Luisinou polkou | 6. Libušina proroctví, Libušiným proroctvím | 7. Babiččina údolí, Babiččiným údolím | 8. tetiných narozenin, tetinými narozeninami | 9. Věřina přítele, Věřiným přítelem | 10. známého Formanova filmu, známým Formanovým filmem | 11. Kunderova románu, Kunderovým románem

2. na Karlově mostě, na Masarykově nádraží, na Smetanově nábřeží, na Arbesově náměstí, na Máchově jezeře, v Karlově ulici, ve Švandově divadle, v Jindřichově Hradci, v Hrochově Týnci, v Mnichově Hradišti, v Sezimově Ústí, v Havlíčkově Brodě

3. v Karlových lázních, ve Františkových Lázních, v Karlových Varech, v Chotkových sadech

4. Pavel: Pavlův, Pavlova, Pavlovo | Tomáš: Tomášův, Tomášova, Tomášovo | Franta: Frantův, Frantova, Frantovo | teta: tetin, tetina, tetino | spolužák Franta: spolužáka Franty | Emil: Emilův, Emilova, Emilovo | sportovec Emil: sportovce Emila | Jiří: Jiřího | Jirka: Jirkův, Jirkova, Jirkovo | Věra: Věřin, Věřina, Věřino | Marie: Mariin, Mariina, Mariino | Klára: Klářin, Klářina, Klářino | školačka Klára: školačky Kláry | Hana: Hanin, Hanina, Hanino | Alexandra: Alexandřin, Alexandřina, Alexandřino | teta Máňa: tety Máni | mladá paní: mladé paní | paní: paní | děvčátko: děvčátka | pan Novák: pana Nováka

5. Jungmannův slovník, Čapkovy spisy, knihy, pohádky Boženy Němcové, Formanův film Amadeus, Dvořákovy Slovanské tance, Smetanova Vltava, hudba Bohuslava Martinů, hudba Martinů, Ježkova hudba, hudba Jaroslava Ježka

6. 1. Pojedeme do Karlových Varů a Františkových Lázní. | 2. Ten obchod je v Jungmannově ulici. | 3. Sejdeme se u Máchova pomníku. | 4. Byli jsme na výletě u Máchova jezera. | 5. Četli jsme o Libušině proroctví o vzniku města Prahy. | 6. Domů půjdeme Nerudovou ulicí. | 7. Na Karlově mostě je vždy mnoho turistů. | 8. Jdeme do Smetanova muzea. | 9. Ve Smetanově muzeu už jsme byli třikrát. | 10. Jedeme na Dvořákovy slavnosti. | 11. Jezdíme často do Karlových Varů. | 12. Bydlí na Smetanově nábřeží. | 13. V Riegerových sadech je letní restaurace. | 14. U Máchova jezera je mnoho chat. | 15. Z Chotkových sadů je krásný výhled na Prahu. | 16. V Karlově ulici si vždycky kupuje dýmku. | 17. Naše škola je v ulici Boženy Němcové. | 18. Vyšly už zase spisy Karla Čapka. | 19. Čapkovy spisy už mám, ale potřebuji ještě Jungmannův slovník. | 20. Slovník Josefa Jungmanna máme v knihovně. | 21. Muzeum a mauzoleum Jana Amose Komenského je v Naardenu u Amsterodamu. | 22. Mám ráda Formanovy a Menzelovy filmy. | 23. V Menzelově filmu »Postřižiny« hrál Rudolf Hrušínský. | 24. O nějakém novém Formanově filmu nic nevím.

11 Personal- und Reflexivpronomen *S. 58–59*

1. 1. Mluvili jste o mně, nás, něm, ní, nich. | 2. Neznám ho, ji, je. | 3. Hledám tě, vás, ho, ji, ho, je. | 4. Nemluvili jsme s ním, ní, ním, nimi. | 5. Nic o tobě, vás, něm, ní, něm, nich nevím. | 6. Proč se mě, tě, nás, vás, ho neptal? | 7. Snad se mě, nás, ho, jí, jich nebojíš? | 8. Sejdeme se u mne, tebe, nás, vás, něho, ní, nich. | 9. Přijdu k tobě, vám, němu, ní, nim až odpoledne. | 10. Počkáme na tebe, vás, něho, ni, ně do dvou hodin. | 11. Dostal jsi ode mne, od nás, od něho, od ní, od nich ten dopis? | 12. Musím si pro něho/něj, ni, ně připravit dárek. | 13. Nemůžeš mluvit pořád jen o mně, sobě, něm. | 14. Nemůžu mluvit pořád jen o tobě, vás, sobě. | 15. Musíte myslet i na sebe, ně, nás. | 16. Nedivím se ti, mu, jí, jim, vám.

2. Ty barvy s k sobě nehodí. Dlouho nejela žádná tramvaj a teď jelo několik tramvají za sebou. Nemůžete jet vedle sebe, musíte jet za sebou. Chceme sedět vedle sebe.

3. 1. Sie kümmern sich nur um sich. | 2. Wir kümmern uns nur um uns. | 3. Ich denke auch an dich. | 4. Sie sorgen auch für mich. | 5. Du musst auch etwas für uns tun. | 6. Ich kann nur für mich sprechen. | 7. Du kannst es für mich erledigen.

4. 1. Jeho to nezajímá. | 2. Tobě se nedivím. | 3. Tobě to půjčím. | 4. Mně dopis poslal. | 5. Tebe jsme hledali. | 6. Jemu musíš pomoci.

5. 1. Neřeknu mu to. | 2. Nebude se ti to líbit. | 3. Nepozvali ho. | 4. Neslyšel jsem tě. | 5. Nedali mi to. | 6. Neviděl jsem ho tu.

6. 1. bez sebe zlostí | 2. má to něco do sebe | 3. musím si koupit něco na sebe | 4. mít něco na sobě | 5. to samo o sobě | 6. to nemá ze sebe | 7. mluv jen za sebe | 8. tak, jak jdou po sobě | 9. samo od sebe | 10. vzít někoho, něco / mít někoho, něco s sebou

12 Possessivpronomen *S. 62–63*

1. Zeptám se jejího bratra, našeho přítele, jejich kolegy, jejího učitele, své sestry, jeho přítelkyně, naší kolegyně, jejích učitelek. | Pozdravujte jejího bratra, našeho přítele, jejich kolegu, jejího učitele, mou sestru, jeho přítelkyni, naši kolegyni, její učitelky. | Znáte jejího bratra, našeho přítele, jejich kolegu, jejího učitele, moji/mou sestru, jeho přítelkyni, naši kolegyni, její učitelky. | Mluvili o jejím bratrovi, našem příteli, jejich kolegovi, jejím učiteli, mé sestře, jeho přítelkyni, naší kolegyni, jejích učitelkách.

2. 1. Das ist ihr Nachbar? Könnten Sie mich mit ihrem Nachbar bekannt machen? Ich mache Sie sehr gern mit unserem Nachbar bekannt. | 2. Das ist Herr Novák und das ist sein Nachbar Herr Horák. Herrn Novák kenne ich, aber seinen Nachbar kenne ich nicht. Herr Novák kommt zu uns mit seinem Nachbar zu Besuch, so dass Sie seinen Nachbar kennenlernen können. | 3. Ich habe meine Aufgaben und du hast (auch) deine. Ich kann dir aber bei deiner Arbeit helfen. | 4. Alles hat seine Zeit. Alles hat seine Vor- und Nachteile.

3. Můj bratr bydlí v Brně. | Jeho kolega je z Bratislavy. | Vaši žádost vyřídíme co nejdříve. | Bez jejího souhlasu to nemůžeme podepsat. | S tvou pomocí to udělám rychle. | Podívali jsme se na jejich zahradu. | Seznámili jsme se s jejich rodiči. | Přečetli jsme si o tom ve vaší knize. | Bude o tom jistě vyprávět svým spolužákům. | To nebyl můj nápad, to byl tvůj nápad.

4. můj soused: mému sousedovi, mém sousedovi, mých sousedů, mých sousedech, mými sousedy | moje odpověď: mé odpovědi, mé odpovědi, mých odpovědí, mých odpovědích, mými odpověďmi | tvůj zájem: tvému zájmu, tvém zájmu, tvých zájmů, tvých zájmech, tvými zájmy | tvoje věc: tvé věci, tvé věci, tvých věcí, tvých věcech, tvými věcmi | náš přítel: našemu příteli, našem příteli, našich přátel, našich přátelích, našimi přáteli | vaše zavazadlo: vašemu zavazadlu, vašem zavazadle, vašich zavazadel, vašich zavazadlech, vašimi zavazadly | váš úspěch: vašemu úspěchu, vašem úspěchu, vašich úspěchů, vašich úspěších, vašimi úspěchy | náš pes: našemu psu, našem psu, našich psů, našich psech, našimi psy | naše přání: našemu přání, našem přání, našich přání, našich přáních, našimi přáními | jeho sestra: jeho sestře, jeho sestře, jeho sester, jeho sestrách, jeho sestrami | její otázka: její otázce, její otázce, jejích otázek, jejích otázkách, jejími otázkami | její chyba: její chybě, její chybě, jejích chyb, jejích chybách, jejími chybami

5. 1. Já mám svůj názor a ty máš svůj. | 2. Má tam všude své lidi. | 3. Kde máš svou tašku? | 4. Mám tu tvou tašku. | 5. Mám tu jeho tašku. | 6. To není moje taška, já mám svoji/svou nahoře. | 7. Máte tady svoje/vaše zavazadla. | 8. My tady už svoje/naše zavazadla nemáme. | 9. Petr jel k ke svým rodičům. Jeho rodiče bydlí v Plzni. | 10. Já jsem jela ke svým známým. | 11. Mám tady ještě jeho knihy.

13 Demonstrativpronomen S. 65–66

1. V tom, tomto, tomhle filmu hrál Hrušínský. V tomtéž filmu hrála také Šafránková. Já jsem nechtěl tu, tuto, tuhle knihu, já jsem chtěl tamtu, tamhletu. Na to nemáme tentýž názor, v tom, tomto, tomhle ohledu si nerozumíme. O něčem takovém jsem ještě neslyšel. Tito tvoji přátelé jsou velmi zábavní. Tato muzea ještě neznám. Asi půjde o tutéž osobu. Chtěli vždy číst tutéž knihu. Přijedu až ve čtvrtek, v tutéž dobu. Asi mluvíme oba o téže osobě, o tomtéž člověku. Vezmi si raději tu, tuto, tuhle teplejší šálu. To asi nebude to nejlepší řešení, ale určitě to nejjednodušší. S takovými výmluvami na mne nechoď. Tím, tímto, tímhle způsobem to nedokončíme nikdy. Když dva dělají totéž, není to totéž. Prosím tě, podej mi tu, tamtu, tamhletu větší krabici.

2. 1. Chci o tom s tebou mluvit. | 2. Na to se už velmi/moc těším. | 3. Dověděl se to příliš pozdě. | 4. Už na to nemysli! | 5. Co si o tom myslíš? | 6. Hodně jsme o tom četli. | 7. Co s tím chceš dělat? | 8. Zajímáme se o to. | 9. Na to už dlouho čekám. | 10. Nemůžu/nemohu si na to vzpomenout.

3. 1. O těch lidech nic nevím. | 2. Ty dívky znám. | 3. Ty knihy jsem ještě nečetl. | 4. Na těch židlích se špatně sedí. | 5. S těmi názory nesouhlasím. | 6. Kvůli těm chybám to musím psát znovu. | 7. Těmi problémy mne neobtěžuj. | 8. Na ty otázky jsem už dlouho čekal. | 9. V těch časopisech není nic zajímavého. | 10. V těch muzeích jsme ještě nebyli.

14 Frage- und Relativpronomen S. 68–69

1. Komu chceš poslat pozdrav? S kým pojedeš na dovolenou? O čem přemýšlíš? Jaké počasí máš nejradši? S čím ti mohu pomoci? Od které kolegyně máš tu knihu? Který z účastníků se na to ptal? K čemu to potřebuješ? Ke komu jedete na návštěvu? Čí taška to je? Z kterého dne jsou ty noviny? Komu to říkáš? To jsou názory, se kterými, s nimiž nesouhlasím. To jsou lidé, se kterými, s nimiž už se známe dlouho. To jsou kraje, o kterých, nichž nic nevím. Venku byl takový vítr, jaký jsem tady už dlouho nezažil. To jsou jeho záležitosti, do kterých mu nechceme mluvit. Vůbec nevím, o kom je řeč. Nevím, k čemu se to používá. Už tam nechtějí jezdit na dovolenou, čemuž se divím. Ta spisovatelka, jejíž kniha právě vyšla, má úspěch i v cizině. To je herec, jehož rodiče byli také herci. To je můj kolega, jehož otec je známý ilustrátor dětských knih. Odjeli na rok do Austrálie, o čemž jsme se dověděli až teď. To je skokan do vody Novotný, o jehož výborných výkonech jsme četli v novinách.

2. 1. Welche Farbe magst du? | 2. In welchem Jahr sind Sie geboren? | 3. Wessen Hund ist es? | 4. Wer zu viel fragt, erfährt zu viel (bekommt zu viele Antworten). | 5. Wir wollten das erfahren, was jetzt wichtig ist. | 6. (Draußen) Es war so ein (starker) Wind, den ich hier schon lange nicht erlebt hatte. | 7. Es kam auch Herr Novák, der vor Jahren im Nachbarhaus gewohnt hat. | 8. Es kam auch Herr Novák, dessen Schwester du sehr gut kennst. | 9. Es kam auch Herr Novák, was keiner erwartete / niemand erwartet hätte. | 10. Wofür interessiert sich Ihre Mutti, womit könnten wir ihr eine Freude machen? | 11. Von wem ist das Buch »Der Krieg mit den Molchen«? | 12. Wen haben Sie bei ihrem Urlaub in der Slowakei kennengelernt?

3. 1. O čem mluvíš? | 2. V kterém městě jsi studoval? | 3. S kým jdeš do divadla? | 4. Proti komu hraje dnes vaše mužstvo? | 5. To je počasí, jaké si přeji. | 6. Jakou hudbu máš rád/ráda? | 7. Co teď čteš? | 8. Čí knihy to jsou? | 9. Podle čeho to poznáš? | 10. O kom mluvíte? | 11. Z jakého materiálu je to vyrobeno? | 12. To je moje kolegyně, jejíž sestru ty také znáš. | 13.To je spisovatel, jehož knihy jsi už určitě četl.

15 Definit- und Indefinitpronomen S. 71–72

1. Někoho by ses měl zeptat. Někomu přece věřit musím. Vezmi si s sebou něco ke čtení. Zeptám se nějakého odborníka. O některých událostech z těch let už jsem četl. Někteří moji známí už v tom muzeu byli, některé obrazy se jim ale vůbec nelíbily. V něčem se vyzná, ale něčemu nerozumí vůbec. Nevím, čí to je, ale něčí to určitě bude. Ať je to čí chce. Tu práci může dělat kdokoli, pro někoho ale není dost zajímavá. Můžeš se poradit s kýmkoli, někdo o tom něco bude vědět. Když jde nakoupit, často koupí kdeco, kdejaký nesmysl. Od něj se člověk může leccos dovědět. Povídali jsme si o lecčems. To ví málokdo, to je málokomu jasné. Můžeš si objednat hotel jaký chceš. Myslí si, že už o tom bůhvíco ví, něco ví, ale ještě by se mohl kdečemu, lecčemus přiučit, o lecčems se něco dovědět.

2. Dověděl jsem se něco zajímavého. Dej mu ke čtení něco poučného. To je něco jiného! Udělal pro nás leccos dobrého. Nic nového pod sluncem. Na tom není nic špatného. Musí tam jít někdo starší. Musí to opravit někdo šikovný a zkušený. Musí tam přece být někdo ochotnější. Co lepšího si můžeme přát? Musíš si přečíst něco veselejšího.

3. 1. Nikdo k tomu nechtěl nic říct. | 2. Nemám žádny nápad, žádný návrh. | 3. Nikdo tu nečekal. | 4. Nikomu jsem nic neřekl. | 5. Nikdo tu není. | 6. Nic o tom nevím. | 7. Nemám žádné nové plány. | 8. Nikoho tu neznám. | 9. Nikdo se mě na nic neptal. | 10. Žádný nový film od tohoto režiséra není. | 11. Nevyprávěj mi žádné pohádky! | 12. Nechceme vám nic zakazovat, ale kouřit tady nesmí nikdo.

4. To říká každý, když je pozdě. To se líbí každému. Každý ho zná. Každá koruna dobrá. Čekám ho každou chvíli. S každým se hádá. Vezmi si všechno. Všichni se mě ptali. Mám tady všechny svoje dokumenty. Spotřebovali jsme všechno mléko, všechen cukr a všechnu mouku. Vyplýtval na to všechny peníze. Byli tam všichni. Na každém kroku se ohlížel. Každý den si na tebe vzpomene. Zastaví se v každém obchodě. Kupuje každou pitomost. Chtěl se o to za každou cenu pokusit.

5. Může tam jít kdokoli. Něco říkal, já jsem mu ale nerozuměl. To by mohl říct každý. Nechce žádné rady, důvěřuje málokomu. Leckdo by si myslel, že je odborník. Věří každému všechno, o ničem nepochybuje. Nevěří nikomu nic, o všem pochybuje. Můžeš si přát cokoli, něco dostaneš. Přát si můžeš leccos, všechno se ti nemůže splnit. Ve všem se vyzná. Tenhle člověk si o sobě myslí, že je moc chytrý, takovým se říká: Všechno ví, všechno zná, všude byl. Přišel k nám se všemi kamarády. O všem se musíme ještě poradit. Ještě ke všemu začalo pršet. Výsledek byl pod vší kritiku.

16 Numeralia S. 78–82

1. 1. Kolik jich tam bylo? Bylo jich tam dvě stě. | 2. Kolik se jich přihlásilo? Přihlásil se jeden. | 3. Kolik ho tu je? Je ho tu kilo. | 4. Kolik jsi jich koupil? Koupil jsem dvě knihy. | 5. Kolik jich tu je? Jsou tu čtyři. | 6. Kolik jich tu máme? Máme jich tu pět. | 7. Kolik jich potřebujeme? Potřebujeme jich dvanáct. | 8. Kolik jich tam je? Jsou tam tři. | 9. Kolik jich mám přinést? Přines jich deset! | 10. Kolik jich přišlo? Přišlo jich dvacet pět/pětadvacet.

2. Kolik litrů se do té konve vejde? Kolik kilometrů to je? Kolik kilogramů to váží? | Vejde se tam šest litrů. To je tolik, kolik litrů potřebujeme. | Jsou to dva kilometry. Je to asi deset kilometrů. Váží to asi tři kila. | Kolik to měří? Kolik to má metrů? Má to metr a půl, jeden a půl metru, čtvrt metru, tři metry. | Jak je to daleko? Kolik je to kilometrů? Je to dvě stě kilometrů.

3.

Singular			
Maskulinum		Femininum	Neutrum
belebt	unbelebt		
jeden pán	jeden hrad	jedna žena	jedno dítě
jednoho pána	jednoho hradu	jedné ženy	jednoho dítěte
jednomu pánovi	jednomu hradu	jedné ženě	jednomu dítěti
jednoho pána	jeden hrad	jednu ženu	jedno dítě
jednom pánovi	jednom hradu/hradě	jedné ženě	jednom dítěti
jedním pánem	jedním hradem	jednou ženou	jedním dítětem
Plural			
jedny šaty		jedny dveře	jedna kamna
jedněch šatů		jedněch dveří	jedněch kamen
jedněm šatům		jedněm dveřím	jedněm kamnům
jedny šaty		jedny dveře	jedna kamna
jedněch šatech		jedněch dveřích	jedněch kamnech
jedněmi šaty		jedněmi dveřmi	jedněmi kamny

4. 1. dva pánové, dva kufry, dvě tašky | 2. s oběma / se dvěma dětmi | 3. dvě města | 4. za dvěma velkými městy | 5. s oběma novými kolegyněmi | 6. ze dvou spolehlivých pramenů

5. 1. tři | 2. tři, čtyři | 3. čtyř, tří | 4. čtyřech | 5. třech | 6. třem | 7. třemi, čtyřmi

6. 1. dvaceti pěti/pětadvaceti | 2. šedesáti osmi/osmašedesáti | 3. třicet šest/šestatřicet | 4. čtyřicet devět/devětačtyřicet | 5. padesáti sedmi/sedmapadesáti, dvacet osm/osmadvacet | 6. Dvaceti dvou/dvaadvaceti | 7. třiceti třech/třiatřiceti | 8. sedmdesát tři/třiasedmdesát | 9. čtyřicet dva/dvaačtyřicet | 10. dvacet jedna/jedenadvacet

7. Je mu jeden rok. Jsou mu dva roky, tři roky, čtyři roky. Je mu pět let, čtyřicet let. Nevím přesně, kolik je mu let, ale asi hodně, určitě víc než šedesát, něco přes šedesát let. Tomu chlapečkovi je teprve půl roku, té holčičce je čtvrt roku.

8. in zwei Minuten fünf (Uhr); fünf (Minuten) vor halb fünf; Viertel drei / Viertel nach zwei; fünf Minuten nach halb fünf; fünf Minuten nach fünf; halb eins; drei Viertel sechs / Viertel vor sechs

9. 1. Je prvního května. Je prvního pátý. | 2. Je šestého srpna. Je šestého osmý. | 3. Je dvanáctého prosince. Je dvanáctého dvanáctý. | 4. Je dvacátého pátého března. Je dvacátého pátého třetí. | 5. Je osmého října. Je osmého desátý.

10. 1. první | 2. páté | 3. čtvrtém | 4. třetí | 5. osmý | 6. šestého, dvanácté | 7. dvacátém sedmém, druhý | 8. druhé, devatenáctého | 9. patnácté

11. 1. Kolik je mu, Petrovi, Aleně, sestře, té spisovatelce, tomu herci, panu Janákovi let? | 2. Jemu, Petrovi, Aleně, sestře, té spisovatelce, tomu herci, panu Janákovi je jeden rok; jsou dva tři, čtyři roky; dvacet let; třicet pět/pětatřicet let; osmdesát dva/dvaaosmdesát, padesát tři/třiapadesát let. | 3. Mám tady jen jednu tužku. Přivedu s sebou alespoň jednoho pomocníka. Mně stačí jedno jablko. Jedno místo ještě bylo volné. Mám s sebou jedny šaty a jedny boty. Do pokoje vedou jenom jedny dveře. | 4. Kolik metrů látky na ten závěs potřebujeme? Koupil dvacet lahví piva, vody. Musíme počítat se dvěma skupinami turistů.

12. 1. osm hodin | 2. osm hodin a pět minut | 3. za deset minut osm | 4. za pět minut půl páté | 5. tři čtvrtě na tři | 6. půl jedné | 7. do půl čtvrté | 8. od osmi hodin | 9. asi do jedné | 10. ve tři čtvrtě na devět | 11. od deseti do dvanácti hodin

13. jedna a jedna jsou dvě; dvě a tři je pět; tři a jedna jsou čtyři; deset bez devíti (minus devět) je jedna; deset bez sedmi jsou tři; deset bez dvou je osm; Kolik je deset a deset? deset a deset je dvacet; osmkrát osm je šedesát čtyři; ta jablka jsou dvě, tři, čtyři; těch jablek je pět

14. 1. Kolik ti jich mám dát? Mám ti jich dát deset? Tolik mi jich nedávej, tři jablka mi stačí. | 2. Kolik ti jich mám dát? Dej mi jich pět, nebo mi dej jen čtyři. | 3. Kolik by se vás přihlásilo? Asi by se nás jindy přihlásilo hodně, ale teď se nás přihlásilo jen několik. | 4. Kolik vás tam jelo? Asi osm nás tam jelo. | 5. Tolik se jich přihlásilo? Ano, přihlásilo se jich víc, než jsme čekali.

15. 1. Er redet immer viel! | 2. Wie viele kommen in diese Tasche hinein? Nur drei. | 3. Alle einundzwanzig Schüler kamen rechtzeitig. | 4. Gestern kamen alle beide. Morgen kommen alle drei. Übermorgen kommen vier oder es kommen alle fünf. | 5. Erst sollten wir uns so beeilen und jetzt warten wir hier. | 6. Hier sind fünf Äpfel. Hier sind zehn Birnen. Hier sind einige Bananen. | 7. So viele Birnen sind hier nicht. Es sind nur acht. | 8. Hier ist nur eine Geige. | 9. Ich kann nicht nur eine Brille haben. | 10. Ich habe nur ein Paar Hände, ich kann nicht alles auf einmal machen. | 11. Nimm lieber noch ein Paar Schuhe (zusätzlich) mit. | 12. Du wusstest schon immer viel zu viel / alles! | 13. Der kauft immer viel zu viel ein! | 14. So viel Gerede! | 15. Dort ist eine Menge Schnee! | 16. Da waren Menschen über Menschen!

16. 1. ve čtrnáctém století, v roce tisíc tři sta sedmdesát/třináct set sedmdesát | 2. v třináctém století, v roce dvanáct set sedmdesát dva/tisíc dvě stě sedmdesát dva | 3. v roce tisíc šest set čtyřicet osm/šestnáct set čtyřicet osm | 4. v roce tisíc osm set čtyřicet jedna/osmnáct set čtyřicet jedna, v roce tisíc devět set čtyři/devatenáct set čtyři | 5. v roce dva tisíce deset

17 Verbformen *S. 91–92*

1. 1. Učím se rád. | 2. Proč se ptáš? | 3. To se mě netýká. | 4. Narodil se v Jeně. | 5. Alespoň se o to pokusím. | 6. Domnívám se, že se mýlí. | 7. Jak se máte? | 8. Už se probudil. | 9. Zbláznil ses? | 10. Nedověděl jsem se to včas. | 11. Jdu se projít. | 12. Často se směje. | 13. To se mi nelíbí. | 14. Vždyť se nic nestalo. | 15. Minuli jsme se. | 16. Určitě se ti to povede. | 17. Nemohu se zbavit kašle. | 18. Ty ses neptal. | 19. Zdá se, že to je příliš těžké. | 20. Nevšiml sis toho? | 21. Už se uzdravil. | 22. Nedotýkejte se, prosím!

2. 1. das lässt sich leicht reparieren | 2. das sagt sich leicht | 3. das muss man melden | 4. das muss man zuerst braten | 5. das darf man nicht | 6. so sagt man es nicht

3. Teď se jde domů! *Ab jetzt, nach Hause!* | To se teď udělá, a je to! *Das wird jetzt gemacht und fertig!* | To kolo se postaví jinam! *Das Fahrrad wird woanders hingestellt!* | Já si chci jenom chvíli číst. *Ich möchte nur eine Weile in Ruhe lesen.* | Ty si tady odpočíváš a tam na tebe čeká práce. *Du erholst dich hier ganz gemütlich und dort wartet Arbeit.* | Když si pozveš hosty, tak se musíš o ně starat. *Wenn du Gäste einlädst, dann musst du dich um sie kümmern.* | Nemůžeš si nabrat tolik úkolů, vždyť to nestačíš. *Du kannst nicht so viele Aufgaben übernehmen, du schaffst es doch nicht.* | Já si to odnesu sama, přece se s tím nebudete nosit. *Ich trage es alleine, Sie brauchen sich damit nicht zu plagen.* | Musíte si svoje věci uklidit sami, já se s tím uklízet nebudu. *Ihr müsst schon eure Sachen* *selber aufräumen, ich werde mir damit die Arbeit nicht machen.* | Tak to snězte syrové a já se s tím nemusím péct. *Dann esst es doch roh und ich werde mir das Backen sparen.*

4. neznat, neptat se, nepřát si, nesmát se, nestát, nedbat, nehřát, nehrát, nebát se, nekrást, nebrat, nepsat, nestát se, nehnat, neštvat, neprat, nervat, neřvat, nevstat, nezvat, nelhat, nežrat, necpat, nepást

5. ty budeš, nebudeš | on, ona, ono bude, nebude | my budeme, nebudeme | vy budete, nebudete | oni, ony, ona budou, nebudou

18 Der verbale Aspekt *S. 95–96*

1. Včera (přijímat) přijímali celý den studenty. (Přijmout) Přijali jich 20. (Číst) Čte velmi rychle, za týden (přečíst) přečte čtyři knihy. (Jíst) Jez pomalu, nikdo tě nehoní. Pořád ještě (nakupovat) nakupuje, už by mohl přestat, už toho (nakoupit) nakoupil dost. Kdy (přijít) přijde Petr? Tamhle právě (přicházet) přichází. Mohl bys mi (přinést) přinést kávu sem do pokoje? Za dvě hodiny to (dodělat) dodělám. Pořád se mne na něco (ptát) ptáš, nemůžeš mne pořád (vyrušovat) vyrušovat. Celou noc si (číst) četl. Dvě hodiny už tady (čekat) čekám. (Počkat) Počkám na tebe do dvou hodin. (Psát) Psal bez přestávky hodinu a půl . Vždycky se mne na něco (ptát/zeptat) ptá/zeptá. Musím se podívat, jestli jsem dobře (zavřít) zavřel. Zloděje (chytit) chytili a (zatknout) zatkli. Dlouho se (rozhodovat) rozhodoval, ale pak si to (neobjednat) neobjednal. Ten dopis jsem právě před chvílí (odeslat) odeslal, doufám, že (dojít) dojde včas. Jdu se (podívat) podívat, jestli už jsi (dojíst) dojedl. Nechci ti pořád (radit) radit, ale měl bys ho v neděli (navštívit) navštívit. V padesáté minutě ještě (vyhrávat) vyhrávala Sparta, teď ale už (prohrávat) prohrává, asi (prohrát) prohraje. To je tak, nemůže pořád jeden (vyhrávat) vyhrávat a jiný pořád (prohrávat) prohrávat. Odkud (odlétat) odlétají letadla do Říma? Z kterého nástupiště (odjíždět) odjíždějí vlaky do Lipska? Vlak už (odjet) odjel, příště musím jít dřív, aby mi zase (neujet) neujel. Vlaky (odjíždět) odjíždějí pravidelně z dvanácté koleje, dnes ale (odjíždět) odjíždějí výjimečně z desáté koleje. Nikdy ten časopis (nekupovat) nekupujeme, dnes ho ale (koupit) koupíme. Musím začít (vařit) vařit oběd. Musíš přestat (psát) psát dopisy, musíme už (jít) jít, abychom (nepřijít) nepřišli pozdě. (Počkat) Počkej na mne, až to (dopsat) dopíšu. Konečná stanice, prosíme (vystoupit) vystupte! Musíš si (uříznout) uříznout pořádný kus chleba. Budeme muset do toho kyselého jablka (kousnout) kousnout. (Píchat) Píchá mne pořád v zádech, budu se muset (poradit) poradit s lékařem. Ten pes mne už několikrát (kousnout) kousl. Vždycky se při té práci (říznout) říznu. Ten míč hezky (skákat) skáče. Můžeš si třeba celé odpoledne (vystřihovat) vystřihovat obrázky.

2. (Chodit) Chodí tady pořád sem a tam. (Chodit) Chodíš ráda bruslit? Kam (běžet) běžíš? Kam jsi včera odpoledne (jet) jel? Komu (nést) ten balík neseš? Podívej, (vést) vedu ti hosta. Musím teď nejdřív (jít) jít k lékaři, bolí mne zuby. (Jít) Jdu se trošku (projít– Aspektpaar) projít. Nemůžeš mi sem pořád někoho (vodit) vodit, takhle nestačím svou práci. (Nosit) Nosí nám sem ze dvora sníh a bláto.

19 Wortformen des Aktivs *S. 100–101*

1. 1. já jsem, nejsem doma | 2. ty jsi, nejsi v kině | 3. on, ona, ono je, není ve škole | 4. my jsme, nejsme na návštěvě | 5. vy jste, nejste v práci | 6. oni, ony, ona jsou, nejsou na slavnosti

2. já jsem byl/byla, nebyl/nebyla – byl/byla, nebyl/nebyla jsem | ty jsi byl/byla, nebyl/nebyla – byl/byla, nebyl/nebyla jsi | on byl/nebyl – byl/nebyl | ona byla/nebyla – byla/nebyla | ono bylo/nebylo – bylo/nebylo | my jsme byli/nebyli – byli/nebyli jsme | vy jste byli/nebyli – byli/nebyli jste | Vy jste byla/nebyla – byla/nebyla jste | Vy jste byl/nebyl – byl/nebyl jste | oni byli/nebyli – byli/nebyli | ony byly/nebyly – byly/nebyly | ona byla/nebyla – byla/nebyla

3. znát: znám, znají, neznám, neznají; znal jsem, znali, neznal jsem, neznali | dbát: dbám, dbají, nedbám, nedbají; dbal jsem, dbali, nedbal jsem, nedbali | smát se: směji se, smějí se, nesměji se, nesmějí se; smál jsem se, smáli se, nesmál jsem se, nesmáli se | přát si: přeji si, přejí si, nepřeji si, nepřejí si; přál jsem si, přáli si, nepřál jsem si, nepřáli si | dělat: dělám, dělají, nedělám, nedělají; dělal jsem, dělali, nedělal jsem, nedělali | udělat: udělám, udělají, neudělám, neudělají; udělal jsem, udělali, neudělal jsem, neudělali | vyznat se: vyznám se, vyznají se, nevyznám se, nevyznají se; vyznal jsem se, vyznali se, nevyznal jsem se, nevyznali se | prosit: prosím, prosí, neprosím, neprosí; prosil jsem, prosili, neprosil jsem, neprosili | rozumět: rozumím, rozumějí, nerozumím, nerozumějí; rozuměl jsem, rozuměli, nerozuměl jsem, nerozuměli | sedět: sedím, sedí, nesedím, nesedí; seděl jsem, seděli, neseděl jsem, neseděli | nést: nesu, nesou, nenesu, nenesou; nesl jsem, nesli, nenesl jsem, nenesli | plést: pletu, pletou, nepletu, nepletou; pletl jsem, pletli, nepletl jsem, nepletli | krást: kradu, kradou, nekradu, nekradou; kradl jsem, kradli, nekradl jsem, nekradli | vést: vedu, vedou, nevedu, nevedou; vedl jsem, vedli, nevedl jsem, nevedli | péci/upéci: peču/upeču, pečou, nepeču, nepečou; pekl jsem, pekli, nepekl jsem, nepekli | říct: řeknu, řeknou, neřeknu, neřeknou; řekl jsem, řekli, neřekl jsem, neřekli | moci: mohu/můžu, mohou/můžou, nemohu, nemohou; mohl jsem, mohli, nemohl jsem, nemohli | přemoci: přemůžu, přemůžou, nepřemůžu, nepřemůžou; přemohl jsem, přemohli, nepřemohl jsem, nepřemohli | vázat/uvázat: vážu/uvážu, vážou, nevážu, nevážou; vázal jsem, vázali, nevázal jsem, nevázali | lhát: lžu, lžou, nelžu, nelžou; lhal jsem, lhali, nelhal jsem, nelhali | vyslat: vyšlu, vyšlou, nevyšlu, nevyšlou; vyslal jsem, vyslali, nevyslal jsem, nevyslali | přijmout: přijmu, přijmou, nepřijmu, nepřijmou; přijal jsem, přijali, nepřijal jsem, nepřijali | tisknout/vytisknout: tisknu, tisknou, netisknu, netisknou; tiskl jsem, tiskli, netiskl jsem, netiskli | začít: začnu, začnou, nezačnu, nezačnou; začal jsem, začali, nezačal jsem, nezačali | vzít: vezmu, vezmou, nevezmu, nevezmou; vzal jsem, vzali, nevzal jsem, nevzali | brát: beru, berou, neberu, neberou; bral jsem, brali, nebral jsem, nebrali | mlít: melu, melou, nemelu, nemelou; mlel jsem, mleli, nemlel jsem, nemleli | rvát/vyrvat: rvu, rvou, nervu, nervou; rval jsem, rvali, nerval jsem, nervali | zavřít: zavřu, zavřou, nezavřu, nezavřou; zavřel jsem, zavřeli, nezavřel jsem, nezavřeli | zatknout: zatknu, zatknou, nezatknu, nezatknou; zatkl jsem, zatkli, nezatkli jsem, nezatkli | psát/napsat: píšu, píšou, nepíšu, nepíšou; psal jsem, psali, nepsal jsem, nepsali | jít: jdu, jdou, nejdu, nejdou; šel jsem, šli, nešel jsem, nešli | jíst: jím, jedí, nejím, nejedí; jedl jsem, jedli, nejedl jsem, nejedli | jet: jedu, jedou, nejedu, nejedou; jel jsem, jeli, nejel jsem, nejeli | stát: stojím, stojí, nestojím, nestojí; stál jsem, stáli, nestál jsem, nestáli | stát se: stanu se, stanou se, nestanu se, nestanou se; stal jsem se, stali se, nestal jsem se, nestali se | bát se: bojím se, bojí se, nebojím se, nebojí se; bál jsem se, báli se, nebál jsem se, nebáli se | vyhnat: vyženu, vyženou, nevyženu, nevyženou; vyhnal jsem, vyhnali, nevyhnal jsem, nevyhnali | divit se: divím se, diví se, nedivím se, nediví se; divil jsem se, divili se, nedivil jsem se, nedivili se | hrát si: hraji si, hrají si, nehraji si, nehrají si; hrál jsem si, hráli si, nehrál jsem si, nehráli si | mýt se: myji se, myjí se, nemyji se, nemyjí se; myl jsem se, myli se, nemyl jsem se, nemyli se | ptát se/zeptat se: ptám se, ptají se, neptám se, neptají se; ptal jsem se, ptali se, neptal jsem se, neptali se

4. Sie dürfen sich nicht ärgern / Sie dürfen uns nicht böse sein; Sie müssen sich nicht so beeilen; wir wollen nicht stören; wir können nicht alles wissen; ich will danach fragen; ich muss ihm helfen | smím se zeptat; musím ještě zavřít dveře; nesmíš se tomu smát; nechceme tolik jíst; nemůžu to pochopit; máš ho zavolat

5. poletím | poběžím | ponesu | povedu | povezu

6. Já tam půjdu. Asi tam nic neporoste. Tomu asi bude rozumět. Asi se bude smát. To si budu přát. Já to budu vědět. On to už bude mít. Tu knihu budu číst. Každý den bude psát dopisy. Zítra pojede do Ostravy. Ona se určitě bude bát. Já tady budu stát, až sem někdo přijde. Já jim to tam ponesu/donesu. Já jim to tam nebudu nosit. Oni to budou jíst a pít. Musíte jít domů, budeme zavírat.

7. Nebude chtít jít do kina. Bude moci přijít až ve středu. Budu se snažit mu pomoci. Budete muset ještě čekat. Nebude se smět/moci divit. Bude moci přijít už dřív. | Er wird bestimmt nicht streiten wollen. Er wird früher kommen müssen. Er wird nicht so früh aufstehen müssen. Er wird die Arbeit bis Donnerstag nicht fertig haben können. Wir werden nichts machen können. Ich werde noch fragen dürfen.

8. Co se tam dělo? Tehdy žili na vesnici. Nechtěl jsem vás urazit. To jsme nevěděli. Určitě už na to zapomněl. Včera málo jedl a pil a dlouho spal. Od té doby už uteklo hodně vody. Vypnuli proud a zavřeli plyn. Přivezli nám nábytek. Špatně četl a psal. Kam šel Karel? Milan už také odešel? Začalo jaro. Zloděje chytili a zatkli. Ještě, že jsem si vzpomněl! Děti rostly jako z vody. Dovedl ho až před dům. Nikdy si s sebou nebral deštník, ale dnes si ho vzal. Asi jste si mne s někým spletl. Jeho knihy vytiskli už před dvaceti léty. Nemohl to včas dodělat. To mi nikdo neřekl, to jsem nemohl vědět. Smál se tomu. Snědl všechny koláče.

9. Er bemühte sich, ihn zu verstehen. Er wollte nur ruhen. Er wollte sich nur ausruhen. Er musste lachen. Er ging spazieren. Er ging in die Bibliothek arbeiten. Er musste sich bei ihm entschuldigen. Er wollte schon gestern wegfahren. Er durfte sich nicht bewegen/rühren. Er wollte nicht so lange warten. Er hätte nicht hingehen sollen. Er hätte es nicht kaufen sollen. Er hätte sich nicht einmischen sollen. | Neměl tam chodit. Nemusel to kupovat. Neměl se do toho plést. Mohl se zeptat. Mohl si to rozmyslet. Mohl to mít hotové dřív. Mohl vstát dřív. Neměl ses ptát. Měl ses víc učit. Měl sis to napsat/zapsat.

20 Wortformen des Passivs *S. 104–106*

1.

	aufbauen – bauen	
er ist aufgebaut worden	er ist aufgebaut	er wird aufgebaut werden
er wurde gebaut	er wird gebaut	er wird gebaut werden
	öffnen	
es war geöffnet / stand offen	es ist geöffnet	es wird geöffnet sein
es wurde geöffnet	es wird geöffnet	es wird geöffnet werden
	bestrafen – strafen	
er wurde bestraft	er wird bestraft	er wird bestraft werden
er wurde gestraft	er wird gestraft	er wird gestraft werden

2. vypnout proud: proud je vypnut, proud byl vypnut, proud bude vypnut | vypínat proud: proud je vypínán, proud byl vypínán, proud bude vypínán | zaplatit účty: účty jsou zaplaceny, účty byly zaplaceny, účty budou zaplaceny | platit účty: účty jsou placeny, účty byly placeny, účty budou placeny | otevřít obchod: obchod je otevřen, obchod byl otevřen, obchod bude otevřen | otevírat obchod: obchod byl otevírán, obchod je otevírán, obchod bude otevírán | vymyslit příběh: příběh byl vymyšlen, příběh je vymyšlen, příběh bude vymyšlen | poslat článek do novin: článek byl poslán do novin, článek je poslán do novin, článek bude poslán do novin | umlít kávu: káva byla umleta, káva je umleta, káva bude umleta | dovést žáka do školy: žák byl doveden do školy, žák je doveden do školy, žák bude doveden do školy | dovádět žáky na stadion: žáci byly dováděni na stadion, žáci jsou dováděni na stadion, žáci budou dováděni na stadion

3. zaplatit účty: účty mohly být zaplaceny, účty mohou být zaplaceny, účty budou moci být zaplaceny | otevřít obchod: obchod musel být otevřen, obchod musí být otevřen, obchod bude muset být otevřen | vymyslit příběh: příběh mohl být vymyšlen, příběh může být vymyšlen, příběh bude moci být vymyšlen | napsat článek do novin: článek do novin musel být napsán, článek do novin musí být napsán, článek do novin bude muset být napsán | umlít kávu: káva musela být umleta, musí být umleta, káva bude muset být umleta | odvézt pacienta do nemocnice: pacient musel být odvezen do nemocnice, pacient musí být odvezen do nemocnice, pacient bude muset být odvezen do nemocnice | dovést žáka do školy: žák mohl být doveden do školy, žák může být doveden do školy, žák bude moci být doveden do školy | dokončit stavbu: stavba musela být dokončena, stavba musí být dokončena, stavba bude muset být dokončena | odvézt ovoce na trh: ovoce muselo být odvezeno na trh, ovoce musí být odvezeno na trh, ovoce bude muset být odvezeno na trh | omezit počet účastníků: počet účastníků musel být omezen, počet účastníků musí být omezen, počet účastníků bude muset být omezen

4.

Imperfekt oder Perfekt	Präsens	Futur
	hrát staré filmy	
byly hrány staré filmy	jsou hrány staré filmy	budou hrány staré filmy
hrály se staré filmy	hrají se staré filmy	budou se hrát staré filmy
	nabízet kurzy šití	
byly nabízeny kurzy šití	jsou nabízeny kurzy šití	budou nabízeny kurzy šití
nabízely se kurzy šití	nabízejí se kurzy šití	budou se nabízet kurzy šití
	nabídnout (někomu, jim) kurzy	
byly jim nabídnuty kurzy	jsou jim nabídnuty kurzy	budou jim nabídnuty kurzy
nabídli se jim kurzy		nabídnou se jim kurzy
	přijímat studenty	
byli přijímáni studenti	jsou přijímáni studenti	budou přijímáni studenti
přijímali se studenti	přijímají se studenti	budou se přijímat studenti
	přijmout 40 studentů	
bylo přijato 40 studentů	je přijato 40 studentů	bude přijato 40 studentů
přijalo se 40 studentů		přijme se 40 studentů
	tisknout časopisy	
byly tištěny časopisy	jsou tištěny časopisy	budou tištěny časopisy
tiskly se časopisy	tisknou se časopisy	budou se tisknout časopisy
	vytisknout nové vydání této knihy	
bylo vytisknuto/vytištěno nové vydání knihy	je vytisknuto/vytištěno nové vydání knihy	bude vytisknuto/vytištěno nové vydání knihy
vytisklo se nové vydání knihy		vytiskne se nové vydání knihy

5.

Imperfekt oder Perfekt	Präsens	Futur
	péct tři koláče	
byly pečeny tři koláče	jsou pečeny tři koláče	budou pečeny tři koláče
pekly se tři koláče	pečou se tři koláče	budou se péct tři koláče
	upéci hodně koláčů	
bude upečeno hodně koláčů	je upečeno hodně koláčů	bude upečeno hodně koláčů
upeklo se hodně koláčů		upeče se hodně koláčů
	sázet dva stromy	
byly sázeny dva stromy	jsou sázeny dva stromy	budou sázeny dva stromy
sázely se dva stromy	sázejí se dva stromy	budou se sázet dva stromy
	vysázet několik stromů	
bylo vysázeno několik stromů	je vysázeno několik stromů	bude vysázeno několik stromů
vysázelo se několik stromů		vysází se několik stromů
	stavět několik nových domů	
bylo stavěno několik nových domů	je stavěno několik nových domů	bude stavěno několik nových domů
stavělo se několik nových domů	staví se několik nových domů	bude se stavět několik nových domů
	vystavět několik nových domů	
bylo vystavěno několik nových domů	je vystavěno několik nových domů	bude vystavěno několik nových domů
vystavělo se několik nových domů		vystaví se několik nových domů

6.

Imperfekt oder Perfekt	Präsens	Futur
	vysázet několik stromů	
muselo být vysázeno několik stromů	musí být vysázeno několik stromů	bude muset být vysázeno několik stromů
musí se vysázet několik stromů		bude se muset vysázet několik stromů
	odeslat dva dopisy a pět balíků	
musely být odeslány dva dopisy a pět balíků	musí být odeslány dva dopisy a pět balíků	budou muset být odeslány dva dopisy a pět balíků
musely se odeslat dva dopisy a pět balíků	musí se odeslat dva dopisy a pět balíků	budou se muset odeslat dva dopisy a pět balíků
	odevzdat celou práci	
musela být odevzdána celá práce	musí být odevzdána celá práce	bude muset být odevzdána celá práce
musela se odevzdat celá práce	musí se odevzdat celá práce	bude se muset odevzdat celá práce
	odevzdat pět knih	
muselo být odevzdáno pět knih	musí být odevzdáno pět knih	bude muset být odevzdáno pět knih
muselo se odevzdat pět knih	musí se odevzdat pět knih	bude se muset odevzdat pět knih

21 Der Konditional *S. 108–109*

1. já bych | ty bys | on, ona, ono by | my bychom | vy byste | oni, ony, ona by

2. vypínat proud: (ne)vypínali by proud, (ne)byli by vypínali proud, (ne)byl by vypínán proud, (ne)byl by býval vypínán proud, (ne)vypínal by se proud, (ne)byl by se vypínal proud | zaplatit účty: (ne)zaplatili by účty, (ne)byli by zaplatili účty, (ne)byly by zaplaceny účty, (ne)byly by bývaly zaplaceny účty, (ne)byly by se zaplatily účty, (ne)byly by se bývaly zaplatily účty | platit účty: (ne)platili by účty, (ne)byli by platili účty, (ne)byly by placeny účty, (ne)byly by bývaly placeny účty, (ne)byly by se platily účty, (ne)byly by se bývaly platily účty | otevřít obchod: (ne)otevřeli by obchod, (ne)byli by otevřeli obchod, (ne)byl by otevřen obchod, (ne)byl by býval otevřen obchod, (ne)byl by se otevřel obchod, (ne)byl by se býval otevřel obchod | vymyslit příběh: (ne)vymyslili by příběh, (ne)byli by vymyslili příběh, (ne)byl by vymyšlen příběh, (ne)byl býval vymyšlen příběh, (ne)vymyslil by se příběh, (ne)byl by se býval vymyslil příběh | napsat článek do novin: (ne)napsali by článek do novin, (ne)byli by napsali článek do novin, (ne)byl by napsán článek do novin, (ne)byl by býval napsán článek do novin, (ne)napsal by se článek do novin, (ne)byl by se napsal článek do novin | umlít kávu: (ne)umlela by se káva, (ne)byla by se umlela káva, (ne)byla by umleta káva, (ne)byla by bývala umleta káva, (ne)umlela by se káva, (ne)byla by se umlela káva | odvézt pacienta do nemocnice: (ne)odvezli by pacienta do nemocnice, (ne)byli by odvezli pacienta do nemocnice, (ne)byl by odvezen pacient do nemocnice, (ne)byl by býval odvezen pacient do nemocnice, (ne)odvezl by se pacient do nemocnice, (ne)byl by se odvezl pacient do nemocnice | dovést žáka do školy: (ne)dovedli by žáka do školy, (ne)byli by dovedli žáka do školy, (ne)byl by žák doveden do školy, (ne)byl by býval doveden žák do školy, (ne)dovedl by se žák do školy, (ne)byl by se dovedl žák do školy | dokončit stavbu: (ne)dokončili by stavbu, (ne)byli by dokončili stavbu, (ne)byla by dokončena stavba, (ne)byla by bývala dokončena stavba, (ne)dokončila by se stavba, (ne)byla by se dokončila stavba | odvézt ovoce na trh: (ne)odvezli by ovoce na trh, (ne)byli by odvezli ovoce na trh, (ne)bylo by odvezeno ovoce na trh, (ne)bylo by bývalo odvezeno ovoce na trh, (ne)odvezlo by se ovoce na trh, (ne)bylo by se odvezlo ovoce na trh | omezit počet účastníků: (ne)omezili by počet účastníků, (ne)byli by omezili počet účastníků, (ne)byl by omezen počet účastníků, (ne)byl by býval omezen počet účastníků, (ne)omezil by se počet účastníků, (ne)byl by se omezil počet účastníků | musit vypnout proud: (ne)museli by vypnout proud, (ne)museli by bývali vypnout proud, (ne)musel by být vypnut proud, (ne)musel by býval být vypnut proud, (ne)musel by se vypnout proud, (ne)byl by se musel vypnout proud | musit omezit počet účastníků: (ne)museli by omezit počet účastníků, (ne)byli by museli omezit počet účastníků, (ne)musel by být omezen počet účastníků, (ne)byl by musel být omezen počet účastníků, (ne)musel se omezit počet účastníků, (ne)byl by se musel omezit počet účastníků | moci dokončit stavbu: (ne)mohli by dokončit stavbu, (ne)byli by mohli dokončit stavbu, (ne)mohla by být dokončena stavba, (ne)byla by mohla být dokončena stavba, (ne)mohla by se dokončit stavba, (ne)byla by se mohla dokončit stavba | moci otevřít obchod: (ne)mohl by se otevřít obchod, (ne)byl by se mohl otevřít obchod, (ne)mohl by být otevřen obchod, (ne)byl by mohl být otevřen obchod, (ne)mohl by se otveřít obchod, (ne)byl by se mohl otevřít obchod

3. Aktiv: 1. Chtěla bych si to přečíst. Byla bych si to chtěla přečíst. | 2. Mohl bych se na to podívat. Byl bych se na to mohl podívat. | 3. Koupil bych si tu knihu. Byl bych si koupil tu knihu. | 4. Rád bych ti to vysvětlil. Byl bych ti to rád vysvětlil. | 5. Šel bych se projít. Byl bych se šel projít. | 6. Petr by se zlobil. Petr by se byl zlobil. | 7. Já bych se zeptal. Já bych se byl zeptal. | 8. Přál by sis to? Byl by sis to přál? | 9. Počkal bych na tebe. Byl bych na tebe počkal. | 10. Nic by nám neřekl. Byl by nám nic neřekl. | 11. To by nešlo. To by bylo nešlo. | 12. Bál bych se, že to ztratím. Byl bych se bál, že to ztratím. | 13. Myslím, že by mi poradil. Myslím, že by mi byl poradil. | 14. Musel bych se mu omluvit. Byl bych se mu musel omluvit. | 15. Chtěl by odjet. Byl by chtěl odjet. | 16. Mohl by odjet až ve středu. Byl by mohl odjet až ve středu. | 17. Chtěl bych ten film vidět. Byl bych chtěl ten film vidět. | 18. Nepochopil bys to. Byl bys to nepochopil. | 19. Rád bych na ten koncert šel. Byl bych rád na ten koncert šel. | 20. Raději bych se vrátil domů. Raději bych se byl vrátil domů.

Zusammengesetztes Passiv: 1. Byl by navržen plán oslav. Byl by býval navržen plán oslav. | 2. Byla by podána stížnost. Byla by bývala podána stížnost. | 3. Byl by překvapen. Byl by býval překvapen. | 4. S opravami by už bylo začato. S opravami by už bylo bývalo začato. | 5. Kniha by byla znovu vydána. Kniha by byla bývala znovu vydána. | 6. Ceny by byly zvýšeny. Ceny by byly bývaly zvýšeny. | 7. Všem by to bylo oznámeno včas. Všem by to bývalo bylo oznámeno včas. | 8. Jeho obchod by byl přepaden a vykraden. Jeho obchod by byl býval přepaden a vykraden. | 9. Sníh by byl odklizen, chodník posypán. Sníh by byl býval odklizen, chodník posypán. | 10. Pacient by byl převezen do nemocnice. Pacient by byl býval převezen do nemocnice. | 11. Mělo už by to být odesláno. Bylo by to už mělo být odesláno. | 12. Mělo by to být odevzdáno za týden. Bylo by to bývalo mělo být odevzdáno za týden.

Reflexives Passiv: 1. Ušetřilo by se pět tisíc korun. Bylo by se ušetřilo pět tisíc korun. | 2. Vypracoval by se nový projekt. Byl by se vypracoval nový projekt. | 3. Mohla by se přistavět ještě terasa. Byla by se mohla přistavět ještě terasa. | 4. Snížily by se ceny pečiva. Byly by se snížily ceny pečiva. | 5. Knihy toho spisovatele by se kupovaly a četly. Knihy toho spisovatele by se byly kupovaly a četly. | 6. Festival by se už připravoval. Festival by se už byl připravoval. | 7. Upozorňovalo by se na to. Bylo by se na to upozorňovalo. | 8. Zakázalo by se to. Bylo by se to zakázalo. | 9. Doporučovalo by se to. Bylo by se to doporučovalo.

22 Der Imperativ *S. 111–113*

1. I.: dělat: dělej, mít: měj, dát: dej, poznat: poznej | II.: kupovat: kupuj, smát se: směj se, chtít: chtěj, přát si: přej si, hrát: hraj | III.: rozumět: rozuměj, přemýšlet: přemýšlej, krájet: krájej, nepodvádět: nepodváděj / mlčet: mlč, pokusit se: pokus se, bát se: boj se, dohonit: dohoň, změnit: změň, ztratit: ztrať, pustit: pusť, vrátit: vrať, chránit: chraň, navštívit: navštiv, vystoupit: vystup, koupit: kup / sníst: sněz, stát: stůj, odpovědět: odpověz | IV.: chápat: chápej, kopat: kopej, skákat: skákej, kousat: kousej / jet: jeď, stát se: staň se, prominout: promiň, zapomenout: zapomeň, vzpomenout si: vzpomeň si, plést: pleť / nést: nes, řezat: řež, obléci: obleč, utéci: uteč, brát: ber, psát: piš, zakázat: zakaž | unregelmäßig: vypomoci: vypomoz | III.: vysvětlit: vysvětli, kreslit: kresli | IV.: zavřít: zavři, poslat: pošli, lhát: lži | III.: spát: spi, brzdit: brzdi, vyčistit: vyčisti | IV.: zvát: zvi, říci: řekni, začít: začni, číst: čti, vzít: vezmi, přijmout: přijmi, zapnout: zapni, zamknout: zamkni, vytisknout: vytiskni, zvednout: zvedni, spadnout: spadni

2. 1. dávej, neupadni! | 2. řekni | 3. zavři | 4. spi | 5. vysvětli | 6. nesměj se | 7. obleč | 8. odpověz | 9. pomoz | 10. dej | 11. měj | 12. nebuď | 13. neskákej | 14. neslibuj | 15. neboj | 16. nezapomeň | 17. vzpomeň si | 18. nestůj, sedni si | 19. promiň | 20. zůstaň | 21. neurážej | 22. chápej | 23. nekuřte | 24. vystupte | 25. nepleť se | 26. zakažte | 27. vezmi si | 28. dovez | 29. nešlapej | 30. napiš | 31. pošli | 32. zavaž | 33. zvedni | 34. vstaň | 35. brzdi, nejeď | 36. neplač | 37. nehoň se | 38. neber si | 39. nelži, nevymýšlej si | 40. ukončete | 41. upeč | 42. nekaz

3. Pospěš si! Neboj se / Neměj strach! Nechoď tam! Pojď sem! Pojďte sem všichni! Přečti si to / Čti to! Napiš mi! Zkus to! Posaďte se! Vstaň/Vstávej! Zavolej mi / Zatelefonuj mi! Řekněte nám to (Betonung: Sagen Sie es.) / Řekněte to nám (Betonung liegt auf: uns – und nicht einem anderen)! Zůstaňte stát! Nelži! Zhasni světlo! Přemýšlej/Mysli! Rozmysli si to! Vzpomeň si! Zapomeň na to! Odpovězte! Tak mi přece pomoz! Začněte! Buď klidný/ Buď zticha (sei still)! Vystupte! Navštivte nás opět! Neber mi to! Promiňte, prosím! Bylo tam, řekněme, sto diváků. Jdi trochu pomaleji!

23 Adverbien S. 119–121

1. 1. Nikde ho nevidím. | 2. Nikdy se mne na to neptali. | 3. To jsem ještě nikdy neslyšel. | 4. Nemohu to nikde najít. | 5. To bych si byl nikdy nemyslel. | 6. Tak jsem to nikdy neřekl. | 7. Nikam nejdu, zůstanu doma. | 8. Člověk nemá nikdy říkat nikdy (z.B. že něco nikdy neudělá). | 9. Nikde se mu nelíbí, ještě nikdy nic nepochválil.

2. 1. Bydlí až na konci vesnice. | 2. Bydlím hned vlevo za bránou. | 3. Klíče ležely v zásuvce až úplně dole. | 4. Musíš to najít, je to hned nahoře. | 5. Musíte jít touhle ulicí až (úplně) dolů a pak je to hned v první ulici vpravo/doprava, první dům vlevo. | 6. Doprovodil nás až ke dveřím. | 7. Ta kniha je v regálu až nahoře. | 8. Bydlíme až nahoře pod střechou.

3. 1. Počkáme až do pátku a pak tam zatelefonujeme. | 2. Musíš tam jít ještě dnes. | 3. Zpráva přišla hned na začátku týdne. | 4. Tu práci vyřídíme hned tento týden. | 5. Myslel jsem, že přijedou už příští pátek, ale přijedou až/teprve příští neděli. | 6. Dozvím se to až/teprve ke konci vyjednávání. | 7. Stavební práce začínají už v dubnu. | 8. Před nedávnem tu ještě byl. | 9. Pracuje tu teprve měsíc. | 10. Jsou to už dva týdny/ Je to už čtrnáct dní.

4. Pořád ti to (říkám) a ty to pořád (zapomínáš). Vždycky (zavře/zavírá) okna a (zamkne/zamyká) dveře. Nikdy (nezavře/nezavírá) okna a (nezamkne/nezamyká) dveře. Musíte to po každé (kontrolovat/zkontrolovat). Ještě pořád to (jím). Neustále ho o tom (přesvědčovali). Stále se (zvyšují) ceny. Opravy se musí (provádět) neustále. Vždy znovu se na tebe (zeptá/ptá). Ještě pořád se (loučí). Stále mu to (vytýkají). Naše nakladatelství stále (vydává) knihy tohoto spisovatele. Ještě pořád si (prohlíží) staré fotografie. Vždycky si na mne (vzpomene/vzpomíná) a (pošle/posílá) mi pohlednice z cest. Ještě pořád se (navštěvujete)? Vždycky mi s úklidem (pomůže/pomáhá).

5. Je nutno/nutné chránit přírodu. Je nutné, abychom chránili přírodu. | Je zapotřebí zkoušet nové metody. Je zapotřebí, abychom zkoušeli nové metody. | Je třeba se zajímat o politické dění. Je třeba, abychom se zajímali o politické dění. | Je radno se poradit s odborníky. Je radno, abychom se poradili s odborníky. | Je nutné pečovat o své zdraví. Je nutné, abychom pečovali o své zdraví. | Je záhodno se informovat o hospodářských výsledcích. Je záhodno, abychom se informovali o hospodářských výsledcích. | Je třeba si v klidu všechno rozmyslet. Je třeba, abychom si v klidu všechno rozmysleli. | Je radno nespěchat s rozhodnutím. Je radno, abychom nespěchali s rozhodnutím. | Je nutné se postarat o zlepšení situace. Je nutné, abychom se postarali o zlepšení situace. | Je třeba mít lepší výsledky. Je třeba, abychom měli lepší vysledky.

6. Je možné říci, že se více snaží chránit přírodu. | Nelze říci, že zkoušejí nové metody. | Je možné říci, že se v této době více zajímají o politické dění. | Nelze říci, že se stále radí s odborníky. | Lze říci, že v poslední době více pečují o své zdraví. | Je možné říci, že se nyní více informují o hospodářských výsledcích. | Lze říci, že se efektivně postarali o zlepšení situace. | Možno říci, že mají daleko lepší výsledky. | Nelze říci, že nijak nespěchají s rozhodnutím.

7. Pojedeme jinam než minule. Čokoláda není stejně sladká jako kakao. Auto je dražší než jízdní kolo. Naše město vypadá v některých čtvrtích skoro stejně jako dříve, v některých čtvrtích úplně jinak než před dvaceti léty. Rybíz je kyselejší než jahody. Teď dostáváme poštu rychleji než předtím. Naše mužstvo hraje o trochu lépe než v lednu, ale pořád ještě ne tak dobře jako v minulém roce. Jablečný mošt je méně sladký než limonáda. Cesta vlakem často netrvá tak dlouho jako cesta autem, když má ale vlak zpoždění, tak je cesta mnohem delší než autem.

8. Jak je ten dům starý? Je tak starý jako sousední dům. Není tak starý. Je trochu starší, je o mnoho starší než sousední dům. Je už dost starý. Je to nejstarší dům v našem městě. | Jak mám ten obraz pověsit? více doleva, trochu doprava, více doprostřed, trochu výš, o mnoho výš, ne tak vysoko, teď je to moc nízko, teď je to dost vysoko, teď to vůbec není rovně, teď už to teprve není lepší. | Jak to mám udělat? Takhle ne. Tak jako včera. Jinak než včera. O trochu lépe, o mnoho lépe než Petr. | Jak pracuje pan Novák? Pracuje dobře. Pracuje tak dobře jako ostatní. Nepracuje tak dobře jako pan Horák. Pracuje mnohem spolehlivěji než jiní. Pracuje trochu moc pomalu / příliš pomalu. Pracuje dost rychle.

9. Vždyť ses mne na to ptal! Já to přesto předělám, takhle se mi to nelíbí. Proto to chci vědět, abychom se mohli podle toho zařídit. Nesahej na to, vždyť se spálíš. Ten obraz se mi vůbec nelíbí, ten vedle už vůbec ne/teprve ne. On se jim proto smál. Dnes už nikam nepůjdu, když už je tak pozdě a nadto prší. Už jsem to četla několikrát, ale přesto tomu nerozumím. Radili mu, aby přestal kouřit, ale on přesto kouří dál. On mi moc nepomohl, tedy vlastně vůbec ne. Slyším otevírat dveře to je určitě náš Pepík. Poradu odřekli, takže můžeme jít domů. Tu knihu nemusím číst, už jsem ji přece před léty četl. Já jim moc nevěřím, já je totiž dobře znám. To město je zajímavé, proto tam chci jet ještě jednou. Měl by ses přece jen přesvědčit, jestli jsi zamkl. Teď nemusíme tak spěchat, můžeme to přece dokončit později.

24 Präpositionen S. 128–133

1. na stole, do ledničky, pod stolem, na dvoře, pod střechou, naproti nádraží, naproti poště, kolem divadla, do druhé ulice, po chodníku, kolem světa, na zem, z auta, v novém bytě, do Brna, u Písku, nad Jizerou, v Kolíně nad Rýnem, v Kolíně nad Labem, v noci, pod nulou, ob dům, na zemi, pod námi a nad námi jsou příjemní lidé, se sousedy, vedle nás, okolo nás, pod strom, podél řeky, přes park a přes most, mezi nás, uprostřed náměstí, daleko od Prahy, uvnitř dvora, mezi knihami, z divadla, kolem půlnoci, před ním, před tebou, k rodičům, na tabuli, k oknu, u okna, od okna, k příteli, u přítele, od přítele, k lékaři, od lékaře, z tramvaje, podél řeky, do kalendáře, na tabuli, blízko radnice, podle kolejí, z okna, v domě u lesa

2. jel do Čech, byl v Čechách, přijel z Čech | jel do Anglie, byl v Anglii, přijel z Anglie | jel do Polska, byl v Polsku, přijel z Polska | jel do Prahy, byl v Praze, přijel z Prahy | jel do Brna, byl v Brně, přijel z Brna | jel do Bratislavy, byl v Bratislavě, přijel z Bratislavy | jel do Berlína, byl v Berlíně, přijel z Berlína | jel do Londýna, byl v Londýně, přijel z Londýna | jel do Krkonoš, byl v Krkonoších, přijel z Krkonoš | jel do Alp, byl v Alpách, přijel z Alp | jel do Jizerských hor, byl v Jizerských horách, přijel z Jizerských hor | jel na Krétu, byl na Krétě, přijel z Kréty | jel na Island, byl na Islandu, přijel z Islandu | jel na náměstí, byl na náměstí, přijel z náměstí | jel na nábřeží, byl na nábřeží, přijel z nábřeží | jel na stadion, byl na stadionu, přijel ze stadionu | jel na hřiště, byl na hřišti, přijel z hřiště | jel na plovárnu, byl na plovárně, přijel z plovárny | jel na Šumavu, byl na Šumavě, přijel ze Šumavy | jel do divadla, byl v divadle, přijel z divadla | jel do cirkusu, byl v cirkusu, přijel z cirkusu | jel do zoologické zahrady, byl v zoologické zahradě, přijel ze zoologické zahrady | jel do muzea, byl v muzeu, přijel z muzea | jel na kabaret, byl na kabaretu, přijel z kabaretu | jel do parku, byl v parku, přijel z parku | jel do školy, byl ve škole, přijel ze školy | jel do ústavu, byl v ústavu, přijel z ústavu | jel do nemocnice, byl v nemocnici, přijel z nemocnice | jel do parlamentu, byl v parlamentu, přijel z parlamentu | jel do dílny, byl v dílně, přijel z dílny | jel do spořitelny, byl ve spořitelně, přijel ze spořitelny | jel do drogerie, byl v drogerii, přijel z drogerie | jel do lékárny, byl v lékárně, přijel z lékárny | jel na přednášku, byl na přednášce, přijel z přednášky | jel na film, byl na filmu, přijel z kina | jel na operu, byl na opeře, přijel z operního divadla | jel na fotbal, byl na fotbale/fotbalu, přijel z fotbalu | jel na výstavu, byl na výstavě, přijel z výstavy | jel na trh, byl na trhu, přijel z trhu | jel na ples, byl na plese, přijel z plesu | jel na poštu, byl na poště, přijel z pošty | jel na kliniku, byl na klinice, přijel z kliniky | jel na univerzitu, byl na univerzitě, přijel z univerzity | jel na vysokou školu, byl na vysoké škole, přijel z vysoké školy | jel na fakultu, byl na fakultě, přijel z fakulty | jel na Moravu, byl na Moravě, přijel z Moravy | jel na Slovensko, byl na Slovensku, přijel ze Slovenska | jel na Hradčany, byl na Hradčanech, přijel z Hradčan

3. během příštího týdne, do osmi hodin, od minulého roku, od příštího roku, kolem čtyř hodin, k večeru, ob týden, přes hodinu, před dvěma týdny, od března do listopadu, ve dne v noci, ve středu, do čtvrtka, od pondělí do pátku, na jaře a na podzim, v létě, za vlády Karla IV., za světla, za hodinu, za týden, za dva dny, po pěti týdnech, mezi pátým a dvacátým dubnem, od kolika do kolika hodin, za starých časů, ze středy, z ledna, v zimě

4. Musím dojít pro chléb a mléko. Nejdříve se učil hrát na housle, pak na klavír, později ale na trubku. Přišel v dobré náladě. Nemůžeme dělat všechno podle tebe. Měl bys místo hororů číst něco pro zasmání. Představení bylo pro velký úspěch opakováno. Nechodí plavat jenom z pohodlnosti. Řídíme se podle zprávy o počasí. Kromě mne se o to nikdo nezajímal. To opatření není ve prospěch, ale na úkor klientů. To snad není možné, to je k neuvěření. Naši sousedé odjeli včera na dovolenou. Přicházíte jako na zavolanou! Náš tatínek jezdil na podzim každou neděli na houby. Přes doporučení lékaře nepřestal kouřit. Kvůli tak silnému dešti nepůjdeme na procházku. Rozešli se pro úplnou hloupost/kvůli úplné hlouposti. Musíš k ní být laskavější. Díky tvé pomoci jsme práci stačili včas. V mládí jezdil rád na motorce. Je tady už jenom několik volných míst k stání. To divadelní představení je pod vší kritiku. Udělal to v dobrém úmyslu, a z ochoty, ale přesto je ten výsledek k ničemu.

5. klíče od bytu, zámek na kolo, návod k použití, lístky do divadla, lístky na koncert, brýle proti slunci, bonbony proti kašli, pohádka o koze a sedmi kůzlátkách, přišel dopis od tety, dárek pro bratra, kde máš noviny z pátku, žádost o odklad zkoušky, předmluva k románu, krabička od zápalek, váza z porcelánu, nervy ze železa, srdce ze zlata, pozvání na oběd, láhve od piva, skleničky na víno, program na sobotu, auto na elektriku, dárek k narozeninám, průchod pro chodce, kamarád ze studií, skvrna od oleje, klec pro papouška, řazení podle abecedy, hodiny s kukačkou, prášek do pečiva, oddělení pro kuřáky, zmrzlina se šlehačkou, potřeby pro rybáře, past na myši, časopis pro fotbalové fanoušky, utkání v hokeji, zelenina do polévky, výlet do hor, rozhovor s diváky, výtah mimo provoz, bouře ve sklenici vody, jako slon v porcelánu, představení od osmi hodin, důvěra k lékaři, volání o pomoc

6. kartáček na zuby; klíče od bytu; pasta na zuby; bonbony proti kašli; album na mince, krém na ruce, sklenice na pivo, kartáč na vlasy, prášky proti bolestem, prášky na/pro spaní, krmení pro rybičky, klíče/klíčky od auta, lžíce na boty, tkaničky od bot, přechod pro chodce, kleštičky na cukr, potřeby pro umělce, dveře na půdu, návod k použití, špinavý od bláta, mokrý od deště, nadaný na hudbu, zvědavý na odpověď, citlivý na kritiku, šikovný na ruce, pyšný na úspěch, odolný proti horku, vhodný pro děti

7. záviset na počasí, přemýšlet o problému, myslet na bratra, vzpomínat/vzpomenout si na dovolenou, zapomínat/zapomenout na slib, zajímat se o filmy, pečovat o své zdraví, doufat v úspěch, odpovídat za práce studentů, děkovat za pozornost, přiznat se ke krádeži, spoléhat se na pomoc, zlobit se na přítele, zvyknout si na pohodlí, stěžovat si na hluk, čekat na hosty, zvítězit nad mužstvem Sparty, pochybovat o správnosti výsledku, prosit o pozornost, lišit se od jiných, toužit po slávě, stýská se jim po kamarádech, souhlasit s jeho názorem, zvolit za předsedu, laskavý k zákazníkům, přísný na studenty, vděčný za trpělivost, důvěra k učiteli, obdiv k sportovci, účast na schůzi

8. Od koho je ten dopis? Od Aleny. Ke komu jedeš? Jedu k rodičům. Na koho myslíš? Na bratra. Pro koho jsou ty knihy? Pro mého kamaráda. Na koho čekáš? Na pana Nováka. O kom mluvíte? Mluvíme o spisovateli Hrabalovi. S kým se sejdete večer? Sejdeme se s našimi přáteli z Polska. Z čeho je ta hračka? Od čeho jsou ty klíče? K čemu to potřebuješ? O co se Karel zajímá? O čem se bavíte? O co se jedná? O čem je ten film? S čím ti můžu pomoci? Na co čekáš? O čem mluvíš? Na co máš ten sešit? S čím jsi tak nespokojený? Na co je ta krabice? Můžu ti s tím pomoci? Rád bych ti s tím pomohl. Je s tím spokojený. Vím o tom. O to se určitě zajímá. Za to ti nikdo nepoděkuje. Za to to nestojí. Proti tomu nic nemám. To patří k tomu. Co z toho mám? Záleží mi na tom. Trvám na tom. Čekám na to. Mám z toho radost. Už se na to těším. Do toho ti nic není. Od toho jsme tady. Podle toho se musíme řídit. Nevzpomínám si na to. Už na to zapomněl. Na to nás nikdo neupozornil. O tom nás neinformovali. Kvůli tomu se nemusíte rozčilovat. Proti tomu se nedá nic dělat. Co se dá pro to udělat? Nic z toho nemám. Nikdy není s ničím spokojený. S něčím by snad spokojený být mohl. S ničím nám nepomůže. Nikdo se mne na nic neptal. O ničem nic nevím. Podle něčeho se musím řídit. Od nikoho se nic nedověděl. Na někoho si vzpomínám, na někoho už jsem zapomněl. Mluvili o leccěms a o leckom. Zajímá se o leccos. O něčem jsme spolu mluvili, ale teď zrovna nevím, o čem. Z ničeho nemá radost. Na něco se budou ptát. Můžou se tě zeptat na cokoli. Do všeho se plete. Do všeho strká nos. Pro všechno se zlobí. Souhlasím se vším.

9. Těším se na to. Čekám na to. Nic o tom nevím. Co z toho mám? Nemůžu/Nemohu za to. Co je na tom tak divného? Co je na tom? Z toho strach nemám. Tím se nemůžu/nemohu zdržovat. Na to nemyslím / Ani mne nenapadne (›Denkste!‹). Na to si nevzpomínám. O to se nezajímám. S tím nechci mít nic společného. S tím nemám co dělat. O to tě nikdo neprosil. Prosím tě o to.

10. Cestou domů se ještě prošel parkem. Kterým směrem mám jít? Dlouhou jízdou na kole se unavili. Naši příbuzní bydlí až za městem. Chvílemi se díval z okna, jestli přestalo pršet. Časem si zvykl na nové okolí. Skončilo to hádkou. Na plakátě byl velkými písmeny napsán program představení. Pan Kubík mluví silným hlasem, je ho slyšet už na chodbě. Petr má moc špatnou náladu, asi dneska vstal levou nohou. Myslel, že to udělá levou rukou, ale teď vidí, že to není tak snadné. Oba bratři se od sebe liší povahou. K nehodě došlo jejich nepozorností. Je celý rudý zlostí, musíme ho uklidnit. Vrazil ramenem do skříně a teď ho to bolí. Tu knihu ti s díky vracím, s názorem autora ale vůbec nesouhlasím. Bohužel neumí šít na šicím stroji. V podniku začali pracovat novou metodou. Všichni si myslí, že pan Hanák dostal své místo protekcí. Vůbec s ním nebyl spokojený, naznačil mu to pohledem. Doufám, že ještě nezačne pršet a že přijdu domů suchou nohou. Hostitelé nás zahrnuli velkou pozorností, ale nudili nás historkami z dětství. Máš ráda švestkové knedlíky s mákem anebo s tvarohem? Dort se musí ještě polít čokoládou a ozdobit šlehačkou. Na jednom obrázku je krajina pokrytá sněhem, na druhém louka posetá květinami. Tímhle tupým nožem nemůžu nakrájet chléb, musím si ho nabrousit brouskem. Ke snídani jí nejraději chléb s máslem a medem. Mám tu i sádlo, můžeš si namazat chléb sádlem. Děkuji, ale nemám rád chléb se sádlem. Ty boty musíš pořádně vyčistit kartáčem. Dítě malovalo vodovými barvami, podle toho také vypadalo. Čím tam pojedeš, vlakem nebo autem? Moje sestra hraje na housle, můj bratr na kytaru. Ta deka se může prát v pračce. Už jako malý chlapec se naučil jezdit na lyžích. Přišel k nám často se svým přítelem. Půjdu nejdřív domů, nechci tam jít s kufrem. Pořád si nepamatuji, jestli ten s tmavými vlasy je Petr anebo Milan. Oba mají tmavé vlasy, ale Milan je ten s vousy. Velmi se mi líbila její hra na klavír. Po městě jezdím nejraději na kole, někdy také tramvají. Naše Hana jezdí ráda na koni. Klára umí jezdit na lyžích. Budete platit kartou? Přijel s přítelem autem.

25 Konjunktionen *S. 137–140*

1. 1. Kdyby se s ním chtěl setkat, tak řekni, že by to bylo možné v sobotu. | 2. Pokusím se, abych byl do týdne hotový. | 3. Prosil mne, abych mu pomohl. | 4. A já mu přeji, aby se mu to líbilo. | 5. Nepřeje si, aby ses mu smál. | 6. Budete-li si přát, objednáme vám lístky do divadla.

2. 1. Koupím jablka a broskve. Koupím buď jablka nebo broskve. Koupím i jablka i broskve. Nekoupím ani jablka ani broskve. | 2. Půjdu do kina a do divadla. Půjdu do kina i do divadla. Půjdu i do kina i do divadla. Půjdu buď do kina nebo do divadla. Nepůjdu ani do kina ani do divadla. | 3. Sázíme jahody a rajčata. Sázíme buď jahody nebo rajčata. Sázíme i jahody i rajčata. Nesázíme ani jahody, ani rajčata. | 4. Budou stavět rodinné domky a obytné domy. Budou stavět i rodinné domky, i obytné domy. Budou stavět buď rodinné domky nebo obytné domy. Nebudou stavět ani rodinné domky ani obytné domy. | 5. Hrajeme kopanou a házenou. Hrajeme kopanou i házenou. Hrajeme buď kopanou nebo házenou. Nehrajeme ani kopanou ani házenou. | 6. Mám rád opery a muzikály. Mám rád opery i muzikály. Nemám rád ani opery ani muzikály.

3. 1. přišel | 2. neomluvil | 3. nesázíme | 4. sázeli, nesklidili | 5. nesvléknu | 6. Budu si s sebou brát / Vezmu si s sebou | 7. nepůjdu

4. 1. Zůstanu tu tak dlouho, až přijdou domů. | 2. Budu doma čekat (tak dlouho), až přijdou hosté. | 3. Petr musí dneska tak dlouho pracovat, až ten článek dopíše/dokud ten článek nedopíše. | 4. Hosté s námi seděli v zahradě tak dlouho, až se setmělo/ dokud se nesetmělo. | 5. Teď musíme čekat, až nám odpoví. | 6. Zůstanu tu tak dlouho, jak si to budeš přát.

5. abychom přišli | kdybychom chtěli | kdybys chtěl, Milane | kdybys chtěla, Hano | kdybyste chtěl/chtěla/chtěli | místo, abyste se informoval/informovala/informovali | aby se zeptal/zeptala/zeptali | místo, aby se zeptal/zeptala/zeptali | aniž by mu napsal/napsala/napsali | ledaže by si to objednal/objednala/objednali

6. Vyzvali ho, aby se přihlásil. Přeji si, abys šel se mnou. Chci, aby se ti to líbilo. Kdyby se ptali, tak mu to řekni. Napíšu ti to sem, abys to nezapomněl. Nepamatuji se, že by ho to zajímalo. Místo, aby se mne zeptal, dělá to už zase špatně. Dělá, jakoby se ho to netýkalo. Kdyby se někdo ptal, řekni jim, že přijdu v šest hodin. Místo, aby poděkoval, ještě se rozčiluje. Jistě máte také zájem na tom, aby práce rychle pokračovala. Tváří se, jakoby nás neznal. Kdyby to bylo nutné, přijedeme o den dřív. Změnili jízdní řád, aniž by nám něco sdělili.

7. 1. protože | 2. ať | 3. protože | 4. máte-li | 5. i když/ačkoli | 6. protože | 7. abychom | 8. kdybys | 9. abys | 10. jestliže/když | 11. kdyby | 12. když | 13. i když/ačkoli/přestože | 14. abych | 15. ačkoli/i když | 16. když/jestliže | 17. aby | 18. když | 19. kdybys | 20. protože | 21. aby | 22. pokud/jestliže | 23. protože | 24. aby | 25. zajímáte-li

8. aby ses nedivil | kdyby sis to přál | kdyby ses na to pořádně podíval | radím ti, aby sis to nekupoval

9. 1. Když si to přejete, paní Neumannová, tak to tak uděláme. | 2. Všechno vám připravím, pane Meiere, abyste to nemusel dlouho hledat. | 3. Přejeme vám, abyste se dobře bavil (pane Meiere), dobře bavila (paní Neumannová). | 4. Přeji vám, abyste se dobře bavili. | 5. Chci, aby se mu to líbilo. | 6. Budu se snažit, abych ho přesvědčil. | 7. Prosil mne, abych mu pomohl. | 8. Přejeme vám všem, abyste se brzy uzdravili.

10. 1. Kdybych ho potkal/když ho potkám, zeptám se ho. | 2. Vždycky, když ho potkám, ptá se na tebe. | 3. Když jsem ještě bydlel v Lounech, byl jsem velmi často na návštěvě u tety Máni. | 4. Když zavřel dveře, zjistil, že nemá klíče. | 5. Kdyby bylo / Když bude moc horko, sedni si raději do stínu. | 6. Až zase přijedu do Loun, navštívím svou tetu. | 7. Když ti to lékař zakázal, tak bys neměl kouřit. | 8. Bylo by velmi dobré, kdyby ses mohl více soustředit. | 9. Sdělte nám / Oznamte nám, jestli můžeme/můžeme-li s Vaší návštěvou počítat. | 10. Nevím, jestli se mu ta kniha bude líbit. | 11. Nejsem si jistý, jestli je to možné. | 12. Jsem si jistý, že to není možné. | 13. Snažil jsem se, ale nevím, jestli jsem ho přesvědčil.

26 Besonderheiten der Satzglieder *S. 146–151*

1. Děti si hrají/hrály v zahradě. Soused šel/jde se psem na procházku. V neděli jede/pojede/jela celá rodina na výlet. My také jezdíme často do Krkonoš. Pavel špatně vidí, potřebuje brýle. Venku začíná sněžit. Tady je chladno, sednu si raději jinam. V téhle ulici se pořád něco staví. Všech pět dětí půjde/jde s námi do cirkusu. Do zoologické zahrady chodí mnoho lidí. V naší ulici se opravují koleje. Jdi se podívat, jestli ještě mají lístky, možná, že už je vyprodáno. Říkali ve zprávách něco o knižním veletrhu? V téhle dílně nám auto opravili špatně. Představení se nám líbilo, ale v divadle bylo dost horko. Protože začalo pršet, nejel tam na kole, ale tramvají. Dříve se tam zpívalo a tancovalo dlouho do noci. O tom se už se nemluví, asi už se o tom neví, nikdo si to nepamatuje. Tady jsou jen dvě hrušky, ale v tašce jich je ještě několik.

2. 1. Dnes odjel. | 2. Půjdu tam a zeptám se. | 3. Proč nás neinformovali? | 4. Proč jste nás neinformoval, pane Nováku? | 5. Boty tu neprodávají. | 6. Ten druh čaje neměli. | 7. To neznám. | 8. Chci jít dnes do divadla, ale nevím, co hrají. | 9. Ještě dlouho se o tom mluvilo. | 10. Tady se stále staví. | 11. Málo prší. | 12. To se nesmí dělat. | 13. Žádný formulář mi nedali. | 14. Tady je jablek! | 15. Odkdy mají otevřeno?

3. 1. Nebojí se s ním setkat. | 2. Nedokázal se pohnout. | 3. Vypadá to, že se Petr nutí usmívat. | 4. Musíš se naučit lépe ovládat. | 5. Oni by se určitě neodvážili přiznat. | 6. Pokusil se na nás usmát. | 7. Já se bojím zeptat. | 8. Nikdy se nenaučil o sebe starat. | 9. Chlapeček si zvykl hrát v zahradě pod jabloní. | 10. Řidič se rozhodl vrátit. | 11. Zvykl si se přejídat. | 12. Pracovník se rozhodl obrátit na ředitele s prosbou.

4. 1. Karel by se snad mohl snažit být trpělivější. | 2. Musíte být trochu klidnější. | 3. Alena už by konečně mohla začít být aktivnější. | 4. V tomto obchodě se všichni prodavači vždycky snažili být ochotní a přívětiví. | 5. Neměl bys být tak líný.

5. 1. Nemám si kam sednout. | 2. Nemám se kde informovat. | 3. Nemám s kým se o tom poradit. | 4. Nemám čím to napsat. | 5. Nemá kam jít. | 6. Nemám mu o čem psát. | 7. Nemám si na co stěžovat. | 8. Nemám o čem si s nimi povídat. | 9. Nemám kdy si odpočinout.

6. 1. Nemám co dělat. | 2. Nemám si kam sednout. | 3. Nemá nikoho, s kým by o tom mluvil. | 4. Tady není co rozhodovat. | 5. Nevím, kam postavit ten kufr. | 6. Není se co divit.

7. Slyším souseda otevírat dveře. Slyším souseda, že otevírá dveře. | Vidím pana Novotného lakovat plot. Vidím pana Novotného, jak lakuje plot. Vidím, jak pan Novotný lakuje plot. | Slyším maminku si zpívat. Slyším, jak si maminka zpívá. Slyším, že si maminka zpívá. | Slyším bratra povídat si s dětmi. Slyším, že si bratr povídá s dětmi. | Slyším našeho učitele hrát na housle. Slyším, že náš učitel hraje na housle. | Slyším žáky zpívat národní písně. Slyším, že žáci zpívají národní písně. | Vidím syna paní Hladíkové kupovat si noviny. Vidím, jak si syn paní Hladíkové kupuje noviny. Vidím syna paní Hladíkové, jak si kupuje noviny. | Vidím naši známou procházet se v parku. Vidím, jak se naše známá prochází v parku. Vidím naši známou, jak se prochází v parku. | Vidím kolegyni prohlížet si plakát. Vidím, že si kolegyně prohlíží plakát. Vidím, jak si kolegyně prohlíží plakát. | Vidím známého sportovce nastupovat do auta. Vidím, že známý sportovec nastupuje do auta. Vidím známěho sportovce, jak nastupuje do auta.

8. 1. Měl by mít schopnost, soustředit se na svou práci. | 2. Nemám čas tam jít. | 3. Nemám odvahu je vyrušovat. | 4. Má ve zvyku číst si dlouho do noci. | 5. Nemám chuť čekat tady celý den. | 6. Měl v úmyslu jet se za ním podívat. | 7. Neměl čas pořádně se připravit. | 8. Bude nucen se toho vzdát. | 9. Je líný se zeptat. | 10. Je zvyklý každému vyhovět. | 11. Není ochoten myslet na druhé. | 12. Cestující jsou povinni označit si jízdenku. | 13. Je pevně odhodlán se ještě letos přestěhovat. | 14. Je rozhodnut přijmout funkci ředitele. | 15. Není ochoten nám s čímkoli pomoci. | 16. Byl nucen prodat dům.

9. cítil se nepochopený | Alena se mi zdá nespokojená | Pavel vypadá jako uražený | cítila se jako přeražená | závin je nejlepší ještě teplý | přišli domů spokojení | housky jsou nejlepší křupavé | bábovka je výborná do křupava vypečená | stromy jsou nejkrásnější kvetoucí | seděla tady nešťastná | našli ho zmoklého | přišla domů rozčilená | našel otce doma těžce zraněného | potkal ho na ulici odpočinutého a veselého | viděl ho na přednášce unaveného a ospalého.

10. Významným představitelem kubismu v Čechách byl Emil Filla. Marek je můj syn. Tulipán je květina. Fotbal je jeho koníček/koníčkem. Pan Novák je katolík. Paní Pospíšilová je povoláním kuchařka, vyučila se kuchařkou v Olomouci, pracuje ale v našem podniku jako účetní. Jirka je hlupák. Jana je velký sobec. Záminkou pro jejich rychlý odjezd byla zpráva o onemocnění tety. Jan je jeho vnuk. Pan Horák je sociální demokrat. Lenka je už od studií moje přítelkyně. Hana je moje spolužačka. Velryba je savec. Komár je kousavý hmyz. Podmínkou pro přijetí je maturita s průměrem do 2,3. Pan Horák je instalatérem/instalatér. Paní Nováková je učitelkou/učitelka. Autorem knihy »Žert« je Milan Kundera. Paní Veselá je lékařkou/lékařka. Náš třídní učitel je dobrý psycholog. MIlena je zbabělec. Můj strýc byl dlouho zaměstnancem vašeho podniku. Vedoucím našeho oddělení je Karel Hanák. Ředitelem podniku byl tehdy pan Skála. Sportovcem roku byl v těchto letech několikrát za sebou Jan Železný. Nejznámějším českým sportovcem byl v polovině minulého století Emil Zátopek. Jeho největší chybou byla velká důvěřivost. Výhercem soutěže je Karel Kořínek. Velkou překážkou pro dokončení projektu jsou finanční neshody. Mým úmyslem je vás potěšit. Mým přáním je zbavit vás starostí.

11. Mít čas, tak se na tu výstavu půjdu podívat. | Vědět to dřív, tak bych se s ním mohl sejít. | Co tam za ním zajít? | Proč se o to nepokusit? | Vidět to Martin, tak by to raději udělal za tebe. | Nevím, co s tím udělat. | Nevím, jak začít. | Jak to opravit? | Co dělat, abychom byli spokojenější?

12. Genitivrektion: vzdali se požadavků; nemohli se zbavit pochyb; dotknout se/dotýkat se horkých kamen, nedotýkejte se vystavených exponátů; zmocnil se vlády; chytil se zábradlí; litovat námahy; je mi líto ztraceného času; držet se pravidel; ptát se/zeptat se prodavače; zeptej se svých přátel | Dativrektion: je mi to líto; nevadí vám to?; líbí se mu to; překáží mi to; vyhovuje jí to; divím se příteli; závidět sousedovi jeho energii; stýská se jim po kamarádech; vyhnout se nepříjemnostem; zabránit nehodě; rozumět vtipu; smát se komikovi; stačí mi to | Akkusativrektion: zlobí to souseda; ruší/vyrušuje mě to; baví ho to; nudí to diváky; bolí tě to?; potěšilo nás to; chytit se maminky za ruku; zeptat se kolemjdoucích na cestu | Präpositivrektion: záviset na okolnostech; vědět o dobré restauraci; myslet si něco o něčem; informovat se o odjezdu vlaku; toužit po klidu | Instrumentalrektion: zabývat se matematikou; bavit se karetní hrou; kývat hlavou; mávat rukama; hořet plamenem; vzplanout láskou k někomu; zaměstnávat se něčím; loučit se s přáteli; radit se s kolegy; zamyslet se nad problémem; zvítězit nad silnějším mužstvem; platit kartou, šetřit vodou, nešetřit chválou

13. nečeho se vzdát, co se mně týče/týká, držet se zábradlí/za zábradlí, to je mi líto, to mi nevadí, to se nám líbí, to mi stačí, divím se mu, to mu nezávidím, vyhýbá se každé potíži/každému problému, já ti nerozumím/já tě nechápu, nesměj se mu, to nás baví, mne to nudí, to ho bolí, těšilo nás to

14. Blahopřáli mu k narozeninám. Počkáme na tebe před domem. Úplně je chápu. Ty se tomu nedivíš? Ničeho se nedotýkejte! Odpovězte na otázky! On nás podvedl. Musíme se o to pokusit. Zkus to ještě jednou. Nikdy se k tomu nepřiznal. Už o tom nepřemýšlej! Prosíme o pochopení. Děkujeme za pochopení. Neptal se tě na to? Rozloučili jsme se s nimi na nádraží. Rozumíš mu? Já mu nerozumím ani slovo. Asi se tomu budeš smát. Všechno souvisí se vším. Já na tom trvám. Mne se to netýká. Varovali ho před tím. Musíš práci věnovat víc času. Nevěřím jim. Důveřuji jim. Vůbec si na to nevzpomínám. Nemohu si vzpomenout na jeho jméno. Už jsem na to/to zapomněl. To závisí na počasí. Musím se zbavit kašle a rýmy. Nechci tě zklamat. Zvítězili nad nimi. Už si zvykl na život ve městě. Ty se nemůžeš pořád vyhýbat povinnostem a zodpovědnosti. V nové hře hraje hlavní roli. Na jaký hudební nástroj hraje Věra? Pořád si na něco hraje. S touhle hračkou si Hanička nechce hrát. Na co myslíš? (Woran denkst du?) Co myslíš (Was denkst du?) Co si o něm myslíš? Já se tím zabývat nebudu, já se o to nezajímám. Musím se ještě s nimi rozloučit. Trpí chronickou nemocí. Přišel rychle k penězům, ale také o ně rychle přišel. Ten dárek mi udělal velkou radost. Tím dárkem jsi mi udělal velkou radost. Tím jsi mi způsobil nepříjemnost. Ta věta ho rozzlobila. Tou větou jsi mě rozzlobil.

15. poslouchat hudbu – poslech hudby | vzpomínat na něco – vzpomínka na něco | odpovědět někomu na něco– odpověď někomu na něco | rozumět příteli – porozumění pro přítele | chápat přítele – pochopení pro přítele | důvěřovat lékaři – mít důvěru k lékaři | navštívit muzeum – návštěva muzea | navštívit babičku – návštěva u babičky | být vděčný rodičům – vděčnost k rodičům | ptát se, dotazovat se účastníků – dotazy k účastníkům | ovlivnit žáky – mít vliv na žáky | pozdravit známého – pozdrav známému | zklamat se v příteli – zklamání z přítele | zradit kamarády – zrada na kamarádech | odvážit se protestu – mít odvahu k protestu

16. Student si byl správností svých výsledků jistý. Jsme zvědavi na výsledek voleb. Petra je šikovná na ruce. Zůstal věrný svému přesvědčení. Za pomoc jsme mu byli vděčni. Jeho dcera je nadaná na hudbu. Musíš být k nim laskavější. Ten přístroj je citlivý na světlo. Náš soused je k nám vždycky přívětivý. Nemůžu ještě skončit, jsem napnutý na řešení. Dědeček je choulostivý na plíce. Nejsem spokojený s výkonem našeho mužstva. Je pyšný na své vysvědčení. Je velmi nestálý ve svých zájmech. Musíš být opatrný na své zdraví. Nebuď tak protivný k sestře. Karel je rozzlobený kvůli neochotě spolužáků. Martina byla tím filmem nadšená.

17. Tento herec hrál v Národním divadle. Studoval na Karlově univerzitě. Pracuje v Centrální bance. Tou ulicí se dostanete k Městské knihovně. Ve městě Tangermünde se můžete dovědět mnoho zajímavého o Karlu Čtvrtém. V zoologické zahradě mají slony indické i slony africké. Četli jsme ukázky z Bible Kralické.

18. jubileum spisovatele Hrabala, spisy Karla Čapka, názory ředitele Hanouska, příhody Ferdy mravence, dobrodružství myslivce Rumcajse, pomník Karoliny Světlé, ulice Milady Horákové, muzeum Bedřicha Smetany, rodný dům Antonína Dvořáka, pohádky Boženy Němcové, pohádka o Žabce královně, gymnázium Jana Nerudy, rozhovor se spisovatelem Rudišem, setkání s režisérem Menzlem

19. To je bouře ve sklenici vody. Nemohu diskutovat s padesáti turisty. Diskutovalo se se skupinou turistů. Paní přišla s mísou koláčů. Paní přišla asi s patnácti koláči. Shromáždilo se několik občanů. Včera o tom mohli mluvit s mnoha zájemci, dnes ale už jen s hrstkou zájemců. Na to potřebuješ mnoho cihel, s deseti cihlami nic nespravíš.

20. radili se o možnostech výběru, vzhledem k nebezpečí úrazu, to je věc názoru, diskutovat se studenty slavistiky o novinkách týdne, tabule s nabídkou dne, poslechnout si sportovní zprávy, přes zákaz kouření kouřili, po volebním období, zpráva o státním rozpočtu, před školními prázdninami, v tom aprílovém počasí, novinky z denního tisku, vyzkoušet novou zubní pastu / pastu na zuby, vypil dvě sklenice piva, letos byl na knižním veletrhu, vstal ještě před východem slunce, fotografoval západ slunce, byli u očního lékaře, odevzdala diplomovou práci, prohlédli si nové hotelové pokoje, rybí polévku nejím, v té studni není pitná voda, kdy jsou návštěvní hodiny, klíč od domovních dveří, v krásné koncertní síni, dítě si prohlíželo obrázkovou knížku, oddělení zahradního nábytku, jdeme na dopolední představení.

27 Satzarten, Satzmuster *S. 154–155*

1. Pojedeš tam? Pojede tam Karel? Jel tam s Petrem? Přišel by Emil? Můžeš mi pomoci? Má Honza bratra? Je dědeček doma? Je teta zdravá? Je sestra pozvána? Bude se kamarád divit? Byl by Petr přišel? Bude se divit? Smáli by se tomu lidé? Nekoupil si tatínek tu knihu? Mohli to hráči vědět? Museli s tím hráči počítat? Mohl se víc snažit? Mohl by se Pepík víc snažit? Bude Jana studovat v Brně? Mohla by s námi jít Věra do divadla? Jsou jablka zdravá? Je počasí slunečné a teplé? Začíná jaro? Vychází slunce? Napadl sníh? Dostala Hana k narozeninám knihu? Zeptala se Klára prodavače? Jsou zákazníci spokojeni s nabídkou? Bude zítra v pět hodin v tomto sále hrát známý virtuos? Šel včera Tomáš do města? Je v Olomouci světoznámá radnice? Narodil se spisovatel Hašek v Lipnici? Bude se Petr ptát? Mají Novákovi psa? Chtěl by Pavel přijít ve středu?

2. 1. Divím se tomu. Divím. Nedivím se tomu. Nedivím. | 2. Zeptám se jich. Zeptám. Nezeptám se jich. Nezeptám. | 3. Ptal jsem se jich. Ptal. Neptal jsem se jich. Neptal. | 4. Navšívil nás. Navštívil. Nenavštívil nás. Nenavštívil. | 5. Rozumím tomu. Rozumím. Nerozumím tomu. Nerozumím. | 6. Půjdu se projít. Půjdu. Nepůjdu se projít. Nepůjdu. | 7. Šel bych se projít. Šel. Nešel bych se projít. Nešel. | 8. Mohl bych ti pomoci. Mohl. Nemohl bych ti pomoci. Nemohl. | 9. Přestanu kouřit. Přestanu. Nepřestanu kouřit. Nepřestanu. | 10. Divím se mu. Chápu ho. Nedivím se mu. Nechápu ho. | 11. Líbilo se nám to. Líbilo. Nelíbilo se nám to. Nelíbilo. | 12. Vzpomínám si na to. Vzpomínám.

Nevzpomínám si na to. Nevzpomínám. | 13. Zapomněli jsme na vás. Zapomněli. Nezapomněli jsme na vás. Nezapomněli. | 14. Počkám na tebe. Počkám. Nepočkám na tebe. Nepočkám. | 15. Zůstanu tady. Zůstanu. Nezůstanu tady. Nezůstanu. | 16. Ten čaj není přeslazený. Není. Ten čaj je přeslazený. Je. | 17. Chodím rád pěšky. Chodím. Nechodím rád pěšky. Nechodím. | 18. Zlobí se na mne. Zlobí. Nezlobí se na mne. Nezlobí. | 19. Odpočinuli jsme si. Odpočinuli. Neodpočinuli jsme si. Neodpočinuli. | 20. Souhlasím s tím. Souhlasím. Nesouhlasím s tím. Nesouhlasím. | 21. Zeptám se ho na to. Zeptám. Nezeptám se ho na to. Nezeptám. | 22. Jakub už práci odevzdal. Odevzdal. Jakub ještě práci neodevzdal. Neodevzdal. | 23. Musíte si to pamatovat. Musíte. Nemusíte si to pamatovat. Nemusíte. | 24. Měli bychom ho navštívit. Měli. Neměli bychom ho navštívit. Neměli. | 25. Je nadaný. Je. Není nadaný. Není. | 26. V tom obchodě je to zboží levnější. Je. V tom obchodě není to zboží levnější. Není. | 27. Chtěli bychom se tam podívat. Chtěli. Nechtěli bychom se tam podívat. Nechtěli. | 28. Přál bych si to. Přál. Nepřál bych si to. Nepřál. | 29. Byl o tom přesvědčen. Byl. Nebyl o tom přesvědčen. Nebyl. | 30. Ta kniha už byla přeložena do němčiny. Byla. Ta kniha ještě nebyla přeložena do němčiny. Nebyla. | 31. Věřil bych tomu. Věřil. Nevěřil bych tomu. Nevěřil. | 32. Řekli mi to včas. Řekli. Neřekli mi to včas. Neřekli. | 33. Ten autobus tam byl.Byl.Ten autobus tam nebyl. Nebyl. | 34. Mohl jsem si tu výstavu prohlédnout. Mohl. Nemohl jsem si tu výstavu prohlédnout. Nemohl. | 35. Muzeum Komenského jsem v Naardenu našel. Našel. Muzeum Komenského jsem v Naardenu nenašel. Nenašel. | 36. V informačním středisku mi poradili. Poradili. V informačním středisku mi neporadili. Neporadili. | 37. Myslil jsem si to. Myslil. Nemyslil jsem si to. Nemyslil. | 38. Ty klíče jsem ztratil. Ztratil jsem je. Ty klíče už jsem našel. Už jsem je našel. | 39. Mám rád švestkové knedlíky. Mám. Nemám rád švestkové knedlíky. Nemám. | 40. Pro mne to není těžké. Není. Pro mne je to těžké. Je.

3. Odkud jste? Jsem z Protivína. | Kudy půjdeme? Půjdeme Vodičkovou ulicí. | Odkdy mají otevřeno? Od devíti hodin mají otevřeno. | Kdy zavírají? Zavírají v osm. | Kolik cukru mám koupit? Stačí kilo. | Kde bydlíš? Bydlím v Mladé Boleslavi. | Co tady děláš? Jsem tu na návštěvě u strýčka. | Kam pojedeš na dovolenou? Pojedu do Řecka. | Kde pracuje tvůj bratr? Můj bratr pracuje v Berlíně. | Jak dlouho se zdržíš? Měsíc. | Jak často jezdíš domů? Domů jezdím každých čtrnáct dní. | Za jak dlouho jsi to přečetl? Asi za týden. | Dokdy nebude jezdit tramvaj? Do pátku. | Jak často čteš noviny? Denně. | Kdo mu pomáhal? Nikdo mu nepomáhal. | V kolik hodin začíná ten koncert? Koncert začíná v půl osmé. | V jakých intervalech tady jezdí autobusy? Jezdí po dvaceti minutách.

4. Kde si hrají děti? Na dvoře. | Kdy přišel tatínek? Před chvílí. | Kdy budeš mít dovolenou? Za měsíc. | Kudy půjdeme na Letnou? Půjdeme parkem. | V kolik hodin se sejdeme? V devět hodin. | Kdy se narodil tvůj bratranec? V listopadu. | Kam půjdete v sobotu večer? Do divadla. | Odkud jdeš? Z kina. | Kde pracuje tvoje teta? Pracuje v obchodě. | Co o tom víš? Nic o tom nevím. | S kým ses o tom radil? S nikým. | Kolik mám koupit housek? Kup pět housek.

Wortliste

Die Wortliste enthält in den Übungen auftretende Wörter, die grammatische Besonderheiten aufweisen, Sonderfälle mit Unregelmäßigkeiten in der Beugung, Wörter mit mehrfachen grammatischen Funktionen sowie häufige grammatisch relevante Wörter mit stilistischen Besonderheiten.

aby – Konjunktion mit mehreren grammatischen Funktionen. Das Gemeinsame ist jeweils die obligatorische Konditionalform des Verbs.

- a) finale Bedeutung ›damit, um zu‹: Jdu tam, abych se něco bližšího dověděl. ›Ich gehe hin, um etwas Näheres zu erfahren.‹
- b) ›dass‹ Konjunktion der Objektsätze bei Verben, die einen Willen ausdrücken und bei denen diese Konjunktion obligatorisch ist: přát si, aby; prosit o to, aby; snažit se, aby; žádat, aby; zakázat, aby; poručit, aby; dovolit, aby u.a. Bei anderen Verben wird in dieser Funktion die Konjunktion že ›dass‹ verwendet: vědět, že, dovědět se, že, poznat, že, zapomenout, že u.v.a.
- c) modale Bedeutung nach den Verben der Rede (verba dicendi): řekni mu, aby přišel ›sag ihm, er solle kommen / dass er kommen soll‹

ať – Partikel

- a) grammatisches Signal der Aufforderung an die 3. Person: ať nám s tím pomůže; ať se na to podívají; ať tam dojdou a zeptají se
- b) modale Bedeutung (vgl. aby) ›er, sie, … solle‹: řekni mu, ať tam dojde; řekni jim, ať přijdou večer
- c) modale Bedeutung ›es möge, es solle‹: Ať žije …! ›Es lebe …!‹ Tak ať se ti tam líbí!

až

- a) ›wenn‹ (temporal, mit der Zukunftsform des Verbs) – až přijdu, podívám se na to
- b) ›bis‹ – počkej na mne, až přijdu ›warte bis ich komme‹; ›bis, bis zum‹ – až do večera
- c) až – Effekt, smála se, až jí tekly slzy
- d) ›viel zu viel, nur zu gut‹ – až moc dobře; ažaž ›bis zum Abwinken, noch und noch‹

bát se + G. / + Infinitiv uv. unregelm. Verb im Präsens, III. Klasse: bojím se … bojí se

Bewegungsverben (s. Tabelle nächste Seite)

- Paare, unpräfigiert: zielgerichtete/unbestimmte Bewegung; beide unvollendet; zielgerichtete Bewegung, Futurform mit Hilfe des Präfixes po-, pů- (vgl. po-, pů-)
- Paare, präfigiert, Aspektpaare

beide Verben unvollendeten Aspekts				Aspektpaare			
zielgerichtete Bewegung		unbestimmte Bewegung		vollendetes Verb*		unvollendetes Verb*	
	Verbklasse		Verbklasse		Verbklasse		Verbklasse
běžet	III.	běhat	I.	běhnout	IV.	bíhat	I.
hnát	IV.	honit	III.	hnat	IV.	háněť	III.
jet	IV.	jezdit	III.	jet	IV.	jíždět	III.
jít	IV.	chodit	III.	jít	IV.	cházet	III.
letět	III.	létat	I.	létnout	IV.	létat	I.
lézt	IV.	lozit**	III.	lézt	IV.	lézat	I.
nést	IV.	nosit	III.	nést	IV.	nášet	III.
vést	IV.	vodit	III.	vést	IV.	vádět	III.
vézt	IV.	vozit	III.	vézt	IV.	vážet	III.

* alle angegebenen Verben kommen nur präfigiert vor (do-, vy-...).

** nur regional

brýle Subst. Fem., Pl.tantum – jedny nové brýle ›eine neue Brille‹ dvoje nové brýle ›zwei neue Brillen‹

-by, by – alle Konjunktionen mit dem Bestandteil -by, by erfordern die obligatorische Konditionalform: aby jel; místo, aby jel; aniž by se zeptal

brzy Adverb, Komparationsstufen: dříve, nejdříve

Čechové, staří Čechové – diese Form ist nur historisch, im Sinne »der altertümliche Stamm der Tschechen« zu verwenden. Als Nation verwendet man nur Češi ›die Tschechen‹

čest Subst. Fem., außer N. und A. Lautwechsel ab G. cti ... se ctí; to je věc cti; komu čest – tomu čest ›Ehre wem Ehre gebührt‹ čestné slovo ›Ehrenwort‹

chápat něco, někoho + A. uv. / pochopit něco, někoho + A. v. Verb IV. Klasse: chápu ... chápou; to nechápu, chápu tě (vgl. rozumět)

chléb Subst. Mask. mit Kürzung des Vokals in der gesamten Deklination: G. chleba ..., Pl. chleby

chtít uv. unregelm. Verb II. Klasse: chci ... chtějí; l-Partizip: chtěl; Passiv: nechtěně ›ungewollt‹

cíl Subst. Mask.; Deklination weich nach *stroj*: G. cíle ... cílem, Pl. cíle

číst + A. uv. / přečíst + A. v. unregelm. Verb IV. Klasse: (pře)čtu ... čtou; četl; přečtené knihy

člověk Subst. Mask.; Sg. D., P.: člověku, V.: člověče – Pl. N. lidé, mladí lidé; Deklination ab G. Pl. nach *kost* (Fem.)

daleko ›fern, weit‹ Adjektivadverb, Komparationsstufen: dále, nejdále

daleký ›fern, weit‹ Adjektiv; keine Komparationsstufen

další Adjektiv, Komparativ (keine Superlativbildung), Bedeutung: ›der Nächste‹ (der Nächste bitte); a další ›weitere, und andere‹; až na další ›bis auf weiteres‹ – synonym: příští (vgl.), následující

den Subst. Mask.; im Sg. weich dekliniert: ze dne, ve dne v noci, k tomu dni; im Pl. weich: dni, dní oder hart: dny, dnů dekliniert

dít se uv. Verb II. Klasse mit Lautwechsel: děje se; dělo se; verbales Subst. dění ›das Geschehen‹

dítě Subst. Neut.; Sg. regelmäßig nach *kuře*: dítěte ... dítětem; Pl. nach *kost* (Fem.): děti, dětí, dětem, dětmi; dítě si hrálo, děti si hrály

dobrý Adjektiv, unregelm. Komparationsstufen: lepší, nejlepší

dobře Adjektivadverb, unregelm. Komparationsstufen: lépe, nejlépe

dříve, nejdříve Komparationsstufen von brzy

dveře Subst. Fem.; Pl.tantum, nach *růže* außer I. nach *kost*: jedny dveře, G. do dveří, I. za dveřmi

hnát (se) uv. unregelm. Verb im Präsens, IV. Klasse: ženu se ...; sonst regelmäßig: l-Partizip hnal se; Passiv: hnán; (vgl. Bewegungsverben)

host – Subst. Mask.; N. Pl. schriftspr. hosté; umg. hosti; To jsou k nám hosti! ›Wer kommt denn da! Wen haben wir denn da!‹

hřát uv. / **(za)hřát** v. Verb II. Klasse, mit Lautwechsel: hřeji ..., hřál, zahřátý, prohřátý ...

jíst uv. / **sníst** v. unregelm. Verb III. Klasse: jím ... jedí, jedl, Imperativ jez! (vgl. sníst)

jít uv. unregelm. Verb IV. Klasse: jdu ... jdou; l-Partizip šel; Futur půjdu; Imperativ: pojď ›komm‹; jdi ›geh‹

kámen Subst. Mask.; im Sg. z.T. mit alten weichen Endungen: kámen, kamene, kameni, »nezůstal kámen na kameni«; Pl. hart: kameny (»kamení« Subst. Neut., Sg.tantum bedeutet ›Steine; Geröll, Gestein‹)

když

- a) ›wenn‹ (temporal, mit der Vergangenheits- oder der Gegenwartsform des Verbs)
- b) ›wenn, falls‹ (konditional, mit der Zukunftsform des Verbs)

koleno Subst. Neut.; ›Knie‹ (Körperteil) z.T. Dualdeklination: kolena, kolen/kolenou, kolenům, na kolenou, I. koleny; koleno ›Winkelstück‹ regelm. Deklination

kůň Subst. Mask.; Deklination im Sg. regelm. nach *muž*: koně, koni … koněm, im Pl. Deklination nach Fem. *píseň*, I. nach *kost*: koně, koní, ke koním, s koňmi

krást uv. / (vy)krást, v. Verb IV. Klasse mit Lautwechsel: kradu, krade, (vy)kradou; kradl, kradený, Imperativ Nekraď! (vgl. ukrást)

kudy? někudy Adverb, lokal ›wie, welchen Weg, auf welchem Weg, wo entlang‹ Korrelat tudy – kudy: Kudy půjdeme? ›Wie wollen wir gehen?‹ Třeba parkem, tudy je to nejkratší. ›Durch den Park zum Beispiel, das ist der kürzeste Weg.‹; nevědět kudy kam ›weder ein noch aus wissen‹

kvést uv. Verb IV. Klasse, Zustandsveränderung, ohne Präfix, Futur mit po-: pokvete

(vy-, roz-, vz-…)kvést v. Verb IV. Klasse / (vy-, roz-, vz-…)kvétat uv. Verb I. Klasse – präfigiert Aspektpaar, Futur (roz-, vy-…)kvete / bude (roz-, vy-…)kvétat

lid Subst. Mask.; Sg.tantum, regelm. Deklination nach *pán* ›die Menschen, das Volk‹ (vgl. národ): vůle lidu, lidové (národní) písně

lze, nelze – buchspr., Prädikativum + Infinitiv: lze říci, že ›es ist möglich, man kann (sagen), dass‹; nelze ›es ist nicht möglich‹; nelze se divit ›da kann man sich nicht wundern‹

málo Adjektivadverb, unbestimmtes Zahlwort, unregelm. Komparation: méně, nejméně

malý Adjektiv, unregelm. Komparation: menší, nejmenší

mít uv. Verb I. Klasse mit Lautwechsel: mám … mají; měl

- a) ›haben, besitzen‹
- b) Modalverb ›sollen‹
- c) mít + Substantiv (+ Infinitiv) – prädikative Verbindung: mít právo, mít ve zvyku, mít schopnost u.a.
- d) mít + Partizip Passiv, mít napsáno, mít otevřeno – Resultativ
- e) mít se nějak – dařit se, Jak se ti daří? Jak se máš? ›Wie geht es dir?‹ Ty se máš! ›Du hast es gut!‹

mnoho Adjektivadverb, unbestimmtes Zahlwort, unregelm. Komparation: více, nejvíce

mnohý ›mancher‹ Adjektiv, keine Komparation

moc Adverb, unbestimmtes Zahlwort, umgangssprachlich ›viel, zu viel, zu, sehr‹; gleiche Komparation wie mnoho; schriftsprachlich: mnoho, velmi moc Subst. Fem. ›die Macht‹ velmoc ›Großmacht‹ u.a., mocný ›mächtig‹

moci Modalverb, uv. unregelm. Verb IV. Klasse; Endungen schriftspr., offiz. Kommunikation: mohu … mohou; inoffiz. Kommunikation: můžu … můžou; mohl; Bedeutung ›können, die Möglichkeit haben, die Bedingungen für etwas haben‹: mohu/můžu si to půjčit? mohu se na něco zeptat?
mohu ti pomoci; u.a. (vgl. umět)

mráz Subst. Mask., hart nach *hrad* dekliniert, Stammvokalkürzung in allen Kasus außer A. Sg.: mrazu, bod mrazu ›Gefrierpunkt‹ velké mrazy ›starker Frost‹; Familien- oder Märchennamen: weich nach *muž* dekliniert, keine Stammvokalkürzung: Karel Mráz, u Karla Mráze … s Karlem Mrázem; děda Mráz, za dědou Mrázem

nadchnout se pro něco v. Verb IV. Klasse ›sich für etwas begeistern‹; být nadšen, nadšený ›begeistert sein‹ nadšení ›die Begeisterung‹

najít v. unregelm. Verb IV. Klasse (vgl. jít), ›finden‹ stilistisch neutral: najdu …, našel jsem; kein Passiv; hledej a najdeš; kdo hledá, najde ›wer sucht, der findet‹

nalézt v. Verb IV. Klasse / nalézat uv. Verb I. Klasse – buchspr. ›finden‹; nalézt mit Lautwechsel: naleznu, nalezneš …; l-Partizip: nalezl, Partizip Passiv: nalezen ›gefunden‹, vynalezen ›erfunden‹ vynález ›Erfindung‹ vynálezce ›Erfinder‹

nalézt v. – umg., in Bezug auf Personen salopp – IV. Klasse: nalezu … nalezou, nalezli, kein Passiv ›sich (massenhaft) hineindrängen, (unerwünscht) einen Ort besetzen‹ (auch z.B. mravenci ›Ameisen‹)

napjatý/napnutý – Partizip Passiv, verbales Adjektiv, vom Verb napnout, v. IV. Klasse; napjatá situace ›(an)gespannte Situation‹ napnuté dráty; jsem napnutý ›ich bin gespannt‹ nervy napnuté k prasknutí ›die Nerven liegen blank‹

národ, národy Subst. Mask., Deklination nach *hrad*, ›Nation, Volk, die Völker, Nationen‹ (vgl. lid)

nebe Subst. Neut., unregelm. Pl. nebesa; vychvalovat někoho do nebes

není = 3. Person Sg. von být, negativ ›ist nicht‹: to není vtipné ›das ist nicht witzig‹

noha, nohy

- a) ›Bein‹ (Körperteil) im Pl. Dualdeklination: u nohou, na nohou, nohama
- b) z.B. nohy stolu ›Tischbein‹ regelm. Deklination

noviny Subst., Pl.tantum ›Zeitung‹ jedny noviny, dvoje noviny, dnešní noviny

obléci, svléci v. Verb IV. Klasse / oblékat, svlékat uv. Verb I. Klasse; obléci/svléci mit Lautwechsel: obléknu, svléknu oder obleču, svleču

odpovědět v. Verb III. Klasse / **odpovídat** uv. Verb I. Klasse; odpovědět unregelm: odpovím … odpovědí; odpověděl, odpověz! zodpovězené otázky ›beantwortete Fragen‹ (vgl. vědět)

oko

¬ a) Pl. oči – ›Auge‹ Körperteil, im Pl. Dualdeklination: G. očí, z očí do očí, I. očima; rozhovor mezi čtyřma očima ›ein Vier-Augen-Gespräch, Gespräch unter vier Augen‹

¬ b) Pl. oka ›Masche, Schlinge‹ regelmäßige Deklination, Pl. I. oky

otec Subst. Mask., Sg. D. nur: otci, Pl. N. nur: otcové

pan (kurzes *a*) – nur Sg. nur in Verbindung mit Vor- und Nachnamen sowie Titeln, Funktionen: pan Novák; D. nur panu – panu Novákovi

pán (langes *á*, im Vokativ Sg. kurzes *a* pane!) – regelmäßige Deklination, Sg. und Pl.; ein Herr allgemein; auch: pán Bůh

peníze Subst. Mask., Pl. ›Geld‹ nach *stroj*, im Pl. G. peněz; Lautwechsel ab G. außer A.: peněz, penězích, penězi;

po-, pů- (nur bei jít) – Präfix als Signal des Futurs bei den zielgerichteten Bewegungsverben, wie: jít, běžet, jet, letět, nést, vést, vézt, hnát sowie bei den Verben der Zustandsveränderung růst und kvést bilden die Futurformen: půjdu, poběžím, pojedu, poletím, ponesu, povedu, povezu, poženu, porostu, pokvetu

pomoc Subst. Fem., Deklination nach *kost*, vorwiegend im Sg.; pomoc! ›zu Hilfe, Hilfe!‹; pomocí ›mit Hilfe, durch‹ Präposition + G.

pomoci v. unregelm. Verb IV. Klasse / **pomáhat** uv. I. Klasse; pomoci – Endungen schriftsprachlich, offiz. Kommunikation: pomohu … pomohou; inoffiz. Kommunikation: pomůžu … pomůžou; pomohl; pomoz mi ›hilf mir‹, pomozte mi, nám ›helfen Sie/helft uns‹ (vgl. moci)

plamen Subst. Mask., Sg. z.T. mit weichen Endungen: plamene, plameni, D. u. P. Sg. auch hart Pl. hart: plameny

pramen Subst., Sg. z.T. mit weichen Endungen: u pramene, k prameni (Labe), D. und P. Sg. auch hart; Pl. hart: prameny

prohrát v. Verb II. Klasse ›verlieren‹ / **prohrávat** uv. Verb I. Klasse ›häufig verlieren; momentan unterlegen sein‹

prosit, aby uv. Verb III. Klasse / **poprosit**, aby v. Verb III. Klasse – obligatorische Konjunktion aby, prosím, prosil, prošen, prosili ho, aby jim pomohl (= dass)

přát (si), aby uv. Verb II. Klasse mit Lautwechsel – obligatorische Konjunktion aby, přeji … přejí, přál (si), je mu přáno, aby (= dass)

příště ›das nächste Mal‹ Adverb, historisch abgeleitet vom Verb přicházet; pokračování příště ›Fortsetzung folgt‹

příští ›der, die, das Nächste‹ Adjektiv, historisch abgeleitet vom Verb přicházet; v příštím roce ›im nächsten Jahr‹ příští stanice: Muzeum ›nächste Station: Museum‹

přítel Subst. Mask., nach *muž*, im Pl. in allen Kasus -á-: přátelé, přátel, přátelům, přátele, přátelích, přáteli

psát uv. Verb IV. Klasse / **napsat** v. Verb IV. Klasse – unregelm. Verb: (na) píšu … píšou; psal, napsané knihy

ptát se někoho G. na něco A. uv. Verb I. Klasse / **zeptat se** někoho G. na něco A. v. Verb I. Klasse: ptám se … ptají se; ptal se; ptejte se; verbales Substantiv ptaní, bez ptaní ›ohne zu fragen‹; zeptejte se prodavače ›fragen Sie den Verkäufer‹

rád – jsem rád, mám rád, udělám to rád, Komparation: (nej)raději/(nej)radši

rameno Subst. im Pl. z.T. Dualdeklination: P. na ramenou, jedoch I. rameny (vgl. koleno)

rodiče ›Eltern‹, vorwiegend im Pl. gebräuchlich; N. Pl. wie Fem. *rodiče*, ab G. Pl. regelm. Mask. wie *muži*: rodičů …; im Sg. meistens »jeden z rodičů« ›ein Elternteil‹

rok Pl. roky oder léta – bei der Angabe einer Dauer oder bei Altersangabe usuell bestimmt: dva roky, pět let, sto let; bei einem Datum, Jahresangabe – des Jahres, im Jahre – nur rok: roku, oder v roce; historisch, archaisch jedoch »léta Páně« ›im Jahre des Herrn‹ sonst léto in der Bedeutung ›Sommer‹ verstanden: v létě roku 2010 ›im Sommer 2010‹

rozhodnout se v. Verb IV. Klasse ›sich entschließen, entscheiden‹ / **rozhodovat se** uv. Verb II. Klasse ›noch am Überlegen sein‹

rozumět + D. něčemu, někomu uv. Verb III. Klasse: tomu nerozumím; rozumím ti ›ich verstehe dich‹ (vgl. chápat)

ruka Subst., Pl. ruce Dualdeklination: G. z rukou, P. na rukou, I. rukama

růst uv. unpräfigiert, Verb IV. Klasse mit Lautwechsel: rostu … rostou; rostl; Futur poroste

(vy-, za-…)růst v. Verb IV. Klasse, Lautwechsel – vyroste; rostl / **(vy-, za-…) růstat** uv. Verb I. Klasse – nur präfigiert, Aspektpaar; Futur: zaroste v., bude zarůstat uv.

schopen kurzes Adjektiv, schopný – langes Adjektiv + Infinitiv: je schopen se soustředit, není schopen se přinutit

smát se uv. Verb II. Klasse / **(za-, vy-, roze-…)smát se** v. Verb II. Klasse mit Lautwechsel: (za)směji se … smějí se; smál se; rozesmátý snadně, snadno Adjektivadverb, Komparation: (nej)snadněji oder buchspr. (nej)snáze

snadný Adjektiv, Komparation: (nej)snadnější oder buchspr. (nej)snazší

sníh Subst. Mask., Lautwechsel í>ě ab G. Sg., außer A. Sg.: sněhu, sněhem

sníst v. unregelm. Verb III. Klasse: sním … snědí; snědl; sněden (vgl. jíst)

spát uv. unregelm. Verb III. Klasse: spím … spí; spal, ospalý, rozespalý

stát uv. unregelm. Verb III. Klasse: stojím … stojí; stál, stůj

stát se v. unregelm. Verb IV. Klasse: stanu se … stanou se, stal se; vstát, povstat … / stávat se uv. Verb I. Klasse

sto, dvě stě – Dualendung bei dem (substantivisch deklinierten) Zahlwort »sto«, nur im N. und A. in dieser Form; weitere Formen von »sto« haben regelmäßige Formen: dvou set, tři sta, pět set

syn Subst. Mask., V. Sg. nur: synu! Pl. N. nur: synové

tázat se (buchspr.) někoho na něco G. na A., uv. Verb II. Klasse / (o)tázat se (buchspr.) někoho na něco G. na A., v. Verb II. Klasse – mit Lautwechsel: táži se, tážeš se … táží se; tázal se; Passiv: nebyl jsem tázán (vgl. ptát se)

tisknout uv. Verb IV. Klasse / vytisknout v. Verb IV. Klasse ›drucken‹: Partizip Passiv (vy)tištěn, knihy byly tištěny;

tisknout uv. Verb IV. Klasse / (s-, při-)tisknout v. Verb IV. Klasse ›drücken‹: Partizip Passiv tisknut; přitisknut ke zdi; stisknout ruku ›die Hand drücken‹

tudy (s. kudy) – Adverb, tudy, kudy

týden Subst. Mask., Deklination im G. Sg. weich: týdne, noviny z minulého týdne, sonst hart: v tomto týdnu, Pl. hart: týdny

týkat se + G. uv. Verb I. Klasse; to se nás netýká ›das betrifft uns nicht‹; »co se mně týče« ›was mich betrifft‹ – eine ältere, aber noch sehr gebräuchliche Form neben »co se mně týká«; Aspektpaar z.B. dotknout se v. IV. Klasse / dotýkat se uv. I. Klasse

ucho

- a) Subst., Pl. ucha regelm. Deklination nach *město*: ›Henkel, Trageriemen‹
- b) ›Ohr‹ (Körperteil) Dualdeklination im Pl. uši: uší … ušima; má za ušima (Phraseol.) ›er hat es faustdick hinter den Ohren‹

ukrást v. Verb IV. Klasse, Lautwechsel: ukradnu, ukradne, ukradnou; ukradl; ukradený, Imperativ ukradni! (vgl. krást)

umět uv. Verb III. Klasse ›können‹: umím … umějí; uměl (Bedeutung: eine angelernte, erworbene Fertigkeit aufweisen): umět bruslit, umět německy ›deutsch sprechen, beherrschen‹ umět mluvit, umět hrát na klavír (vgl. moci)

vědět uv. unregelm. Verb III. Klasse: vím, víš … vědí; věděl

vědom Partizip Präsens Passiv: být si něčeho vědom, být si vědom toho, že; vědomá činnost, nevědomý; vědomí; v bezvědomí

vejce Subst. Neut., im Sg. regelm., im Pl. G. vajec … vejcích, vejci; Diminutiv vajíčko, Adj. vaječný

velký Adjektiv, unregelm. Komparation: větší, největší

velmi ›sehr‹ (schriftsprachlich) (vgl. moc)

vítr Subst. Mask., Lautwechsel í>ě in allen Kasus außer N. und A. Sg.: větru, ve větru, za větrem, s větrem o závod

východ Subst. Mask.

- a) ›Ausgang‹ – stát u východu, vyjít zadním východem
- b) východ – ›der Osten‹ (Himmelsrichtung) – přijeli od východu, na východě republiky, na jihu, na severu, na východě, na západě
- c) východ slunce ›Sonnenaufgang‹ při východu slunce, před východem slunce

vyhrát v. Verb II. Klasse ›gewinnen‹ / **vyhrávat** uv. Verb I. Klasse ›häufig gewinnen; momentan am Gewinnen sein, führen‹

vzít v. Verb IV. Klasse, unregelm. Konjugation: vezmu … vezmou; vzal, vzat – vzít/brát v úvahu ›in Erwägung ziehen‹, na slovo vzatý odborník ›hervorragend‹, přesně vzato ›genau genommen‹ / **brát** uv. Verb IV. Klasse mit Lautwechsel: beru … berou; bral; brán

vzpomenout si na něco v. Verb IV. Klasse, l-Partizip: vzpomněl (vgl. zapomněl) / **vzpomínat si** na něco uv. Verb I. Klasse

začít v. Verb IV. Klasse mit Lautwechsel / **začínat** uv. Verb I. Klasse; začít: Lautwechsel začnu … začnou; začal; začat, bylo začato, usuell auch: započato se stavbou; Phasenverben + Infinitiv: začít, začínat stavět, začít s něčím, začít se stavbou

západ Subst. Mask.

- a) západ ›der Westen‹ (Himmelsrichtung) na západě
- b) západ slunce ›Sonnenuntergang‹ po západu slunce

zapomenout v. Verb IV. Klasse, l-Partizip: zapomněl (vgl. vzpomněl) / zapomínat uv. Verb I. Klasse

- a) zapomenout na něco, na někoho ›jemanden/etwas vergessen; nicht mehr daran / an jemanden denken‹
- b) zapomenout něco ›etwas vergessen‹ to už jsem zapomněla ›das habe ich schon vergessen‹
- c) zapomenout (si) něco někde ›etwas irgendwo liegen lassen‹

zatímco – Konjunktion

- adversativ: ›aber, während‹ zatímco vor dem Vorfeld positioniert
- temporal: ›während‹ zatímco im Vorfeld positioniert

zdát se někomu + D. uv. Verb I. Klasse

- a) ›träumen‹, synonym = snít, zdát se komu co, o čem: O čem se ti zdálo? O takových možnostech se mu dříve ani nezdálo/ani nesnilo
- b) ›erscheinen, scheinen‹ zdát se někomu nějaký, synonym = připadat někomu nějaký, Duplexivverb: zdá se mi to drahé; zdá se mi nejistý, ten výrobek se mi zdá praktický, ta šťáva se mi zdá moc sladká
- c) zdá se ›es sieht so aus, es ist wahrscheinlich, dass, es sieht nach etwas aus‹ synonym = vypadat, vypadá to na déšť, vypadá to, že …: zdá se, že bude pršet ›es sieht nach Regen aus‹; zdá se, že budou s tou opravou brzy hotovi
- d) to se mi nějak nezdá ›das gefällt mir irgendwie nicht‹; co se ti na tom nezdá? ›was gefällt dir an der Sache nicht?‹ synonym = nelíbit se; to se mi nějak nelíbí

znám – Partizip Präsens Passiv vom Verb znát ›kennen‹, být známo někomu, je mi známo, že ›es ist mir bekannt, dass‹; není nám známo, že jednal také s vaší firmou; odešli neznámo kam

žádat, aby uv. Verb I. Klasse / požádat, aby v. Verb I. Klasse ›fordern, auffordern‹; obligatorische Verbindung mit der Konjunktion aby: Žádáme návštěvníky zoologické zahrady, aby nekrmili zvěř.

Stichwortregister

In diesem Register werden die zentralen Stellen eines Grammatikthemas angegeben. Wenn sich die Erklärungen über mehrere Seiten oder ein ganzes Kapitel erstrecken, wird lediglich die Anfangsseite angeführt.

Krok za krokem

Ein Lehrbuch zur tschechischen Grammatik
Von Hana Adam / Robert Hammel / Eva Hošnová / Milan Hrdlička / Petr Mareš
2015. Ca. 300 Seiten. 978-3-87548-735-0. Kartoniert

Zielgruppe: Studierende der bohemistischen Bachelor- und Master- oder Übersetzungsstudiengänge. Vorkenntnisse werden nicht vorausgesetzt.

Konzeption: Das an Hochschulen bereits erfolgreich erprobte Lehrwerk vermittelt in 26 Lektionen eine systematische und komplette Darstellung der Morphologie der modernen tschechischen Sprache. Einzelne grammatische Erscheinungen werden ausführlich, präzise und übersichtlich erläutert; die Erklärungen werden durch übersichtliche Tabellen begleitet. Jede Lektion beinhaltet einleitend einen Text, der besonders die zu behandelnde Grammatik berücksichtigt, sowie entsprechende Übungen und eine Vokabelliste. Die Thematik der Eingangstexte ist breit gefächert, sie sind als Dialoge oder Monologe konzipiert. Ein Lösungsschlüssel ermöglicht das Selbststudium und das tschechisch-deutsche Wörterverzeichnis ein schnelles und gezieltes Nachschlagen.

Tschechische Prosa

Ein Lesebuch für Fortgeschrittene
Von Lenka Nerlich (Hg.)
2011. 112 Seiten. 978-3-87548-610-0. Kartoniert

Zielgruppe: Studierende der Slawistik sowie fortgeschrittene Tschechisch-Lernende an Volkshochschulen und anderen Einrichtungen der Erwachsenenbildung, die bereits das Niveau B1 des Europäischen Referenzrahmens bzw. das Niveau I des UNIcert®-Zertifikatssystems erreicht haben.

Konzeption/Inhalt: Das Buch enthält in chronologischer Reihenfolge adaptierte Erzählungen und Romanauszüge von 20 der bekanntesten tschechischen Autorinnen und Autoren, zum Beispiel von Božena Němcová, Bohumil Hrabal, Pavel Kohout, Milan Kundera, Václav Havel und Jáchym Topol.
Ergänzt werden die Texte jeweils durch eine Kurzbiografie der Autorin bzw. des Autors sowie mit Vokabelhilfen und Fragen zum Text, anhand derer Lernende die Texte mündlich oder schriftlich zusammenfassen können.

Tschechische Grammatiktabellen

Von Irena Hirschmann
2014. XIV, 200 Seiten. 978-3-87548-627-8. Kartoniert

Zielgruppe: Anfänger und fortgeschrittene Lernende in Unterricht oder Selbststudium, die ihre Sprachkompetenz systematisch erweitern und festigen möchten.

Konzeption: Tschechisch stellt als stark flektierende Sprache besondere Herausforderungen an alle Lernenden. Umso wichtiger ist eine systematische und umfassende Darstellung der tschechischen Grammatik, die auch ein gezieltes Nachschlagen ermöglicht. Der Band bietet alle Übersichten, die für das Verständnis und die Einordnung des jeweils zu erlernenden Stoffes notwendig sind: die phonologischen Grundlagen genauso wie die wichtigsten Deklinationen und Konjugationen, ergänzt durch Erläuterungen und Beispielsätze, insbesondere zu Sonderformen. Die Erläuterungen werden in deutscher Sprache gegeben.

Lehrbuch der tschechischen Sprache

Von Irena Hirschmann

Die völlig neu erarbeitete Lehrbuchkonzeption berücksichtigt Erkenntnisse der aktuellen Pädagogikforschung.

Band 1: 2., überarbeitete Auflage 2011. 368 Seiten und 1 mp3-CD. 978-3-87548-579-0. Kartoniert

Zielgruppe: Anfänger ohne Vorkenntnisse an Universitäten, Volkshochschulen und privaten Bildungseinrichtungen oder im Selbststudium.

Lernziele: Einfache Gespräche führen, Beherrschung der grundlegenden grammatischen Strukturen sowie eines Grund- und Aufbauwortschatzes in Wort und Schrift; Niveau A2 des Europäischen Referenzrahmens.

Band 2: 2011. 9*, 233 Seiten und 1 mp3-CD. 978-3-87548-303-1. Kartoniert

Zielgruppe: Fortgeschrittene Lernende an Universitäten, Volkshochschulen und privaten Bildungseinrichtungen oder im Selbststudium.

Lernziele: Ausgehend von Band 1 werden die Wortschatz- und Grammatikkenntnisse vertieft bzw. erweitert; Niveau B1 des Europäischen Referenzrahmens.